政治家はなぜ質問に答えないか

インタビューの心理分析

木下 健
Ken Kinoshita
オフェル・フェルドマン
Ofer Feldman
著

ミネルヴァ書房

はしがき

テレビを付けると、政治家のインタビューが放送されていることがよくある。何気ないやり取りのように見えるインタビューの中に、どのような問題が隠されているのであろうか。政治家は、何を意図して質問に答えているのであろうか。有権者に対するアピールや政党の方針を踏まえていることが想像されるだろう。しかし、政治家は単なるテレビ映りだけを考えているのではなく、背後にいる多くの人や組織の存在を考えて、インタビューに向き合っている。何気ないと思われる政治家の発言の中には、多くの意図や思惑が含まれている。政治家だけなく、インタビュアーも同様に多くの意図を持っており、時には政治家と協調し、時には対立することによって、本音を聞き出そうとしている。政治家とインタビュアーは、背後にいる視聴者を踏まえて、ある種の駆け引きを行っている。こうした政治家のインタビューを通して、発言される言葉の隠れた意図や本質を読み取り、日本の政治状況を考えてみよう。

本書は、政治コミュニケーションの「どっちつかず理論（Theory of Equivocation）」に関する研究である。政治コミュニケーションに関する研究の中でも、政治家のコミュニケーションに焦点を当てた研究は演説を中心として行われているが、会話分析の枠組みを用いて政治インタビューを焦点に当てた研究は、日本では十分に行われていないという現状である。日本の政治インタビューの研究としてはフェルドマン（Feldman 2004）が挙げられ、本書では、その研究を大幅に進展させることができたのではないかと考えている。

とくに政治インタビューに関する研究は、コミュニケーションを対象にすることから、定性的な研究が中心を占めている。一般化の試みは、多くの事例を積み重ねて一般化を試みるものと、定量的分析を行い一般化を試みるという二通りの方法があるが、会話に関しては定性的な研究が中心となっているといえる。それに対して本書では、質問と回答というやり取りを分析の単位として、定量的分析を行っていることに特徴がある。これは、政治インタビューにおける普遍的な現象として、一般化を試みるものである。

本研究は二〇一二年五月にデータ収集を開始し、当初一年間の収集を予定していたが、二〇一二年一二月の衆議院選挙の結果、自民党が政権に復帰したことを踏まえ、二〇一三年六月末までデータ収集期間を延長し、民主党政権と自民党政権のバランスをとることとした。その後、録画した番組のテープ起こしをする段階となる。一つの番組につき、二時間番組であれば八時間程度かかるものもあり、多くの学生の協力を得た。そして、オリジナルのコーディングシートを用いて評定を行ってもらい、分析の段階に入る。しかし、コーダーが一人では信頼性が確保されないため、二人のコーダーに依頼し、信頼性の確認が取れるまで何度も協議を行い、信頼性が取れない評定については一つずつ解決をしていくという地道な工程をとった。信頼性を確認後、一人の大学院生にすべて（五〇八四問）のコーディングをしてもらうこととなった。この回答のコーディングに加えて、質問のコーディングも同様に行い、信頼性を確認、コーディングを行うという過程を経た。途中で、コーディングシートを改良することもあって、追加的にコーディングを行うこととなり、膨大な作業時間を費やした。こうした労力の末、データセットが完成し、分析するという手順を踏んでいる。本書は、フェルドマン（Feldman 2016a）、フェルドマンら（Feldman et al. 2015）、フェルドマンら（Feldman et al. 2016）、フェルドマンら（Feldman et al. 2017）、フェルドマンと木下（Feldman and Kinoshita 2017a, b）、木下とフェルドマン（二〇一七）、木下（二〇一五

a）、木下（二〇一五b）の論文をもとに大幅に修正を加えたものである。

政治インタビューは、一般的な会話と異なり、独特の特徴を持つ。それは、政治家は有権者を代表しており、テレビ放送が行われることで、有権者に向けたアピールが行われる点である。アリストテレスの時代より、政治家はレトリック（修辞法）を用いて、巧みな話術を用いるとされてきた。(1) レトリック（修辞法）とは雄弁術、弁論術のことであり、議会などにおける演説で聴衆をひきつけ、相手を説得するための技術を指している。アリストテレス（一九九二）は説得のあり方について、『弁論術』で三つの要素 (1) Logos〔ロゴス、論理〕：理屈による説得、(2) Pathos〔パトス、感情〕：聞き手の感情への訴えかけによる説得、(3) Ethos〔エトス、信頼〕：話し手の人柄による説得）を指摘している。これらの要素により、人は政治家の話を聞いた場合に、刺激を受け、政治家の言説に対して納得してしまうことがある。政治インタビューは、司会者と政治家と視聴者の三者によって構成される。とくにテレビの政治インタビューを視聴する有権者は、政治家の言説に惑わされないようにしなければならない。そのためには、政治家がいかに質問を回避し、どのように受け答えをしているのかを理解することが求められる。また、質問の形式を踏まえることで、追及しているのかどうかが区別でき、重要な質問を認識することが可能となる。こうした視点を持つことにより、テレビの政治インタビューの見方が変わるといえる。

本研究が行われた時の政治状況は、民主党政権から自民党政権へ移る時期であり、重要な政権交代の時期であるといえる。また、民主党政権時には、与党である民主党議員が多数、テレビの政治インタビュー番組に出演していたが、自民党政権になって以降、野党議員の出演者は一部の議員に限定されており、分析対象者の選定に苦労した。各テレビ局がインタビューに呼ぶ政治家は、政党の代表や政調会長など重要な役職に就く議員が中心であり、政府与党からは大臣や副大臣等の重要なポストに就く議員が呼ばれている。二〇一二年一二月に自民党が政権に復帰して以降、テレビに出演する政治家の多くが与党議員であり、一強多弱と呼ばれる政治状況となっている。こうした政府に対して、我々有権者は、単に不満を抱くだけではなく、監視を行っていかなければならない。

本書は、政治討論番組における政治家の受け答え、司会者・キャスターの質問を分析しており、監視のための新たな視点をつくることに寄与している。とくに、政治家特有の「検討しています」「取り組んでいます」「こうすべきです」といった表現は、回避であるとともに、有権者に向けたアピールであるといえる。また、問題となる政治争点についての明言を回避することや、質問の形式により回避することなどは、回答をごまかし、避けているといえ、発言の責任を取りたがらない政治家の姿勢を示している。本書を通じて、政治討論番組を身近なものと考えてもらえるようになれば幸甚である。

注

(1) 政治的レトリックについては、フェルドマン (Feldman 2015a) により詳しく取り上げられている。そこでは、政治家によりレトリックの使用の効果についても言及されており、レトリックの使用が聴衆の態度を変え、政党の良いイメージを作り出すと指摘されている。

政治家はなぜ質問に答えないか——インタビューの心理分析　目次

序章　政治とは「話」である

1　本書の目的

本書は、なぜ政治家が質問に答えないかを、「どっちつかず理論（Theory of Equivocation）」に当てはめて、実証分析するものである。本書の狙いは、政治コミュニケーション論の観点から、キャスターとゲストの相互作用を明らかにするものである。日本における政治インタビューは、十分な研究の蓄積がない状況であり、政治コミュニケーションに関する研究は、マスメディアの議題設定機能など、メディアと有権者の関係に着目される研究が多い。そうした状況において、本書は、キャスターと政治家に焦点を当て、よりミクロな政治コミュニケーションの動態を明らかにする。

政治インタビューに着目することにより、政治家はどのような質問に対して、なぜ答えないのかが明らかとなる。熟議民主主義の進展が理論と実践で深められている現代において、よりミクロなやり取りは、議論の質を深めることに寄与するといえる。政治家、キャスター、有権者という三者の関係において、有権者である本人の代わりにキャスターが代理人となり、政治家に対して重要な争点について質問をし、回答を引き出すことは、説明責任を追及することに役立つ。また政治家にとっても、テレビの場で自身の政策を分かりやすく視聴者に伝えることは、マス・コミュニケーションが普及する時代においては、必要不可欠な経路の一つであるといえる。さらにいえば、民主主義体制において政治の本質は議論であり、会話を通じた「話」によって人々が動かされ、政権が代わりうるのである。その意味において、政治の中心は話であるといえる。

2　政治行動とコミュニケーション

争点と会話の協調

我々有権者は、いかに候補者や政治家を選挙で選ぶのだろうか。有権者が、候補者や政治家を知る機会は限定されており、マスメディアや知人などの口コミを通して、その人物を知ることになる。また、マスメディアの本質は権力の監視にあるとされており、マスメディアの機能と役割を考えた場合、有権者に政治状況を分かりやすく伝え、政治の世界において不正が行われていないかをチェックすることに役割の一つがある。政治家がテレビに出演する番組の多くは政治討論番組であり、政治インタビューが行われる。とりわけ政治インタビューとなると、マスメディアの役割はさらに限定され、特殊な性質を帯びる。政治コミュニケーションにおいては、誰が何を言うのか、また誰に対していかなる効果が生じるのかが問題となる。

本研究では、政治家がインタビューで何を質問され、いかに質問を回避し、答えないかという政治家の話術を明らかにしている。政治家に投げかけられる質問は、争点に関するものであれば、メディアがその争点を重視していることが明らかになる一方で、争点以外の人事や政治過程といったものであれば、メディアは与野党の対立を強調し、それ以外の事柄を取り上げ、政治を対立の場として捉えていることが明らかとなる。またそうした質問に対して、政治家が自分の意見を言わない、視聴者に向けて話す、話の内容が理解しにくい、質問に答えないという四つの点を明らかにすることは、政治家個人に対して説明責任を果たさせることに繋がる。そして質問に対して明確に答えない場合、なぜ答えないのか、いかなる政治レトリックを用いているのかを明らかにすることで、追及すべき争点や政治家としての立ち位置を明確にすることが可能となる。

また、コミュニケーションに関して、会話の基本原則を示した古典的研究としてグライス（一九九八）が挙げられる。グライスの研究は、協調の原理および会話の格率を明示したことで有名である。協調の原理とは、人々は会話に対して協調的であるという想定であり、その協調性を維持するために格率が存在している。その格率には質、量、関係、様態の四つのカテゴリーがある。(1)質とは、発言は真なるものとなるようにし、虚偽であると思うことや根拠のないことは言わないことである。(2)量とは、発言には必要なだけの情報量を持たせるようにし、必要以上の情報量は持たせないことである。(3)関係とは、これまでの発言内容と関連性があるようにすることである。(4)様態とは、明瞭に話す、曖昧さや多義性を避け、簡潔に順序立てて話すことである。しかし、会話に対して、しばしば人は非協調的であり、政治家は「ノーコメント」を繰り返して質問に答えないことがたびたび見受けられる。また、会話には会話自体を楽しむことがあり、人々は、皮肉を言い、比喩を用いて話し、ほのめかしを行うことがある。それは、協調の原理や会話の格率から頻繁に逸脱することを意味している。

くわえて、会話には対人配慮、相手と自分との人間関係を調節するという人間関係に関わる要素がある。たとえば滝浦（二〇〇八）は、ペンを借りる表現における対人配慮を四段階で整理している。第一段階は、配慮ゼロの場合であり、「借りるよ」と発言する。これは、相手の許可を得ず、一方的に宣言するだけの表現であるとされる。第二段階は、「ペン貸してね」と共感的配慮を示す。これは相手の許可を得て借りるものであり、「ね」という共感が入る。第三段階は、「すみません、ペンお借りしていいですか」と敬避的配慮を示す。これは、明示的に許可を求めるものであり、相手のなわばりを侵し、相手に負荷をかけることに対して配慮が向けられている。第四段階は、「あれ、困ったな、ペン忘れてきちゃった」と直接的な表現を用いず、言及回避を行う。これは独り言であり、ほのめかすことで、事情を察した相手からの自発的な恩恵による形をとる。情報の伝達効率を最大化すると、対人配慮は最小化されることが指摘されている（滝浦 二〇〇八）。こうした対人配慮に関して、ブラウンとレヴィンソン（Brown and Levinson 1987）はポライトネス[1]を含み、推意の一種としている。

フェイスの定式化と距離感

言語行為には、それを行うことで名誉を傷つけるという意味での相手や自分のフェイスを侵害してしまうものがあり、ブラウンとレヴィンソン（Brown and Levinson 1987）は「フェイス侵害行為」（FTA：Face Threatening Act）と呼んでいる。フェイスへの脅威には、ポジティブフェイスとネガティブフェイスが区別されており、相手が良くないことを述べる行為は、相手のポジティブフェイスを侵害する一方で、次の衆議院選挙に出馬してくださいといった依頼の行為は相手の行動を制限するので、相手のネガティブフェイスを侵害するとされる。ポジティブフェイスは、他者に受け入れられたい、よく思われたいという気持ちを指し、相手をほめる、一致や共感できる点を見出そうとする、冗談を言う事柄に現れる。ポジティブフェイスの特徴は、共感、共有、共同、共通といった言葉と関連する。ただし、聞き手が相応の距離を保ちたい場合、馴れ馴れしい、ずうずうしいといった印象を抱かれる、インポライトネス（不誠実）となることもある。他方で、ネガティブフェイスは、他者に邪魔をされたくない、踏み込まれたくない気持ちであり、謝罪することやFTAを一般則として述べる場合がある。その例として、「この間はどうもありがとう。いつも気を遣って貰っちゃって、ほんと申し訳ないね」や、「こちらの商品は、事前にご予約いただくことになっておりまして」と発言し、自分が借りを負うこと、相手に借り

Wx=D（S, H）+ P（H, S）+ Rx Wx：ある行為 x の相手に対するフェイスリスク D：話し手と聞き手の社会的距離（distance） P：聞き手の話し手に対する力（power） Rx：特定の文化内における行為 x の負荷度（rating of imposition）

を負わせないことを明言することがある（滝浦 二〇〇八）。

ブラウンとレヴィンソン（Brown and Levinson 1987）は、フェイスへの脅威を上記のように定式化している。

この式に関して、これらの要因を実際に足すことはできず、実際に足し算できる事柄かどうかも疑わしいと指摘されている（滝浦 二〇〇八）。しかし、このフェイスの定式化には、重要な概念が含まれており、相手との距離感や、聞き手と話し手の関係、行為の負荷度をいかに測定するかということが問題となる。

本書においては、相手との距離感を測定するものとして、語尾にタグが付いた質問であるかどうか（タグなし「〜ですか」、タグあり「〜ね」）を、文法上完全な質問かどうかとして区別している。また、聞き手と話し手との関係は、番組や与党議員、野党議員といった変数を用いてコントロールしている。行為の負荷度については、話題の内容や質問が同じ話題で踏み込まれるかどうかといった事柄から測定している。こうした言語学における一般原則を踏まえて、政治において、司会者・キャスターと政治家はどのようなやり取りを行うかを明らかにする。

さらに政治コミュニケーションの深化は、熟議民主主義に寄与するものと考えられる。熟議民主主義は、対話や相互作用の中で選好が変容しうることを重視する民主主義理論である。人は議論を通して、相手の主張を理解し、意見を変更することがあり得る。もし、相手が質問に対して十分に答えられなければ、その主張は根拠の薄弱なものであることが視聴者に伝わることになるだろう。その意味において、「どっちつかず理論」を深化させることは、熟議への寄与に繋がると考えられる。また熟議民主主義においては、シュタイナーら（Steiner et al. 2004）において熟議の質指標が提示されている。熟議の質指標では、「反論に対して敬意を示す」「建設的な政治が行われる」などによって判断されるが、「どっちつかず理論」を用いれば異なる指標を作りうることが可能となるだろう。

民主主義は完全なものではなく、さらなる進展が求められ続けている。それは誰もが民主主義に満足しているわけではなく、不満を持つ者も多数抱えているためである。代議制民主主義を採用する以上、政府や政治家に対するチェックは必要不可欠であり、マスメディアがその一端を担っていることに変わりはない。政治インタビューから政治家の受け答えを明らかにすることで、さらなる民主主義の進展に寄与していくことが求められる。

3 「どっちつかず」とは何か

誰もが日常的に、他者を傷つけてでも徹底して正直でいるか、あるいは多少の嘘や間違いがあっても穏便に収めるか、この二つの選択肢の間で揺れ動いている。「どっちつかず」の定義は、「婉曲的なコミュニケーションであり、曖昧で間接的、矛盾やはぐらかしが含まれている」である。「どっちつかず」とは遠回しなコミュニケーションの方法であり、「つじつまが合わない」「一貫性がない」「問題のすり替え」「脱線」「未完」「誤解」「曖昧さ」「マンネリな話題」などの話し方が含まれる。本書は、「どっちつかず」の話し方というものが、個人の性格ではなく、あくまでも状況が原因となっていることを精緻化している。

送り手、受け手、内容および脈絡の四次元

原則として、コミュニケーションには四つの要素が含まれる（Bavelas et al. 1988, 1990）。コミュニケーションは、「私（送り手）があなた（受け手）に何か（内容）をどのように（脈絡）伝える」という要素で構成される。これら四つのうち最低一つが曖昧であるものを「どっちつかず」の表現としている。本書では、この四要素を質問に置き換えて「どっちつかず」の程度を測る。

送り手：話し手の意見がメッセージにどのくらい含まれているか。
受け手：どういう相手に対してメッセージが向けられているか。
内容：メッセージが何についてのことなのか、どのくらいはっきりとしているか。
脈絡：それまでの質問に対してどのくらいはっきりと答えているか。

(1)送り手に関する例：話し手自身の意図がどの程度反映されているか。

〈はっきりしている場合〉　メッセージがはっきりしている、それが本人のもので、他の人のものではない場合

例：「私は風邪を引いて、確実に気分が悪くなってきている」

〈まるではっきりしない場合〉　話し手の考えがまるで伝わらず、誰か他の人の意見のみが伝えられ、本人の意見がまるでない場合

例：「診察を受けた医者は一週間で治ると言ったのに、別の医者は手術しなければと言うんだ」

メッセージの内容は何であれ、内容がはっきりしているか、それともはっきりしていないかにかかわらず、話し手が自分の意見を言っているかどうかをはっきりさせる。あるいはその意見が本人か他の人

のものかが分かりにくい中間の場合がある。

⑵受け手に関する例：メッセージがどれほど相手に向けられたものか。
〈はっきりしている場合〉　答えが相手の人間ただ一人に向けられていることがはっきりと分かる場合
例：「大丈夫だよ、ありがとう、田中君」（相手を田中君とした場合）
〈まるではっきりしない場合〉　メッセージが別の人に向けられている場合
例：「いいよ、ありがとう、君たち」
メッセージから、それが誰へのものかはなんとなく判断できるものの、他の誰かへ向けられていることも考えられる時は、〈はっきりしている場合〉とはいえない。

⑶内容に関する例：メッセージがどのくらいはっきりとしているか。つまり、何が言いたいのか、はっきり分かるかどうか。
〈はっきりしている場合〉　直接的、分かりやすい、一つの意味だけを持つ
例：「私は風邪を引いている」
〈まるではっきりしない場合〉　まったく曖昧で分からない、何も意味をなさない
例：「私は手袋にはならないいんじゃないかなあ」
前記の極端な例の間にも〈やや曖昧〉から〈はっきりしない言葉〉～〈正確な意味がとれない〉などの段階がある。これらの場合はメッセージが複数の意味にとれたり、矛盾を含んでいたりする。

⑷脈絡に関する例：質問に対し、どれほど直接に答えているか。

〈質問が「お元気ですか」の場合〉
〈はっきりしている場合〉　質問に対する率直な答え
例：「僕は気持ち悪くてね」
〈まるではっきりしない場合〉　質問の内容とは別の、まったく関係ない答え
例：「いや、雨は降らないと思うよ」
質問に対するまともな答えとなっているかどうか、あるいはこの答えが該当するような質問が別に考えられるかどうかに注意する。

ある意見の中に、次に挙げる四つの面が一つでも見られれば、それはどっちつかずなものといえる。第一に送り手があり、つまりその意見が誰によって言われたのかが不明確な場合であり、第二に受け手があり、誰に向かっての意見なのかが不明確な場合であり、第三に内容があり、何が言いたいのかが不明確な場合であり、第四に脈絡があり、質問に対する反応が不明確な場合である。

送り手という面でいえば、一人称の「私」を使わずに済ませることや、自分の主張を他の情報源や「一部の人々」といった匿名の主体に移すことができる。受け手の面からどっちつかずに処理するには、意見を述べる対象を人から行動へ変えてしまうこと（たとえば「君の成績はひどい」という代わりに「ひどい成績だ」と言う）や、あるいは意見の対象を、意見を述べる相手ではなく一般に拡大（たとえば「クラスみんなの成績がひどい」など）することも可能である。内容という面からすると、意見を述べる立場の者は、ある事象についてそれを完全には伝えないとか、「しかし」「でも」「とはいっても」など、反対を示すような言葉を使って内容をぼかすという方法をとることもできる。脈絡の面では、発言する人間が前に出た話題を少し変えてみたり、答えを先送りしたり、ほのめかすだけに留めたりすることもあり得る。

間違い、個人差、状況

ある意見が曖昧である場合や、それまでの事柄に対して十分に答えていない場合には、間違い、個人差、その時々の状況という三つの原因が考えられる。

間違いは、意見交換の際にはどんな点についても時には起こり得る。また、コミュニケーション能力も個人差の一部と考えれば、どっちつかずの態度にも人によっては色々差があるということの説明になる。間違いと個人差は意見の曖昧さが送り手に起因する場合に当てはまる。

第三の状況という原因は、意見の交換が行われる状況が問題となる。バヴェラスら（Bavelas et al. 1990）は、コミュニケーションを行う人々ではなく、コミュニケーションの行われる状況がどっちつかずの意見を生み出す原因となっているとした。バヴェラスら（Bavelas et al. 1988, 1990）はこれを基本的前提として理論を構築した。

選択肢が一つしかなく、それに賛同できる場合（衝突のない状態など）、また、いくつかの賛同できる選択肢の中から一つだけ選べばよい場合（近接―近接葛藤）なら、どういう意見を述べるかという選択は簡単に済む。しかし、選択肢のすべてが賛同できかねるものであり、そこから選ばなくてはならない場合、どういう意見を作り出すかは難しくなる（回避―回避葛藤の状況）。

バヴェラスら（Bavelas et al. 1988, 1990）は、コミュニケーション過程での回避―回避葛藤の状況がどっちつかずの原因であるという、説得力のある主張を行った。どっちつかずの表現は、他の関連概念、たとえば遠回しな表現や慎重なぼかし、あるいは如才ない話術などとはどのような点で似ており、また違っているのだろうか。

遠回しな表現については、遠回しの程度によって様々な言葉が使われる。話し手が直接的な表現を使えば、言葉通りの意味がそのままの内容となる。反対に遠回しな表現を使った場合は、話し手は実際に言ったこと以上、あるいはそれ以外のことまで考えるので、話し手の意図は言葉通りの意味とは違ったものになる。このように遠回しな表現は、言葉の意味そのものは明快でありつつ、さらに礼儀や諸々の人間関係における規範を損なわないために用いられる。

そのため、遠回しな表現はどっちつかずに聞こえる場合も時折あるものの、ほとんどの場合は明快だといえよう。つまり定義上は、どっちつかずの表現はすべて遠回しであるものの、遠回しな表現が必ずしもどっちつかずであるとは限らない。

また、どっちつかずの表現は慎重なぼかしとも多くの共通点がみられる。ゴスとウィリアムズ（Goss and Williams 1973）は政治家の用いる効果的などっちつかずの表現を引用し、政治家は聴衆に対してなんらかの政治的争点に反対を唱えようとする場合、戦略的なレトリックとして慎重なぼかしをよく用いるとしている。この考え方によれば話し手は賛同できる場合には明確な表現を用いるが、明確に表現することが難しい場合には、どっちつかずにぼかすわけである。ぼかした表現は何とでも解釈できるという有利な点がある。つまり聞く側としては自分たちの態度に合わせて解釈するようになり、話し手にとっては、賛同できないことをぼかした方がはっきり述べるよりも好感を持たれやすい。

くわえて、曖昧さのゆえに色々な意味に解釈できるならば、話し手は自分の言ったことを、聞き手の反応を見てからさかのぼって変えてしまうことも可能になる。慎重なぼかしとは、どっちつかずな表現の一部であると考えられる。曖昧で婉曲的な戦略的表現は送り手、受け手、内容、脈絡のうち一つ以上の次元において、どっちつかずなのである。しかし、どっちつかずの表現がすべて戦略的な意味で曖昧であるというわけではない。「慎重なぼかし」は、どっちつかずの表現を何かに対する反応としてではなく、前もって自分が有利になるように使うことを意味してきた。しかし、どっちつかずの表現は、前もってでも、何かに対する反応としても、あるいは自分の利益にも、他者の利益にもなり得るという点で対照的である。バヴェラスら（Bavelas et al. 1988, 1990）の研究によれば、どっちつかずの表現は、ほとんどの場合において、自分ではなく他者の利益を保護しようとするために使われると指摘される。

またモトレー（Motley 1992）は、どっちつかずの表現という概念には如才ない話術とも多くの共通点が見られると指摘している。如才ない話術が用いられる状況とは、メッセージの伝え方によっては受け手が気を悪くする場合があることを送り手が知っていて、受け手から攻撃されることを避け、そのためにどうとでも解釈できる言い方を工夫するといった場合を指す。

政治的な「どっちつかず」

政治的な「どっちつかず」はどうして生じるかということに関心が集まる。政治家のどっちつかずな話し方を、その人間の欠点とか意図的なごまかし、つまり性格のせいにしてしまえるものだろうか。あるいは、どっちつかずな回答は、個人的なものではなく、コミュニケーションの状況の作用によって起きるものなのだろうか。

どっちつかずな話し方は、話し手が、コミュニケーションの過程でどちらも好ましくない（否定したい）ような選択肢の二つのうちどちらかを選ばなければならないのに、とりあえず何かを言わなければならない場合に生まれる。このような回避―回避の葛藤は、直接何を語っても悪い結果しか生まないという状況で起こる。この「地雷だらけのコミュニケーション」としては、たとえば嘘をつくのと、誰かの気分を害するのとでは、どちらを取るか（近しい親戚からあまり嬉しくないプレゼントをもらって、感想を聞かれた時、または同僚の女性から新しい、でもとても酷いヘアスタイルについて意見を求められた時など）、あるいは義理と人情の板挟みになった時（人はいいのだが、有能とはいえない使用人や学生について人物保証を依頼された時など）、また、どちらの人物にも賛成できない時（政治家がある政策について賛成の有権者、あるいは反対の有権者のどちらも疎外するような質問をされた時など）に生じる。

どっちつかずの話し方は直接的なコミュニケーションの本質的な要素を回避するが、それはつまり、ある状況の下で直接的なコミュニケーションが悪い結果を生み出すのを避けることでもある。

仮想的な例として、ある国会議員の地元において高速道路建設の計画が持ち上がり、二つのルートが考案された。この場合、二つのケースが考えられる。第一の葛藤が起こる場合は、どちらのルートにもメリットとデメリットがあり、どちらのルートにするかにあたって有権者が半分に分かれた場合である。第二の葛藤が起こらない場合は、どちらかのルートが決定的に望ましく、有権者がすべてそちらを支持した時である。そこで地元の記者に対し、「AとBどちらのルートが望ましいですか」という問いに電話で答えなければならなくなった。回避―回避の葛藤状況における回答には、そうではない場合より、よりどっちつかずの回答が導かれる。たとえば、「どちらのルートにもともとのメリットとデメリットがある以上、今後どちらのルートが我々のコミュニティに利益になるか考えたいと思う」と答えることがある。他方で、葛藤のない場合の回答は「Aのルートの方がより望ましい」で済む。つまりこのような回答は、有権者に対抗するような事柄に関わることを回避するという、よくある政治的なジレンマを反映したものといえる。

政治家のどっちつかずの話し方は、まったく違った過程を経て起こり得る。たとえば、回避―回避の葛藤状況を気にしない政治家であれば、このような葛藤はどっちつかずの原因にならない。また、性格そのものが曖昧でどっちつかずな人間であれば、葛藤があろうとなかろうとどっちつかずな話し方になる。気を付けるべきは、どちらの場合も政治家はもともと一般人とは違う、という共通の仮定に基づくということである。

様々な実験において、とくに回避―回避の葛藤にいる人間は、そうではない人間ほどには直接自分自身の意見を言ったり、質問に答えたりしないものである。回避―回避の葛藤が結果としてどっちつかずの政治的コミュニケーションを生み出す。このような葛藤では、政治家は自分自身の意見を述べることや質問に率直に答えることを避ける。一方、葛藤のない政治家は自分の意見を述べ、質問にも率直に回答する。

政治家のジレンマは間違ったことを言わないためにある

本書は、これらの状況と政治家が典型的な回答を行う質問についてのデータを取り扱い、検証する。インタビュアーが政治家に対して「逃げ場のない」質問、つまり正解というものがなく、かつどんな答えでも攻撃される可能性があるような質問をして、政治家の本音を聞き出そうとする場合には、常に回避―回避の葛藤が見られる。そのため、政治家の答え方については、今までに問われてきた質問と、それに応じて考えうる限りの回答までを含めていかなくてはならない。

回避の葛藤を生み出さないような質問は滅多にないといえる。それは、常にインタビュアーはすでに含意がなされているつまらない問題よりも「取扱注意」といった問題の方に関心を持つからである。さらに、どんな問題であれ、実際に関わっていなくとも、政治家は真面目に関わっている振りをしなければならない。そして政治家のどっちつかずの対応にインタビュアーが満足しなければ、最終的に政治家は同じ質問をインタビュアーからよりいっそう敵意を込めて問い直されるという危険を犯すことになろう。

このような場合、政治家のジレンマはいっそう強まる。回答のみならず、職業的な人間関係の葛藤まで、ここで加わるからである。こうなると、政治家とインタビュアーが言葉をやり取りしながら互いのためのコミュニケーションの状況を作り出すという関係、そのような場合の政治コミュニケーションの性質について検証する重要性が分かりやすくなろう。有権者の側からすれば、どっちつかずのコミュニケーションはありがたくないが、政治家とインタビュアーの観点からすると、これは避けて通れないものである。

4　本書の構成と概要

本書は、日本における政治インタビューを対象として、「政治家はなぜ質問に答えないか」を明らかにするものである。政治家が質問に答えない理由は多岐にわたる。その理由として、世論を二分する争点については支持者を失うため答えないことや、後の自身の行動に責任を取りたくないために答えないこと等が挙げられる。本書の主たる関心は、このリサーチクエスチョンに対して、質問の形式、争点、フェイスへの脅威という要因により答えないことを検証することである。

民主主義への貢献

本書の問題意識としては、三つある。第一に、政治家のコミュニケーションは、有権者にとって馴染みがあるものではないため、有権者は政治家の弁論術に惑わされる可能性があることである。多くの政治家は、職業政治家としてのキャリアを積んでおり、政治家特有の言葉遣いをする。それは、一般の有権者の認識とは異なる場合があり、有権者はその政治家の言葉を信用することがある。たとえば、「政府は大幅な行財政改革を行うべきである」と主張した政治家に有権者が同感したとしても、実際に当該改革が行われるかは分からない。規範的な議論を行い、あるべき姿を政治家は主張することで、有権者にアピールするが、実際に行われるかどうかまで、有権者は監視する必要がある。一人の弁論に長けた政治リーダーが出現した場合、ポピュリズムと呼ばれる大衆迎合的な政治が行われる問題が生じることにも繋がる。そのためには、有権者が政治家の弁論術についての知識を深める必要があるといえる。

第二に、政治家が答えない箇所にこそ政治的な問題が含まれているため、政治家がなぜ質問に答えないかを明らかにすることで、問題点が表面化するといえる。たとえば、政府あるいは政党で、方針が定まっていない事柄について質問された場合に、政治家は一個人としての意見を述べるのか、あるいははぐらかすのかという選択が迫られる。多くの場合、一個人の意見を述べると、後で政党の意見と食い違うことを恐れてはぐらかすという選択肢をとる。そのはぐらかした箇所こそが、政治問題としての論点であるといえる。いかなる形式の質問をした時にはぐらかす傾向があるのかを有権者が理解しておけば、政治家のはぐらかしについて、有権者はより敏感に反応することができるといえる。第一の問題意識と重なる部分はあるが、第二の問題意識は、政治の争点を明確化することである。

第三に、「どっちつかず理論」における学術的な貢献である。この理論は、政治インタビューの行われる状況において答えないというコミュニケーションの葛藤の状況理論（STCC: Situational Theory of Communicative Conflict）を基軸にして、研究が進められてきた。しかし、日本におけるどっちつかず理論の研究は、十分に進展していないという問題がある。この状況理論を精緻化することに、本書は大きく貢献していると考えられる。具体的には、西洋以外の日本においても「どっちつかず」が見られるため文化を超える現象であること、「どっちつかず」を引き起こす要因として、属性（与野党や地方レベル政治家、男女など）、質問の形式、争点、フェイスへの脅威があることを定量的に明らかにすることである。

政治家の会話を明らかにする意義は、より良い民主主義に貢献することにある。本書における研究を通じて、日本には鋭い質問を行う文化的素養が存在しているのかどうかを考えることがある。言語研究は文化的な研究であり、質問を行う他国の文化と対比して、日本の文化は、ぼやかして曖昧なままで終わらせることがあるように思われる。それはコミュニケーションにおける対人配慮にも見られる現象である。フェイスへの脅威という相手の名誉を傷つける質問をどれだけ行うかは、質問を行うインタビュアー（キャスター、ジャーナリスト、専門家）の裁量に委ねられている。

政治の中心となるのは、言葉によるやり取りであり、民主主義論では、闘技民主主義や熟議民主主義という言葉で表される。闘技民主主義は、文字通り言葉で闘う民主主義のことであり、ムフ（Mouffe 1999）は民主主義政治を到達不可能な合意を求めるものとして理解するのではなく、自由民主主義の諸価値の構成について対立する諸解釈の間の「闘技的対立（Agonistic Confrontation）」として理解することが必要であるとしている。また自由民主主義では異議申し立ての空間を永遠に開いておくことが重要なのであり、合理的合意と考えられるものの確立を通じて、この空間を満たしてはいけないとする。他方で、熟議民主主義は、話し合いを通じて合意を形成することが示唆されている。ハーバーマス（Habermas 1985）のコミュニケーション行為モデルによれば、相互行為が成功しうるのは、参加者たちが相互に一つの合意に達し、この合意が要求への賛否の態度に基づくといった仕方によってであるとされる。つまり、討議を通じた相互主観性を確認する相互作用の過程で、合意が形成されるのである。日本の政治インタビューがどちらの民主主義観に軸足を置いているのかを考えた場合、キャスターが対立を煽り、言論で闘うというよりも、国民を巻き込んだ幅広い合意形成を行うために政治インタビューが行われているように思われる。必ずしもどちらかの民主主義観を選択するものではなく、どちらに優先度を置くかという問題であると考えられる。この立ち位置を理解しておくことも主権者である国民には求められるといえる。

本書の概要

序章では、「どっちつかず理論」についての解説を行ってきた。この理論は、バヴェラスら（Bavelas et al. 1988, 1990）の研究が基礎となっている。バヴェラスら（Bavelas et al. 1988）は、送り手、受け手、内容、脈絡という四つの次元があることを提示している。送り手は自分の意見を言っているか、受け手は相手に向けられているか、内容はメッセージがはっきりと理解できるか、脈絡は質問に答えているかである。本書では、この四つの次元を六点尺度で測定し、コード化している。

第1章では、政治インタビューの分析枠組みを提示している。分析枠組みの中で中心的な存在は、質問の類型であると考えられる。質問の類型は多岐にわたる。構文に基づき、(1)前書きのある質問、(2)イエスかノーの質問、(3)5W1Hの質問（What, When, Why, Where, Who および How）、(4)オルタナティブな質問（二者択一の質問）、(5)宣言型の質問に分類される。話題に関しては、(1)話題の継続、(2)話題の転換、(3)再確認、(4)踏み込みに分類される。また質問の出所については、(1)批判の引用、(2)自身の説明による質問に、質問の文法については、(1)文法上完全な質問、(2)文法上不完全な質問に、質問の向けられる相手については、(1)個人に対する質問、(2)役職に対する質問に、そしてフェイスへの脅威（質問の強さ）について区別される。

第2章では、国会議員と地方議員の間について「どっちつかず」に有意な差があることを明らかにしている。それは非政治家以上に意義のあるどっちつかずな回答である。さらに、国会議員は地方レベル政治家よりもどっちつかずな回答をし、政治の中枢にいる与党議員は、野党議員以上にどっちつかずな回答をすることを示している。この分析を通して、コミュニケーションの葛藤の状況理論を、日本の政治と社会に特有の文化的規範の観点から解釈している。そうした規範的役割をこれまで考慮してこなかったことは、これまでの「どっちつかず理論」における重要な欠如を表している。

第3章では、政治家および地方レベルの政治家が、非政治家と比べて、いかにコミュニケーション上の葛藤に回答しているかを明らかにしている。とくに、「どっちつかず理論」に関する修正を行っており、答えない要因として争点が存在していることを明らかにしている。二〇一二年から二〇一三年に集めたデータでは、とくに国会議員は、一九の争点のうち一二については答えておらず、経済およびエネルギー政策に関する争点については、四つの次元のすべてについて答えられていないことが示された。

第4章では、幹部である政治家がコミュニケーションの問題にいかに対応するかを分析している。とくに、「どっちつかず理論」の修正を行っており、公共の場で行われるインタビューにおいて、国レベルおよび地方レベル政治家の回答に対して、争点がどの程度「どっちつかず」へ影響を与えるかについて明らかにしている。与党議員、野党議員、大臣・副大臣、内閣総理大臣、地方レベルの政治家、非政治家というグループが、テレビ番組において質問に答えておらず、答えない状況にあることを、日本の政治コミュニケーションの文化的な文脈を踏まえて評価している。

第5章では、政治インタビューにおける質問の形態について分析を行っている。課される質問の形態は国会議員、地方レベル政治家および非政治家によって異なっている。本章では、質問の分類を行い、インタビュアーの行う質問を分析している。さらに、回答との関係を明らかにし、「どっちつかず理論」の修正を行っている。質問の形態がどっちつかずな回答に影響を及ぼすことを明らかにしている。

第6章では、社会的な立場や地位や名誉を意味するフェイスの概念に焦点を当てて分析を行っている。「まったく脅威がない」から「高いレベルの脅威がある」という範囲で測定し、インタビューされるゲストに対するフェイスへの脅威の程度を明らかにしている。二〇一二年から二〇一三年のテレビ番組のデータを用いて、質問の分類やインタビューされるゲストの性質との関係を考慮し、フェイスへの脅威に与える要因を分析している。分析の結果、日本における社会文化的な価値・規範の証拠を示している。

第7章では、オルタナティブな質問に焦点を当て、その役割と追及の効果を明らかにしている。また、話題の踏み込みとして戦略的にオルタナティブな質問を用いていること、およびオルタナティブな質問に対する回答の回避パターンを明らかにしている。分析を踏まえ、オルタナティブな質問が果たす役割について考察している。オルタナティブな質問が果たす役割としては、第一に追及としての役割、第二に視聴者に対する教育効果の役割があるといえる。キャスターは、オルタナティブな質問を用いながら、政治家の説明責任を追及する必要があるといえる。

第8章では、政治家とインタビュアーのコミュニケーションにおける相互作用の実態をケース・スタディにより明らかにしている。テレビ局は番組で扱うトピックやゲストを自由に選定し、議題設定権を持っているとされ、少なからずテレビの政治報道が影響力を持っていると考えられる。テレビの政治討論番組がインタビューを行う過程において、出演する政治家に対して、いかなる質問を行い、どのような回答を得ているのかを明らかにしている。分析の結果は以下の三点である。第一に、政治討論番組において、議題はテレビ局および司会者が設定するため、唐突に質問の議題が大きく転換する点が存在することである。第二に、質問にはフェイスへの脅威が存在する場合があり、脅威には程度の違いが存在していることである。第三に、議題、フェイスへの脅威、およびクローズドエンドクエスチョンかどうかという質問の形式によって回答が明確に答えられるかが変わりうることが明らかとなっている。

第9章では、政治インタビューにおいて、キャスターはいかなる戦略を採るべきかを明らかにしている。相手を追及し、情報を収集するという目的を達するために、いかなる質問をどのように配置すればよいかが問題となる。ただし、コミュニケーションという不確定な要素が多い状況では、キャスターの力量に委ねられる部分が大きいのが現状であるといえる。実際の事例を踏まえて、キャスターの戦略を考察し、いかなる戦略が好ましいかを検討する。情報収集、追及、会話の円滑化の機能が存在し、追及の合間に会話の円滑化がなされている実態があることを明らかにしている。分析を踏まえて、情報収集あるいは追及のどちらかを重視する戦略があると結論づけている。

第10章では、これまでの政治インタビューとは異なり、国会審議を対象にし、安倍晋三首相の非言語表現を分析している。国会審議の映像がインターネットを通じて共有されることを重視した上で、これまでの国会議事録という文字情報との違いを明らかにしている。国会審議の映像では、手振りなどの非言語表現が活用されるため、非言語表現が答弁および建設的議論に影響を与えていることを示している。それと同時に、名誉・威信を示すフェイスへの脅威が答弁に影響を与えていることを示している。

本書の政策的含意として、政治コミュニケーションに関する研究が、より良い民主主義に貢献することが考えられる。本書においては、選挙を通じて、マスメディアが監視を行う伝統的な政治の経路を想定している。本書の政治インタビューに関する研究は、この経路を補強することに貢献している。政治に対する問題がニュースで取り上げられている昨今において、政治家の発言を吟味する能力が有権者には求められている。本書では、政治家の話し方について、戦略的にどっちつかずな回答をしていることを示している。この政治家特有の話し方を有権者が理解することで、批判的な視点を持つことが可能となる。それを選挙に活かすことで、中長期的に安定した政治の基盤をつくることができると考えられる。

注

(1)　ポライトネス（Politeness）とは、誠実さや丁寧さを意味するものであり、相手に対して丁寧であることは、相手の地位や名誉を損なわないように配慮することを意味する。

第1章　テレビの政治における談話

1　テレビの政治インタビューとその性質

アジアにおける世論の特徴の一つは、政治インタビューについての性質や効果についての研究が存在しないことである。政治コミュニケーションの幅広い文献研究において、メディアの役割とその効果についての研究は増えており、タイやマレーシア、韓国での世論の形成が指摘されている（Feldman 2016b, Lewis 2006 ; Sern and Zanuddin 2014 ; Woo-Young 2005）。しかしながら、世論の形成における政治インタビューの役割に関する研究およびメディアの言説において、いかに政治的な議論がなされているかについての研究はほとんど見受けられない。

アジアにおいて、とくに伝統的な価値観がなくなり、メディア、主にテレビを通して政治情報が多く開示されており、インタビュー番組は国民に政治を理解してもらう有効な手段となっている。国民は、政治インタビューを通して、公共政策の進展を知り、候補者やその考えを認識し、野党など政治的に変わりうるものについて評価する（Feldman 2016b）。

政治インタビューを分析することは、以下の二点で重要である。第一に、いかに政治インタビューがなされているかが分かり、ジャーナリストや官僚、専門家との間でいかなる約束がなされているかが分かる。とくにインタビュアーとインタビューされる側の役割の性質、機能、責任、権利が何であるのかという問いに対する見通しが明らかになる。また、インタビューの基本的なルールや構造がいかに達成されるのか、質問の性質は何か、いかにインタビューは偏っているのか、インタビューされる側の回答はどの程度回避されているのか、いかに回答を通してインタビューされる側のイメージを構成しようと試みているのかといった一連の問いに答えることが可能となる。第二に、政治インタビューを分析することは、普通の会話といかに異なっているかが理解できる。政治インタビューにおいて、いかに話すかは特定のセットにより制限される。そのセットは、文化や政治文化、社会的な論点や問題、ヒエラルキー構造、不平等な権限、人種、性別といった特定の社会構造によって規定される。さらに、特定のイデオロギーを伝える参加者の動機や社会的真実、権力のような論点を明らかにし、インタビューを支える信念について、より深く考察することができるようになる。

国家や文化を超えた情報は、政治コミュニケーションやニュースメディアの役割や機能の一般的な理論を構築することが求められる。非西洋の国からデータを集めることは望ましいだけでなく、この点から本質的であるといえる。

本章では、アジアにおける政治インタビューの重要性に着目する。また、洗練した方法論において、この研究の分析枠組みを提示する。この分析枠組みは、二〇〇〇年、二〇一〇～一一年、二〇一二～一三年の日本での研究に基づいている（Feldman 2004：76-110, 2015b, 2016b；Feldman, Kinoshita and Bull 2015）。この分析枠組みは、特定の社会の政治インタビューを扱う時に取り組むべき中心的側面と質問の何に着目するかを明らかにする。枠組みの中で用いるコーディングを利用することによって、研究者は、インタビュアーとインタビューされる側の相互作用の性質における情報を収集し、質問に答えるコミュニケーションスタイルや参加者が追求する目的による戦略を分析することが可能となる。まず、政治インタビューの性質に関する議論から始めよう。

2　政治的話術

政治インタビューに出演する政治家には、視聴者を説得し、支持を確保するための政治的な話術が求められる。ただし、テレビ番組での政治インタビューは、独特の特徴を持つ。また、政治インタビューは、公共の人々が関心を持つ政治問題や質問において、政治家や関連する専門家を問う目的がある。国民は政治問題や政治議題について、十分な情報を得る権利があるため、政治家を含めた公の人々は、行動や意図について説明することが求められる。政治インタビューの目的を踏まえて、インタビュアーは、ジャーナリストや批評家、学者、研究者といった公共の信念と異なる分野で活動しており、インタビュアー独自の質問を行い、ゲストから得られた回答に対して挑戦することができる。質問を通してインタビュアーは、インタビューされる側が関わっている公共政策や政治問題の真実を明らかにすることを試み、インタビューされるゲストに同意せず、議論を行い、批判し、対立する。

このような政治インタビューは、ジャーナリストと政治家の間の対立的で、挑戦可能な形の対面(Face to Face)での手続きがデザインされている。政治インタビューには独特の特徴があり、インタビュアーとインタビューされる側の機能によって構造化された一連のルールや規範が存在する。第一に、政治インタビューは、実際の出来事に直接関わることが難しいジャーナリストや政治家、専門家という参加者で起こる表舞台の議論である。テレビ放送されるインタビューは、背後にいる聴衆(1)(Overhearing Audience)の利益を定める。聴衆は、政治家の発言や内容を世論として形成する。そのためインタビュアーとインタビューされる側(政治家と専門家)は、世論を意識して一般的な見方を持つ。インタビュアーは、同時にトークショーの消費者と組織の同僚の双方を考慮に入れ、パフォーマンスの成功や失敗は将来のキャリアを左右し、同僚や会社の視点で物事を見る。政治家にとって、政治番組は、多くの国民に直接話しかける良い道具であり、有権者に対して彼らの考えを伝える機会となる。また、政治家や政党の肯定的なイメージを高める機会となる。くわえて、政治的な対抗勢力や挑戦者を攻撃する分野ともなる。

第二に、話者交替（Turn-taking System）はインタビュアーとインタビューされる側の対立する機能を明確にする。両者は、二つの過程において背後にいる聴衆へ対話を生み出すことを試みる。そのため、インタビュアーは議論を決定するトピックに責任を持ち、対話の持続を監視し、インタビューされる側を含めて、結論づけられるインタビュー時間の儀礼的なパターンに従う。同時に、インタビュアーは、様々な争点について政治家の立場を特定し、説明するために、インタビューされる側に質問を行い、挑戦する。彼らは敵対主義と客観主義の間でバランスを保つことで、インタビューを行うことが求められ、特定の政治家や政党を好まないことによって中立の立場を維持する。

インタビューされる側の役割は、個人や政党を最も代表するように、質問に答えることである（Clayman and Heritage 2002）。これらの役割分担は、政治インタビューを構造化する基本的なルールに挑戦する。しかし、これらのインタビューされる側がインタビュアーからの質問に答えるというは、必ずしも認められ、修正されるとは限らない（Weizman 2008：58）。インタビューは、政治家に大規模な聴衆へ話す機会を与え、その政党の議題を促進し、政治家はインタビューにコントロールを行使しようとする利点を与える。そのため、話す手続きを中断させたり、回答する前後に話題を意図的に変更したり、インタビュアーの質問と関係があるかどうかにかかわらず質問を無視したりする（Day 1990；Harris 1991；Heritage and Greatbatch 1991）。そしてインタビューされる側は、議題と話題を変更することを試みる。この現象は議題シフト手順（Agenda Shifting Procedures）といわれる。

政治インタビューの他の独特な特徴は、インタビューされる側の誤魔化し、回避、曖昧なコミュニケーションスタイルであり、尋ねられた質問に対し、彼らは直接的な回答をすることを避ける。政治家が用いる直接的な回避を避ける様々な戦略は特定され、適切な回答をする割合が低いということがイギリス、台湾、日本の政治インタビューで示されている（Feldman et al. 2015：67）。これらの政治インタビューの特徴とともに、次に分析枠組みを提示する。

3　分析にあたって

会話分析のアプローチ

政治インタビューの特徴を明らかにするための分析枠組みは、質問と回答を分析する会話分析のアプローチが有用である。会話分析は、社会現象として会話を分析する方法であり、社会的相互作用の形態として言語をみる会話の相互作用を分析するために用いられる。会話分析は、会話の参加者の間で、いかに社会的な実践が起こるのか、また、それゆえ、いかに社会的な秩序が形成されるのかを明らかにするものである（Hutchby and Wooffitt 1998）。会話の参加者は、相互に、質問と回答の順番を理解し、「ふつうの会話は高度に構造化され、秩序に基づいた現象である」とされる（Hutchby and Wooffitt 1998：13）。分析の対象として、会話分析は、実験室で作られるデータというよりも自然に発生したデータであり、この記録されたデータは、文字に起こされ、何のためのデータかといった先入観なく分析される。研究者はデータを参加者により、会話を通して行われたことをそのまま観察する。

この方法論に基づき、テレビ放送された政治インタビューであっても、インタビューの時期に選択された質問と回答は記録され、文字に起こされ、インタビュアーとインタビューされる側の言説的な相互作用として現れた言葉に着目して分析するため、その形態、内容、トーン、相互関係の想定なく分析される。

政治インタビューを明らかにする分析枠組みは、インタビュアーとインタビューされる側の相互作用を核として、四つの要素で構成される。これらの要素は訓練されたコーダー（評定者）によって語句の構造を分析し、理解するためのコーディングシートを用いて、質問と回答が対象にされる。四つの要素は、⑴インタビュアーの質問、⑵インタビューされる側の回答、⑶質問と回答の一連のセット、⑷インタビュー時期の環境と背景である。

まず、質問の特定が行われる。分析枠組みの基礎として、質問を特定し、他の発話から区別することが求められる。質問は、インタビューされる側から情報や意見を引き出すために、インタビュアーによって行われる発話である。質問は、疑問詞を伴う場合もあれば、伴わない場合もある。

政治インタビューにおいて、インタビューの始まりで通常尋ねられるいくつかの質問は、まずインタビューされる側を快適にするための単に短い会話である場合がある。これらはソフトな質問を含み、たとえば、挑戦的なものではなく、実際のインタビューが始まる前の挨拶の機能を果たし、しばしばインタビューされる側は、自身やその仕事の業績の自慢をすることを招くものである。このような質問は、分析から除外されるべきである。

質　問

この項の目的は、政治インタビューにおいて尋ねられる質問の詳細（形式、態様、方法）を明らかにすることである。質問を分類し特定するためには、⑴構文表現に基づいた質問の分類、⑵話題の構文、⑶質問の出所、⑷質問の文法的な完全性と不完全性、⑸個人的な意見か集団の意見か、⑹質問の脅威のレベルという六つの観点がある。これらをみてみよう。

構文表現に基づいた質問の分類

インタビューの質問は構文表現によって大きく二つに分けられる（Jucker 1986）。第一が前書きのある質問であり、第二が前書きのない質問である。前書きのある質問は、多くの場合、間接的な形で従属して現れる主要な質問の内容の節が付けられている（前書きのない質問は、質問の前に先立つ節がない）。前書きのある質問には、「～についてどのように思いますか」「どのように感じますか」「あなたが言っているのは～ということですか」「あなたが示唆しているのは～ですか」「～について説明してもらえますか」「言いたいことは～ですか」「尋ねてもよいですか」といった質問が含まれる。

前書きのない質問は、さらに疑問詞がつくかどうかによって細分化される。

(1)三つの基本的な形において、疑問詞が現れる。

(a)イエスかノーの質問は、特定の事柄について、イエスかノーの回答を求めるものである。「はい」または「いいえ」や他の明確な肯定的、あるいは否定的回答（「たしかに」「もちろん」「まったく」といった表現が用いられる）で構成される。

(b)5W1Hの質問は、たとえば「何が」「なぜ」「誰が」「いつ」「どこで」「どのように」（What, Why, Who, When, Where, How）が用いられる。

(c)選言命題あるいはオルタナティブな質問は、インタビューされる側が二つかそれ以上の選択をすることが求められる。もしインタビューされる側が選択肢から一つ選べば、回答を構成したとみられる。別の選択肢を示すことも可能であり、その場合も回答としてみなされる。もしインタビューされる側は、インタビュアーが示した選択肢から選ばず、また他の選択肢を示さなければ、その回答は答えていないとみなされる。

(2)疑問詞が付かない質問は、(d)宣言型、命令型あるいは限定された動詞が欠けている（文法的に動詞が欠けている）を含む。これらは、宣言的な主張の形であるが（一般的に語尾が上がり）、質問のイントネーションである。いくつかの宣言型の質問は、イントネーションが上がらない場合を含むが、明らかに情報を引き出す機能がある。

コーダーはまず、(1)前書きのある質問か、(2)前書きがない質問かを区別する。もし(2)前書きのない質問が選択された場合、さらに(a)イエスかノーの質問か、(b)疑問詞あるいはWhの質問か、(c)オルタナティブな質問か、(d)宣言型の質問かというサブカテゴリーを区別する。

話題の構文

インタビューにおいて、インタビュアーは、インタビューされる側が質問に答えているか答えていないかの判断を踏まえて次の質問に移る。もし、インタビュアーが回答が得られると考えるなら、インタビュアーは同じ話題を拡張するか、あるいは新しい話題に移るかを決める。これは話題の継続（Topic Extension）か、話題の転換（Topical Shift）と呼ばれる。インタビュアーが不十分な回答であると考えた時、インタビュアーは、その回答に対して再確認（Reformulation）するか、踏み込み（Challenge）を行うことができる。

(1)話題の継続：インタビュアーは、インタビューされる側が前に回答したことを確かめ、拡張させるために、同じ話題を取り上げる。

(2)話題の転換：話題が移る時、インタビュアーは前の回答と関連することを取り上げるというよりも、議論のある新しい一般的な話題を取り上げる。

(3)再確認：インタビュアーは、インタビューされる側が主張した立場を再公式化して、言い換える。それは与えられた回答が不十分な場合、それらを明確にし、話題を拡張するために行われる。
(4)踏み込み：インタビュアーは回答から読み取れることを明らかにすることによって、直接的に回答に対して挑戦する。これはインタビューされる側の意図、行動、態度などの側面を確かめるために行われる。

コーダーは、(1)話題の継続、(2)話題の転換、(3)再確認、(4)踏み込みを理解のために分類し、コード化する。

質問の出所

インタビュアーは中立性に抵触することなく、インタビューされる側の見方に挑戦するための二つの方法を持っている。それは批判の引用と説明による質問である。

(1)批判の引用：インタビュアーはインタビューされる側の対抗勢力（政党など、その他を含む）や、他の実際の潜在的な挑戦者（ニュースメディアなど）による仮説的な引用に基づいて質問を行う。インタビュアーはそうした他者を引用することにより、個人的ではない公の反対を行うことが可能となる。
(2)説明による質問：インタビュアーは挑戦的な質問に基づき、自身の論理や意見を示すことで質問を行う。

コーダーは、(1)批判の引用か、(2)インタビュアー自身の説明による質問かを理解のために分類し、コード化する。

質問の文法的な完全性と不完全性

質問は、(1)文法的に完全な質問か、(2)不完全な質問に分けられる。文法的な完全性についての質問の分類は、構文のルールに従い、日本語の場合、質問の語尾に「か」を伴い、イントネーションが上がる。文法的に不完全な質問は、正式さ、直接的な発話に欠け、質問の一部も欠けており、不完全な構造にかかわらず、会話の順番が渡される。それゆえインタビューされる側は質問であると認識し、何らかの回答をすることとなる。

コーダーは、(1)文法的に完全な質問か、(2)文法的に不完全な質問かをコード化する。

個人的な意見か、集団の意見か

(1)自身の意見、考え、信念、感じ方など個人的な情報と、(2)インタビューされる側の所属する政党や政府の集団の情報、考え、見方は異なる質問として区別される。言い換えると、インタビューされる側に課される質問に違いがあり、それは質問が認識された個人的な見方か、社会的、政治的な集団の見方かに従う。一般的な想定は、政治家は集団の共有された見方を尋ねられる。一方で、非政治家は個人的な見方を尋ねられる。しかし、常にそうであるとは限らない。コーダーは、(1)個人的な情報か、(2)インタビューされる側の所属集団の情報、考え、見方かをコード化する。

質問の脅威のレベル

インタビュアーの質問は、その強さと中立性に多様性がある。質問はインタビューされる側のフェイスへの脅威のリスクがある点において構造化される。たとえば、回答によって政治的な仲間（同僚議員）が悪く見られることや、自身の将来の行動を制限することがある（Bull 2008）。質問は、（フェイスへの）

脅威がないか、高いレベルの強さがあるかに区別される。政治家は自身や、政党、重要な他者のフェイスへの潜在的なダメージがある時に、問題が起こると認識する。脅威がある質問は、それゆえ、インタビューの強いスタイルを構成する。コーディングシートは、これに関連して二つの質問が含まれる。

(1)六点尺度で測定され、質問の強さと関係し、(1)「まったく脅威がない」から、(6)「とても強い脅威がある」(コーダーに段階の強さの選択を強いるため、中間は想定していない)の間で、コーディングがなされる。また、コーディングが(1)「まったく脅威がない」ではない場合、コーダーは別の質問に答える。

(2)脅威は誰に向けられるのか、(a)インタビューされる側の個人のフェイス、(b)政党のフェイス、(c)インタビューされる側が所属する集団のフェイス、(d)政府、(e)その他に分けられる。

4　回答の分析

次に第4節では、インタビューされる側に課される質問に対して、いかに回答するかについて明らかにする。回答は四つの質問から分析される。その質問は、バヴェラスら（Bavelas et al. 1990）の送り手、受け手、内容、脈絡の四次元という「どっちつかず理論」が応用される。「どっちつかず」は、曖昧で、矛盾しており、脱線する特徴を持つ間接的なコミュニケーションであり、不調和であり、ぼやかされ、回避的であるとされる（Bavelas et al. 1990 : 28）。四次元は六点尺度で測定される。

送り手

送り手は、どの程度、話し手の意見であるかによって測定される（意図、観察、考え）。六点尺度では(1)「明らかに個人的な意見／考え」から、(6)「完全に他の人の意見／考え」の範囲をとる。もし(1)ではないならば、コーダーは別の問題に答える。

話し手は誰の意見を述べたのか、コーダーは以下のリストから選択する。(a)政党、(b)一般的な世論、(c)政府、(d)マスメディア、(e)経済、産業界や第三セクター、(f)事実、歴史的な出来事、常識である。これにより、自分の意見であるか、自分の意見ではない場合は誰の意見であるかが分かる。

受け手

放送されるニュースインタビューには、複数の受け手が存在する。質問に対してインタビューされる側の回答は常に、インタビュアーに向けられるわけではなく、世論や特定の一部の人々や他の政治家や政党に向けられることもある。これらの他の人々は、背後にいる聴衆として引用される。この問題について、以下の質問がなされる。「質問をした人（インタビュアー）へどの程度、メッセージが向けられるか」である。六点尺度で測定され、(1)「明らかにインタビュアーに向けられる」から、(6)「他の人々に向けられる」の範囲をとる。

もし回答が(1)ではないなら、コーダーは別の質問に答える。それは「メッセージは誰に向けられたか」である。コーダーは以下のリストから、誰に向けられたのかという意図を考える。(a)スタジオにいる他の政治家、(b)政策決定者（政治や政府の中心にいる人）、(c)有権者一般、(d)特定の県や住人、(e)国民全体、(f)経済、産業界、(g)その他である。これにより、インタビュアーにメッセージが向けられたか、向けられていない場合は誰に向けられたかが分かる。

内容

内容は、「発言したことのメッセージは、はっきりしているか」という設問により測定される。(1)

「分かりやすく、唯一の解釈ができる」から、(6)「全体的に曖昧で、まったく理解できない」の幅をとる。もし回答が(1)ではないなら、四つの選択肢のうち少なくとも一つを選び、なぜ理解することが難しいのかを特定しなければならない。

(a)会話が長い／理解が難しい文になっている、(b)堂々巡りになっている、ダブルトーク（二枚舌）である、(c)難しい用語、専門用語が用いられている、(d)複数の主張が含まれている。これにより、発言の内容が理解できるか、理解できない場合、その理由は何かが分かる。

脈絡

脈絡は、「どの程度、質問に対して直接的な回答であるか」という設問により測定される。(1)「尋ねられた質問に直接答えている」から、(6)「質問に対してまったく関係ないことを答えている」の幅をとる。もし回答が(1)ではないなら、ブルとメイヤー（Bull and Mayer 1993）に基づく答えない一二のカテゴリーから、インタビューされる側が質問になぜ答えないのかをコーディングする。

(a)意図的に質問を無視する（典型的に別の議論をする）、(b)質問を認識するが答えない、(c)質問に対して質問で返す（インタビュアーに質問する）、(d)質問を攻撃する、(e)インタビュアーを攻撃する、(f)回答を拒否する、(g)政治的な処理をする、(h)不十分な回答で済ます、(i)前の質問に対する答えを繰り返す、(j)質問にはすでに回答済みであると述べる、あるいはほのめかす、(k)陳謝する、(l)その他である。

これら一二のカテゴリーは相互に排他的ではないため、一つ以上が用いられる。また、四つの次元のうち一つでも曖昧であれば、メッセージはどっちつかずである。内容ははっきりしている（内容の次元は曖昧ではない）が、直接的な回答ではない場合（脈絡の次元が曖昧である）は、どっちつかずとなる。

質問と回答のテーマ

この項の目的はインタビュアーの質問とインタビューされる側の回答の中心となる話題を特定することにある。また、質問と回答のそれぞれの議題を識別する。二つの質問が課される。「1．質問の主な内容は何か」および「2．回答の主な内容は何か」である。

これらの二つの問いは、以下の六つの基準で細分化され、それは相互に排他的である。(1)特定の話題の知識、事実関係、(2)人間関係／重要な他者（他人の仕事の効率、印象活動、考え、人事）、(3)政治的、社会的組織（政党や派閥、メディアの活動、態度、見方、信念、考えの印象、意見、判断）、(4)政治過程（政策決定の手続き・政府・官僚・政党の行動過程）、(5)政治的約束（行動の約束、誓約、公共への義務）、(6)争点（政策についての意見・立場・見方、社会、経済、政治、公共の議題についての話題、その他の問題）である。もし(6)争点が選択された場合、コーダーは自由記述のオープンエンドの質問に答える。それは、(7)「質問／回答の中心となる争点は何か」である。

コーダーは、インタビュアーとインタビューされる側の議論の焦点となる争点を一つひとつ特定する。その後、関連するカテゴリーを集約する。

インタビューのセッティング環境

この項は、インタビューのセッティングや背後の詳細な要因を調べることにある。インタビューはインタビュアーとインタビューされる側の相互作用の性質に影響を与え、質問と回答の内容に影響を与える。これらの要因は国民に情報が広がるであろう見通しに影響を与える。なお、これらは以下の側面を含むが、限定されるものである。

第一は、インタビューが編成されるテレビ番組の性質であり、三つの側面がある。それは、(a)国民に幅広い番組か、地方レベルの番組か、(b)レギュラーのニュース番組であるか、毎日／毎週／毎月の番組か、スペシャル番組か（選挙キャンペーン）、(c)視聴率はどうか（人気のある番組か）である。

第二は、インタビューのフォーマットであり、インタビュアーとゲストの数である。それは、(a)一対一のインタビュー（一人のインタビュアーに一人のゲスト）、(b)一人のインタビュアー対複数のゲスト、(c)二人のインタビュアー対一人のゲスト、(d)二人のインタビュアー対複数のゲスト、(e)一人のインタビュアーと少人数の集団、(f)インタビュアーや議論に参加するコメンテーターにより質問がなされる、(g)インタビュアーや議論に参加するゲストにより質問がなされる、(h)その他に分けられる。

第三は、放送時間とインタビューの長さであり、放送の時間帯およびその時間である。放送の時間帯は、(a)朝／午後／夕方／夜かで区分され、(b)インタビューの長さは、何分何秒であるかによって放送時間が異なってくる。

第四は、インタビューの質問を誰が尋ねるか（社会的、政治的な志向は何か）についてである。主に(a)ジャーナリスト、(b)学者、(c)専門家（公共政策、社会情勢、経済の領域）により尋ねられるが、(d)その他の場合もある。

第五は、誰がインタビューされるゲストであるか（たとえば政府におけるゲストの役職は何か）により、以下のように分類される。ゲストの種類として、(a)国レベルの政治家（大統領、首相、大臣、政党のリーダーなど）、(b)地方レベルの政治家（都道府県知事、市町村長など）、(c)政府の当局者（副大臣や大臣など）、(d)軍の士官、(e)社会経済分野など様々な領域の政策決定者、(f)非政治家（大学教授、経済の専門家、社会評論家など）、(g)その他がある。

第六に、政治文化やメディア組織について、インタビューは民主的な自由社会において行われるかにより区別される。たとえ、民主主義社会であっても、インタビューが規制される場合がある。

5　コーディングについて

提示された枠組みは、考えられる設問の一つのバージョンである。政治インタビューの他の側面や質問は、研究の展望を高めることに含まれる。包括的な枠組みは、社会文化的また政治的に多様なアジア諸国で行われるケース・スタディとともに、今後の研究により深められるだろう。

提示された枠組みを用いたデータ収集とデータ分析は、多くの時間と労力を要する。実際、完全な分析を始める前に多くの段階がある。適切なテレビ番組からインタビューを選択し、DVDレコーダーを用いて録画をし、一語一語テープ起こしを行い、そのテープ起こしを確認し、いかにデータをコード化するのかを考えるとともに、コーダーをトレーニングし、コーダー間の信頼性を確かめる必要がある。しかしながら、この研究過程は、社会心理学、コミュニケーション、政治学のような分野から野心のある研究者のやる気を失わせるべきではない。それは政治コミュニケーションにおける知られていない特徴を探る喜びがあるためである。

本書の研究では、質問と回答について、二人の学生によりコーディングを行い、信頼性を確認している。質問のコーディングは、十分に訓練された大学院生によって行われた。訓練の過程は、どっちつかず理論の次元と三〇〇問のサンプルをコーディングして行った。評定者は通常、いくつかのテープ起こしを受け取り、コーディングを独立して行う。一連のコーディングの完了時に、コーディング中に発生した問題を議論するために、複数の学生とともに不明確な基準についての協議が行われた。これはすぐに議論によって解決された。三〇〇のサンプルを別の評価者に割り当てて、コーダー間の信頼性を確認している。スピアマンの順位相関係数[2]は、〇・七二（送り手）、〇・七三（受け手）、〇・八五（内容）および〇・八二（脈絡）であり、いずれも一％有意水準で有意となっており、信頼性があることを確認している。

構文表現に基づいた質問の分類において、コーエン（Cohen 1960）のカッパ係数[3]は〇・八七であり、話題の構文では、〇・八五、意見の引用か説明による質問では〇・九七であった。また文法上完全な質問と不完全な質問では〇・九七のカッパ係数であり、個人的な意見を求めるか、集団の見方を求めるかの質問では〇・九六であり、質問と回答のテーマでは〇・七二、一九の争点では〇・七九であった。脅威のレベルに関してはスピアマンの順位相関係数が〇・八七という結果になっている。

注

（１）背後にいる聴衆は、ふと偶然耳にする人が意図されており、潜在的な聴衆である。これは、メディアからオピニオンリーダーに情報が伝達するというコミュニケーションの二段階フローモデルが想定されていると考えられる（Lazarsfeld et. al. 1944, Katz and Lazarsfeld 1955）。また、この二段階フローモデルは、人から人に移る多段階（AからB、BからCへと伝えられる）であると考えられている。

（２）「スピアマンの順位相関係数」は、二つの変数間に共変関係があるかを確かめる際に用いられる。一つの変数が増加した時に、他方の変数が増加していれば、正の相関があるといえる。

（３）「カッパ係数」は、カテゴリー変数（名義尺度）に対して、二人のコーダーがどの程度一致しているかを測定する際に用いられる。〇から一までの値をとり、一に近いほど、一致していると判断される。

第2章　政治家と知識人の言葉遣いは同じか

1　文化と言語の壁

テレビ放送される政治インタビューは、社会的および政治的問題を特定し、理解し、評価することに寄与する。政治インタビューは、関連する問題とその対策を解決する政党を区別するための簡単でアクセス可能な方法を提供している。また、政治インタビューは、背後に聴衆が存在するため（Heritage 1985）、ジャーナリストや政治家との対面（Face-to-Face）による挑戦的な場を生み出しており、日本における政治コミュニケーションの最も重要な手段の一つとなっている(1)。

メディア、とくにテレビを通じた日本の公共の政治情報への露出が高まるにつれて（Feldman 2011）、インタビュー番組は公共政策の発展を支え、政治候補者と競争する政党とその立場を区別するための貴重な手段であり、様々な政治的選択肢を評価してきた。

それにもかかわらず、いくつかの例外を除いて（Furo 2001：37-52；Tanaka 2004；Yokota 1994）、この種のメディアの談話では、政治問題の話し合いがどのように構成されているかについて考慮されてこなかった。また、インタビュアーとインタビューされる側との相互作用の性質、質問への対処または回答する時のコミュニケーションスタイル、参加者が目標を達成するために使用する戦略についての研究が欠如している。

そこで本章は、既存の先行研究で欠如しているいくつかの点を埋めることを目指している。二〇一二年一二月一六日の衆議院総選挙前後の一四カ月間のデータをもとに、放送されたインタビューを通じて、日本の国会議員、地方レベル政治家、および非政治家を比較する。それはテレビの政治インタビューの中で、日本の政治家が与えられた質問に対してどのように対処するかに焦点を当てるものである。

2 大衆の心を摑むため

政治家のテレビ利用と失敗

テレビ放送は大衆の心を摑むために用いられている。テレビをうまく利用した大統領や首相は国民支持を得られる。たとえば一九八四年一〇月二二日、アメリカのミズーリ州カンザスシティで行われた大統領候補者テレビ討論会の席で、民主党のモンデールは、真剣な顔で、共和党レーガンの老齢を取り上げ、若さと活力のある政治に不適であると食ってかかった。これに対してレーガンは、冷静かつ穏やかに答えた。「私は年齢の問題を選挙の争点にはしていない。またモンデールの知識と経験不足も同じよう選挙の争点にはしていない」と発言し、この一言が、会場に爆笑の渦を巻き起こした。ユーモアを言ってのけたのである（向坂 一九八五）。こうしたテレビによる発言は、大衆の支持に大きな影響を与えているといえる。

他方で、大衆の心を摑むことに失敗した発言の例は、数多く見受けられる。吉田茂は、一九五三年三月衆議院予算委員会で「バカヤロー」と発言し、そのために国会の不信任を受けるはめになった。森喜朗は、二〇〇〇年五月に「教育勅語はいいところもあった」に始まり、「教育基本法には大事な愛国心がない」[2]、さらに「日本の国はまさに天皇を中心とする神の国である」などの国粋主義的な発言を行って、問題となった。また二〇〇三年一月衆議院予算委員会で、野党民主党の菅直人代表が、小泉首相が就任時以降に公約した⑴八月一五日の靖国神社参拝、⑵国債発行を三〇兆円以下に抑える、⑶予定通りのペイオフ解禁と書いたパネルを掲げて、「首相は公約を一つも守っていない、公約違反だ」と厳しく追及した。それに対して、小泉首相は「大きな問題を処理するためには、この程度の約束を守らなかったというのは大したことではない」と反論し、これが投げやり、もしくは居直りととられて問題となった。そして、同月末に朝日新聞社が実施した世論調査では、内閣支持率は五四％から四七％へ下落したのであった。こうしたテレビで放送される発言は、大衆の心を摑むこともあれば、支持を失うこともある諸刃の剣であるといえる。

説得とは、話し手が聞き手に特定の態度や行動をとらせるために行う言語行為であり、話し手が意図した態度や行動を作り出せれば、説得が成功したといえる（水野 一九八八）[3]。説得コミュニケーションは、広告やプロパガンダといったキャンペーンによって広く社会で行われている。政治においては、選挙で勝利するために、自身の政党について肯定的なイメージを作り出し、他方で、相手の政党のスキャンダルや不祥事を明らかにすることで否定的なイメージを作り出す。野党が倒閣を目指して、大臣のスキャンダルや、政府の不手際を示そうとするのは、大衆の心を摑むためであるといえる。政治インタビューにおいては、自己および自身の政党の良いイメージを作り出すために、言葉が発せられている。その例として、政治家は、効果的なメタファー（比喩表現）や皮肉を用いており、難しい政治現象を分かりやすく、面白い喩えにすることにより、大衆が親しみを感じ、理解することを促している。本章では、政治家である与党議員、野党議員、地方レベルの政治家、および非政治家がどのようなコミュニケーションのスタイルを採っているのかを、「どっちつかず理論」の観点から明らかにする。いかに答えていないかを明らかにすることにより、良いイメージを作り出すための回避の話術や、コミュニケーションの葛藤状況における失敗が明らかになるといえる。

「どっちつかず理論」

バヴェラスら（Bavelas et al. 1988, 1990）は、政治家の悪くて、信用できない性格というよりもむしろ、インタビューの状況がどっちつかずへの圧力を生み出していることを示した。彼女らはどっちつかずを間接的で、曖昧であり、矛盾し、脱線するコミュニケーションの一形態とみなし、不調和で、ぼやかされており、回避的であるとしている（Bavelas et al. 1990：28）。

バヴェラスら（Bavelas et al. 1990）は、回避─回避の葛藤（またはコミュニケーション葛藤）に置かれた時に、個人が典型的にどっちつかずになることを理論化した。これにより、質問に対するすべての答えは潜在的に回答者に負の影響を与えることになる。それにもかかわらず、回答者は対話者と聴衆によって何かしら回答することが期待されている。このような葛藤は、インタビューの性質として、政治家とのインタビューでとくに一般的である。そのため、インタビュアーは、議論の余地があり、敏感で議論のある問題に関心を持っており、政治家に望ましくない選択肢の中から選択するよう圧力をかけている（Bavelas et al. 1990：246-249）。とくにバヴェラスら（Bavelas et al. 1990）は、先行する状況がなければどっちつかずは生じないとしている。言い換えれば、どっちつかずとなる個人の回答は、それが起こっている状況的な文脈において常に理解されなければならないということである。これは、コミュニケーションの葛藤の状況理論（STCC：Situational Theory of Communicative Conflict）として知られている。

バヴェラスら（Bavelas et al. 1990）はさらに、四つの次元──送り手、受け手、内容および脈絡の観点から、どっちつかずを概念化することを提示した。送り手の次元は、回答が話し手自身の意見である程度を指す。話し手が回答を自分の意見として認めることができなかった場合や、他人に回答を帰属させた場合、その回答はよりどっちつかずなものとみなされる。受け手は、メッセージが相手の人に向けられている状況を指す。内容は分かりやすさの次元であり、分かりにくい回答はよりはっきりしないと考えられる。脈絡は、回答が質問に対して直接的に答えている程度を指す。質問との関連性が低い回答ほど、質問に答えていないといえる。

ブルと彼の同僚たちは、フェイスへの脅威と呼ばれる言葉を用いて、「どっちつかず理論」の修正を提示している（Bull 2008；Bull et al. 1996）。ブルら（Bull et al. 1996）は、政治家が常にフェイスを傷つける反応（自身や政党を悪く見せ、将来の行動の自由を制限するような反応）を引き起こすような方法で質問が作られる可能性があると提示した。さらに、ブルら（Bull et al. 1996）は、政治家が個人的なフェイス、政党のフェイス、そして重要な他者のフェイスという三つのフェイスを守る必要があり、コミュニケーションの葛藤は、質問に対する回答のすべてにフェイスを傷つける可能性がある場合に起こり、それによってどっちつかずな回答が生み出されると指摘している。

本章では、この「どっちつかず理論」の枠組みを用いて、日本の政治家のテレビ放送されたインタビューを分析し、質問に対する回答の態度を明らかにする。具体的に、本章の主な焦点は、日本の政治家が放送されたテレビ番組の中で、どの程度質問に答えていないかであり、それにより、日本の広範な政治コミュニケーションにおける政治インタビューの重要性を評価することが可能となる。

日本の事例

日本の政治家の質問への回答を調べることは、前記のように、日本についての知識の欠如だけでなく、インタビュアーとインタビューされる側の間のメッセージのやり取りに文化的背景が及ぼす可能性があるため、とくに懸念される。この文化的背景は、後述するが、バヴェラスら（Bavelas et al. 1990）では、ほとんど無視されている。バヴェラスら（Bavelas et al. 1990）の理論では、文化的な背景がインタビューされるゲストの回答パターンに影響を及ぼしうるとされる。しかし、この文化的な背景は方法論の問題を含むため、バヴェラスら（Bavelas et al. 1990）の独自の研究のいくつかを修正によって克服することを試みる。ここでは、文化的背景に関連する二つの側面を指す（Feldman 2004：50-52, 79-80）。

第一に、西洋において価値があるとされる明確さ、明快さ、真実性は、日本のコミュニケーションスタイルでは必ずしも利点であるとは限らない。日本語は一般に、ほのめかす言語であり、極端な立場をとることを避け、曖昧さを利点とし、曖昧な話し方スタイルとして受け入れられている。断言を避けるために、日本語は「おそらく」「多分」「かもしれない」「多少」などの修飾語を頻繁に用いる傾向がある。日本の文法では、主語を用いることが求められないため、修飾語、述語が文構造の支配的な形式となっている。主語の省略は、しばしば多大などっちつかずを引き起こす。くわえて、日本人は控えめを好み、物事を正確に説明するのを避け、間接的な表現を頻繁に使用する傾向がある。「私」を意味する複数の代名詞があるが、できるだけそれらの使用を避ける明確な傾向がみられる。その代わりに、「多くの人が言うように～」「～と言われています」という表現を使う傾向がある。個人的な責任を取らずに意見を表明するために、文化的な背景は、個人が自分の意見を明らかにするよう求められた時に、曖昧な回答を多く見せるのである（送り手、内容、および脈絡の次元）。

別の重要な特徴は、政治の世界において、政治家に関する実際の感想や意見は、「正面世界（正直に答えること）」に侵入してはならないという日本の常識に従って、配慮がなされている。

政治家は、状況に応じて、様々な度合いの開放性（本音）または曖昧性（建て前）で意見を提示する。大統領選挙や大規模な記者会見、テレビ放送される国会審議、大規模な公衆の集まりの前で話す時、政治家は一般的に政府や政党の受け入れられている見解を示すことによって、建て前を用いる。新しい政府を発足する際に、議会の両議院で首相が政策の演説を行い、与党や政府の見解が説明される。実際に、建て前が用いられる主張の特性の一つとして、話し手はあらゆる立場についての判断や政治的約束を避けることがある。そのような話し手は、「たぶん」「おそらく」のような言葉を用いて、緩和することを図り、断言しない。また、内閣総理大臣やその他の政治リーダーたちはしばしば未来の不特定の時期に問題に取り組むという微妙な印象を与えるために、「積極的に」「前向きに」という語を用いる。つまり、いつ取り組むについては明言しない。くわえて、個人的な責任を負わない場合に、努力を伝えるために勤勉で、熱心な姿勢を見せ、大きな仕事をしていることを示す。そのため、政治家は専門用語や抽象概念を用いて、個人的な意見を表明することなく、また特定の立場に立っていることを人々が特定できないように話す能力を身に付けている。

政治家は、意見や約束、感情をぼかし、公式の広く受け入れられた意見のみを提示することで、婉曲的に話す。その話し方は、政治家自身を表現し、政治的に持続する国会議員や政治家にとって安全な方法であり、最も共通した話し方の形態である。政治家は建て前を用いることによって、国民の監視から自身の気持ち、考え、意見を守ることができる。それは、政治家が持つ特有の考えが特定されることを回避し、他の政治的見解を持つ人に非難されないようにする(4)。日本の国会議員、とくにテレビインタビューに招かれる高い役職に就いている人は、公共の場で、何を話すかについて高い注意を払わなければならない。

3　討論番組の会話は同じか

仮説の設定

本章では、「プライムニュース」「激論！クロスファイア」「新報道2001」という三つの番組で政治家および非政治家、与党議員および野党議員が同じ会話のスタイルであるのかを検証する。本節では仮説を提示し、分析方法を示しているが、テレビ番組の実際の例をみることにより、政治家の話術を紹介する。違いがあるかを明らかにするために、バヴェラスら（Bavelas et al. 1990）の「どっちつかず理論」と文化的な文脈を踏まえて、以下の二つの仮説を設定する。

仮説1：放送されたインタビューの質問に答える時、とくに繊細で論争の的になる問題については、日本の政治家は建て前を用いて、曖昧で不明確な表現を使用する（内容の次元）。政治家は、有権者や支持者に対して繊細になり、異なる政党の国会議員を考慮し、自分の見解や意見を隠し、明示的な見方を示さないと考えられる（送り手の次元）。また、質問に答えないと考えられる（脈絡の次元）。インタビューの場を巧みに利用して、彼らが持っている考えや思考を進展させ、自分や政党の肯定的なイメージを高めるために、政治家は質問をするインタビュアーではなく、より直接的に有権者である視聴者に向けて、話す傾向があると考えられる（受け手の次元）。とくに支持者に頼らず、世論に関心のない非政治家のグループと比較して、政治家は正式に認められた見解を提示し、スタジオの外の人々に向けてメッセージを送るので、質問者に答える時によりどっちつかずな回答になると考えられる。

仮説2：回答において、与党議員と野党議員の間に違いがあると予想される。一度政権を握ると与党議員は、コミュニケーション上の葛藤に敏感となり、与党議員は質問に対する回答を行う時にどっちつかずとなる。与党議員は、質問に答える際に、様々な問題について、個人的な見解の表現に慎重になり、自分の意見を言わないと考えられる（送り手の次元）。それは政府の公的な立場にいる政治家は、より一層慎重になり、分かりにくい言葉遣いとなり（内容の次元）、曖昧な意見や判断に固執し、忠誠を示すため、質問には答えない（脈絡の次元）。一方、野党議員は、与党議員よりも議論の少ない質問や葛藤のない状況に直面することになる。また、野党議員は、国内および国際レベルの意思決定過程において、与党議員よりも責任を持たないため、政党の選好を述べることができ、あまり曖昧な回答を言わないと考えられる。

インタビュー

本研究では、一九四人のインタビュー（政治家一四五人、非政治家四九人）を用いる。三つのテレビ番組を対象に、期間は一四カ月間（二〇一二年五月から二〇一三年六月）であり、「プライムニュース」（一四七回）、「新報道2001」（二五回）、「激論！クロスファイア」（二二回）である。

これらの番組は、毎日または毎週日本全国で放送され、毎年夏に行われる高校野球のような特別な番組の時期を除いて放送されている。「プライムニュース」はBS（Broadcasting Satellite：衛星放送）を通じて月曜日から金曜日まで毎日二〇時から二一時五五分に、「新報道2001」は毎週日曜日の七時三〇分から八時五五分に、「激論！クロスファイア」は毎週土曜日にBSで一〇時から一〇時五五分の時間帯にそれぞれ放送されている。

これらすべての番組は、国会議員、政府関係者、様々な社会・経済部門の意思決定者などの公的な人物とのインタビューを特徴としている。そして世間の注目を集めている最新の政治的、社会的、経済的な問題に焦点を当てている。インタビューの場面は、しばしばニュース報道の後に再生されるが、政治家の発言は、翌日、主要な全国新聞で見出しになる場合がある。これらの番組において、司会者として機能する有名なジャーナリストが主に質問を行う。キャスターの役割は、質問を開始し、終了することや、他のゲストに対して質問し、不十分な回答に挑戦することである。また、公共政策、社会問題、経済などの分野において、学者や専門家（コメンテーターまたは解説者と呼ばれる）からの追加の質問が行われる場合がある。司会者は一般的にインタビューをコントロールするが、コメンテーターは話を振られた時だけ参加する。司会者やコメンテーターからの質問とゲストからの回答が相互作用して、一連の質問と回答の形態（Question-response Sequence）を構成する。

本研究の中心となる三つのテレビ番組は、放送時間、インタビュー時間の長さ、司会者の質問スタイル、詳細な回答の追及の構造はそれぞれ異なっている。これらの政治インタビューの一部は、一対一の形をとるものもあれば、通常は複数の参加者を伴うものもあれば、時々一〇人程度のものもあるため、主要な質問者と回答者以外の人も議論に参加することができる。たとえば「新報道２００１」では、複数のゲストが招かれる。インタビュアーは、明らかに答えが簡単な自由回答式の質問を出す傾向がある。この場合、他のゲストも質問を提示したり、議論に参加したりするために、典型的なトークショーとなる。他方で、「プライムニュース」と「激論！クロスファイア」は二人の司会者しかいない。また、ゲストの数は一人から三人に制限されており、司会者が問題を詳細に追及できるように長い時間が確保される。

「激論！クロスファイア」では、インタビュー対象者は、強力な質問スタイルで知られているジャーナリストの田原総一朗によって網羅的な質問がなされる。このため、様々なテレビ番組の多様性が期待できる。本研究では、三つの番組を別々に検討し、政治家と非政治家の間に異なる回答パターンがあるかどうかを観察しようとしている。

とくに、本研究のインタビューは、二〇一二年一二月一六日の衆議院総選挙の前後に放送された期間を対象にしている。二〇〇九年九月以来、衆議院の過半数は民主党および国民新党の連立政権が占めていた。しかし、二〇一二年の衆議院総選挙では、民主党の敗北と自民党および公明党の圧倒的な勝利をもたらした。自民党および公明党は衆議院の過半数を獲得し、結果的に新しい連立政権を発足させた。その結果、中道左派から保守的かつナショナリストの政党へと権力の移譲がなされ、それゆえに日本の政治的枠組みにおける重要な再編が行われた。

データ

本研究のデータは、選挙前の七カ月半と選挙後六カ月半に放送されたインタビューに基づいている（以下、第1セッションと第2セッションと呼ぶ）。一四カ月（四二六日）の全期間にわたって、三つのテレビ番組は、合計一三五六人のインタビューを行っており（一日あたり三・二人）、そのうちの七四五人（第1セッションでは三五九人、第2セッションでは三八六人）は二回以上のインタビューが行われている。個人を基礎として、二三六人の国会議員（首相、大臣、国会議長、政党のリーダーなど）、地方レベルの一三人の政治家（都道府県知事や市町村長、東京都知事、大阪市長を含む）、四九六人の非政治家（大学教授、社会批評家、経済学者、元政治家など）を対象としている。非政治家は、特定の問題について話す能力、素人に伝える能力があり、聴衆に彼らの知識と洞察を共有させ、ニュースや時事問題の信頼性を確かにするために招かれる。非政治家の見解は、専門家と定義されているために真摯に受け止められる。これらのインタビューは小グループまたは一対一で行われている。ゲストとのインタビューは、できる限り、インタビュアーとゲストの間の質問回答に重点を置くように、一対一のインタビューを選択している。司会者およびコメンテーターからの質問のみを分析対象としている第一に、これらの一三五六のインタビューから、インタビュー対象者は次のように選ばれた。毎週、与党議員から一人（いずれかの連立政権の一人）と野党議員から一人の政治家を選択している。国会議員が採用しているコミュニケーションスタイルを評価するために、非政治家および可能であれば地方レベルの政治家（比較的頻繁にインタビューされていない）を毎週選択している。

第二に、政治家、とくに幹部メンバー（政党リーダー、政府閣僚など）は、調査期間中に複数のインタビューが行われている。しかし、可能な限り多様なサンプルを調べるために、一人につき一回のインタビューを対象としており、複数回のインタビューが行われているものについては、長いインタビューを分析対象とした。

本研究において、分析対象に含める国会議員を決定する際に、各政党のメンバーのテレビ出演の相対的な比率を考慮している。合計で、国会議員のインタビューは二三三六件あり、以下のように構成されている（括弧内の数字は第1セッションと第2セッションの数字）。自民党 一〇〇（三七、六三）、民主党 七六（五八、一八）、公明党 一三（五、八）、みんなの党 一〇（五、五）、日本共産党 六（四、二）、日本維新の会 八（二、六）日本未来の党 四（三、一）、社会民主党 三（二、一）、新党改革 三（二、一）、生活の党 四（三、一）、立ち上がれ日本 二（二、〇）、新党大地 二（二、〇）、国民新党 一（一、〇）、太陽の党 一（一、〇）、減税日本・反TPP・脱原発を実現する党 一（一、〇）、緑の風 一（〇、一）、無所属議員 一（一、〇）となっている。

これらの割合を考慮して、国会議員の一三三回のインタビューが、以下のように選ばれた。自民党六一（二〇、四一）、民主党 三八（三一、七）、日本維新の会 七（三、四）、公明党 六（三、三）、みんなの党 六（四、二）、生活の党 三（二、一）、共産党 三（二、一）、社民党 二（二、〇）、国民新党一（一、〇）、新党改革 一（一、〇）、立ち上がれ日本 一（一、〇）、減税日本・反TPP・脱原発を実現する党一（一、〇）、新党大地一（一、〇）、緑の風一（〇、一）、無所属議員一（一、〇）を対象としている。

第三に、比較のために、地方レベル政治家一二（六、六）のインタビュー、非政治家四九（二九、二〇）のインタビューを対象としている。

合計で、分析対象者は一九四人のゲストで構成される。インタビューのうち二五人が一対一で行われ、二一人が二人でインタビューを受け、一四八人が三人以上でインタビューを受けている。最長のインタビューは四五分四四秒であり、最短のインタビューは三分しかなかった。平均のインタビュー時間は二四分三六秒であった。インタビュー一回あたりの質問回数は二から九八回で平均二六・二回であった。合計で五〇八四のサンプルが分析される。

質問

質問は、ゲストからの情報を引き出すためにインタビュアーによって作られた発言とみられる。ユッカー（Jucker 1986）によると、質問は大きく二つに分類される。一つ目は前書きのある質問であり、「あなたはどう思いますか」「あなたはどうお感じですか」「あなたが言っていることは～ということですか」「あなたの言うことは～を意味しているのですか」「説明してもらえますか」「言ってもらえますか」または「一つお尋ねしてもいいですか」という質問の分類である。前書きのある質問は、なんらかの状況を説明した後に、間接的に現れる。

二つ目の前書きのない質問では、そのような先行する説明は存在しない。前置きのない質問は、疑問詞が付くかどうかによってさらに細分化することができる。(1)イエスかノーの質問は、通常「はい」または「いいえ」の回答を求めるものである（Quirk et al. 1985：52；Jucker 1986：109）。(2)５Ｗ１Ｈの質問は、「何を」「なぜ」「誰と」「いつ」「どこで」「どのように」という5W1Hで始まる質問である。(3)オルタナティブな質問（選言型の質問）は、二つ以上の選択肢の中から選択肢を提示するものである。疑問詞の付かない質問には、宣言型の質問があり、命令文や直説法（moodless：疑問詞が付かず情報を与えるのみで相手に会話の順番を渡す場合）が含まれる。

分析する質問回答のサンプル数は五〇八四問であり、テレビ番組のうち「プライムニュース」は三八六九問（七六・一％）、「新報道2001」は九五七問（一八・八％）および「激論！クロスファイア」は二五九問（五・一％）となっている。「プライムニュース」の番組から得られた割合が高いのは、週に五日、ほぼ二時間放送されていることを反映している。この番組では、反町理（編集部で政治デスクのコメンテーター）、八木亜希子・島田彩夏（ともにアナウンサー）により質問がなされる。「新報道二〇〇一」では、司会者の須田哲夫（番組キャスターでありフジテレビのニュース解説者）と吉田恵（キャスター）と政治コメンテーターの平井文夫（フジテレビ解説委員）により質問がなされる。「激論！クロスファイア」では、司会の田原総一朗（ジャーナリスト）と村上祐子（アナウンサー）により質問がなされる。

回答

第二のコーディングシートは、インタビューされるゲストの回答を分析するための質問である。バヴェラスら（Bavelas et al. 1990）は、送り手、受け手、内容および脈絡の四つの次元に分けている。ただし、バヴェラスら（Bavelas et al. 1990）は、分析の手続き上、各次元の不確かさの程度を、不確かかどうかで測定しているが、本研究では、六点のリッカート尺度で評価している（評価者に相対的な曖昧さを選択させるために、六点尺度とし、回答には中間は含まれていない）。さらに、以下のように、バヴェラスら（Bavelas et al. 1990）の四つの次元を変更した。

(1)送り手

どの程度話し手自身の意見に答えているか（意図、観察、考え）が、質問により測定される。誰がメッセージを送っているのかを判断する範囲として、六点尺度で測定される。たとえば、個人的な見解など、送り手の次元での明確な回答の例として、公明党の代表者である山口那津男とのインタビューを確認する。

反町：自民党の方からは、前回の三党首会談の話として、来年度予算編成には手をつけないと前回八月の党首会談で野田総理は約束したと聞いているのですが、山口さんは前回聞いていますか。

山口：私自身は前回ではなくて、このたび谷垣さんから確認をいたしました。というのは、安倍新総裁に代わられたものですから。まず、谷垣さんは安倍新総裁に引き継ぎをされたんでしょうね。その後、私に対しても引き継ぎというのか、伝えてこられました。

（二〇一二年一〇月一九日「プライムニュース」より）

この場合、山口は、（私を意味する代名詞を使用して）与えられた政治的出来事に関する自身の考えと振る舞いをはっきりと明らかにしている。一方で、インタビューを受けた政治家の中には、人称代名詞を一切使用せず、意見を不明確にし、送り手を正確に特定できない表現を使用した例が数多くある。「我々」「我が党」「政治家」「〜のように」または「そう言われている」といった表現が用いられる。復興大臣である根本匠のインタビューでは、「私ども」「我々」という言葉が用いられているため、次に確認してみよう。

須田：なるほど、大臣、こういう意見が出てきましたが、風評被害対策、食品ですよ、具体的にどうします？

根本：今三浦君が私の後輩でさすがだなと思います。検査は今完璧にやっているんですね。コメも分量全袋検査、それから今日本の基準は世界一厳しい基準を、基準なんですよ。ですから今市場に出ているものはすべて検査をしていますから、これは大丈夫なものを出している。これが十分に私ども理解されておりませんので、我々アピールしていきたいと思います。やはり大事なのは検査だと思います。

（二〇一三年三月一〇日「新報道２００１」より）

ここでは、根本は自分の意見を表明していない。「私ども」「我々」という人称代名詞は、政府や自民党を表していると考えられる。そのため、これは、根本自身の個人的見解ではないことが明らかである。

(2)受け手

相手（質問をしたキャスター）にメッセージがどの程度向けられているかという質問によって測定される。どういう相手に対してメッセージが向けられているのか、メッセージがどれほど相手に向けられたものかである。

バヴェラスら（Bavelas et al. 1990）は相手に向けられているのか、向けられていないのかの二分類で測定しているが、メッセージの受け手が限定されるため、意図された受け手は常に明確となる。しかし、ニュースインタビューを放送するための受け手を測定する場合、複数の受け手が存在するという問題が発生する。そのため、インタビューされるゲストが質問に答える時、意図された受け手がインタビュアーであるか、または別のゲスト等であるかは必ずしも明確ではない。それは一般大衆、有権者、または別の政治家または政党に向けられる可能性があり、そのすべてが背後にいる聴衆（Overhearing Audience）と呼ばれる（Heritage 1985）。

本研究のコーディングシートは、この問題に対処することを意図している。「メッセージは、どの程度質問した人に向けられているのか」で測定される。つまり、インタビュアー（司会者またはコメンテーター）に向けて回答したかである。可能性のある受け手は、(1)「司会者またはコメンテーターに明らかに向けられた」から(6)「他の人に向けられている」までの六点の段階で評価された。「プライムニュース」のインタビュアーである反町と政治家の亀井静香前財務大臣との会話をみることによって確認できる。

反町：亀井さん、みんなの党と維新と石原新党、とりあえずこの三つが軸になりそうな感じで第三極との結集というものが形として図られようとしていますけれども、うまくまとまって一つの政党となって総選挙に突入していくかどうか、この辺の見通しはどうですか。

亀井：それはいくらフジテレビがあおっても無理だね、できないね。反町さんできると思っている？

（二〇一二年一一月六日「プライムニュース」より）

対照的に、民主党の政調副会長である長妻昭と須田のやりとりは、長妻の回答がキャスターに向けられていない事例を示している（政府に向けられていると考えられる）。したがって受け手の次元ではっきりしていない。

須田：教育支援というのは何が必要ですか。

長妻：是非お願いしたいのはですね、今生活保護受けているお子さんの四人に一人が大人になっても抜けられないと、貧困の連鎖が起こっていて、あと親の年収による学歴格差、たとえば親の年収が四〇〇万以下の方はですね、お子さんの大学進学率が三割なんですね。で親の年収が一〇〇〇万以上だと大学進学率が六割、今や東大生の親の年収の平均が一二〇〇万ということで、我々そういうことを改善するということで高校の無償化などを始めましたんで中退が半分になりましたけれども、そういう格差是正策、教育についていては是非継続をしていただきたいと思っております。

（二〇一三年四月七日「新報道2001」より）

(3)内　容

内容の次元は、何を言っているのか、理解できるのかについて、「メッセージはどの程度はっきりしているか」という質問で測定される。様々な曖昧さの程度を評価するための六つの選択肢は、(1)「わかりやすい、理解しやすい、一つだけの解釈が可能」から(6)「曖昧であり、理解できない、まったく意味が分からない」の範囲で測定される。そして明確な回答の例として、自民党の総合エネルギー政策特命委員長である山本一太に向けられたインタビューを例に挙げる。

須田：今回は脱原発という言葉は入れないと。
山本：ま、脱原発という言葉は入っているんです。あの最初に基本方針のところに、原発に依存しなくてもいい社会の構築を目指すというのが入っていますから。

（二〇一二年五月二七日「新報道2001」より）

反対に、メッセージが漠然ではっきりしない回答は、オスプレイの日本における展開に焦点を当てた話として、森本敏防衛大臣とのインタビューから得られた以下の例で明らかである。インタビュアーの田原は航空機の模型を動かし、質問をする。

田原：離陸していくとこうなっていくのね、でまた降りる時はこうなって降りてくると。
森本：ナセルを交換する、回転するというかモードを変えてくわけですが、ヘリコプターとして人命を救助したり海兵隊員を下に下ろせたりしますが、固定翼にするとすごい速度で走ります。
田原：どのくらいのスピードになるんですか。
森本：速度は二倍以上ですが行動半径は四倍以上になります。

（二〇一二年七月二一日「激論！クロスファイア」より）

森本の回答は理解できないので、完全に質問に答えているとはいえない。オスプレイの速度をマイルまたはキロメートル単位で示すのではなく、比較の数字を示しているが、これらの数字が何を意味しているかは不明である。議論されたオスプレイの性能を、日本で使用されているヘリコプター（CH-46）と比較していたと考えられる。

(4)脈　絡

脈絡の次元を評価するために、「質問に対する直接的な答えであるか」が問われる（Bavelas et al. 1990）。六段階の選択肢は、(1)「質問に直接的に答えている」から、(6)「質問にはまったく答えていない」である。明確な回答の一例として、飯島勲元首相補佐官とのインタビューがある。

反町：じゃあまだみんなの党の離脱届に関しては新しい会派届は出してないんですか。
飯島：出してない。

（二〇一二年一〇月二日「プライムニュース」より）

質問にまったく答えていない回答の例は、「プライムニュース」における八木とみんなの党代表である渡辺喜美とのインタビューである。

八木：まずは今ＶＴＲでも色々ご覧いただきました社会保障制度の一体改革の法案の衆議院での採決をめぐって、結局民主党は分裂という状態になったんですが、この一連の動きというのはどんな風に渡辺さんはご覧になっていましたか。
渡辺：そうですね、民主党が解体のプロセスを辿っているってのがよく分かりますね。結局ね、野田さんの民主党ってのは三年前の自民党とまったく同じこと言っているんですよ。私三年前に自民党を離党しました。その時の内閣が、麻生内閣で税と社会保障一体改革ってのは、まさに麻生内閣の頃の自民党のプランだったんですね。もちろん原作者は財務省ですから、財務省の腹話術で喋っているのが、今の野田さんっていうことは第二自民党になってしまったってことなんですね。一方小沢さんたちはかつて自民党を飛び出してあの流儀で今回もやったんですね。当時田中派、竹下派たちのやり方っていうのは一致団結箱弁当(5)ってよく言われたんですが、小沢さんの今回の箱弁当ってのはすかすかですよね、ぼろぼろ。ぎっしり詰まってない。昔の田中派竹下派の箱弁当みたいにね、おそらくすかすかで、ぽろぽろこぼれちゃったりしている、すかぽろ弁当になっているんです。

（二〇一二年七月九日「プライムニュース」より）

明らかに渡辺は法案採決の民主党の動きに関する質問には答えていない。その代わりに、渡辺は野田佳彦政権を、三年前に麻生政権が財務省とともに、税制改革と社会保障制度改革を進めたことと同じであると指摘し、民主党はバラバラであると指摘している。渡辺によると、野田政権は財務省の指示に従っている。その後、渡辺は小沢一郎を批判し、小沢がリードし、グループ内のまとまりを構築することはできない上、自民党の二派閥の領袖である田中角栄や竹下登が行った方法におけるコーディネーターの役割を果たすことができないことを指摘している。渡辺は完全に彼が尋ねた質問を無視するだけではなく、回答は曖昧な発言で構成されている。

注目すべき重要なポイントの一つは、メッセージが前記の四つの次元のいずれかにおいて、曖昧であれば、どっちつかずとなる点である。そのため、内容は完全にはっきりしているのかもしれないが（内容の次元ははっきりしているが）、質問への直接的な答えではない（脈絡の次元では不明確となる）場合は、どっちつかずとなる。これを説明するために、野田聖子（自民党総務会長）とのインタビューから例を提示する。

須田：候補者の選定を含めたですね、参院選まで、これもやっぱり仕事、大きな仕事を抱えていますね。ねじれ解消に向けてどうですか。

野田：たくさんの課題を抱える中、やはりなにはともあれ経済の再生を最優先課題として取り組むべきだと思っています。

（二〇一三年一月六日「新報道2001」より）

ここで野田の回答は非常に明確で、理解しやすく（内容の次元）、自分の個人的な考え（送り手）を表明しているが、ねじれ国会（脈絡）については答えていない。自民党の総務会長としては、とくに国会の活動に関する重要事項の決定を担当している。そのため、ねじれ国会については明らかに、大きな関心事であり、野田は他の政党の代表と一定の交渉を続けて法案を成立させる必要がある。また、野田は来るべき選挙で勝利するための政党内の戦略や戦術にも精通している（ねじれ国会をなくすための選挙戦術について知っていると考えられる）。しかし、ねじれ国会をいかに解消するかについて、野田が自身の考えを述べることは、現在のパートナーである公明党からの批判を招き、協力を危険にさらす可能性がある。また、自身の所属する自民党議員も野田の関連する発言に対して不快感を抱くかもしれない。野田のための最善の方法は、ねじれ国会に対処し、別の議論、すなわち経済復興への懸念に着手しながら、注目の焦点を変えようとする方法により、質問を意図的に無視しているといえる。

4　政治家と知識人の訴え

データの概要

本節では、政治家と知識人（非政治家）の間に、話し方の違いがあるのかを明らかにする。そのため、全体のデータの概要を示す。本研究は、一九四人のインタビューに基づいている。一四五人の政治家とのインタビューであり、そのうち一三三人は国会議員であり、一二人は地方レベルの政治家である。くわえて四九人の非政治家を対象とし、合計五〇八四問のサンプルとなっている。政治家には三七四八問（全質問の七三・七％）が尋ねられた。与党議員には一九七八の質問がなされている。野党議員には一三六四の質問がなされ[6]、地方レベルの政治家には四〇六の質問、非政治家には一三三六（二六・三％）の質問が行われている。

一九四人のインタビューを分析して、インタビュー対象者の回答を四つのバヴェラスら（Bavelas et

al. 1990）の次元（送り手、受け手、内容および脈絡）で示した。表2－1から、平均値（一～六点尺度）は、送り手の次元で三・二六（SD=一・二九）、受け手の次元で三・九八（SD=〇・六九）、内容の次元で二・〇九（SD=一・一一）、脈絡の次元については二・三六（SD=一・五五）となっている。言い換えれば、日本の政治家や非政治家が放送されたインタビューの中で質問に答える場合、彼らの個人的な考えや意見を開示しにくく、インタビュアー以外の人々に向けられる傾向が強く、理解しにくい話をし、質問には直接的に答えていない傾向がみてとれる。

表2－2に示されているように、この分析に含まれている五〇八四の質問のうち、ゲストの回答の五〇九問（一〇・〇％）だけが間違いなく自分の個人的意見と考えを表明したものであり、他の誰かの意見ではないといえる（送り手の次元）。送り手について、国会議員の完全な回答は二九八問（八・九％）であり、地方レベル政治家は六九問（一七・〇％）、非政治家は一四二問（一〇・六％）となっている。受け手については、合計で一七問の回答（〇・三％）だけが質問を尋ねた人（キャスター）に向けられていたといえる（受け手の次元）。受け手について、国会議員は、一二問（〇・四％）、地方レベルの政治家一問（〇・二％）、非政治家四問（〇・三％）が相手に向けられているといえる。内容について、一九六九問（三八・七％）は理解しやすく、一つだけの意味に解釈することが可能である（内容の次元）。つまり国会議員については一二七九問（三八・三％）、地方レベルの政治家については一六四問（四〇・四％）、非政治家については五二六問（三九・四％）の回答が理解しやすいといえる。脈絡については、合計で二二六〇問（四三・六％）が質問に直接答えたといえる。国会議員は一三八四問（四一・四％）、地方レベルの政治家は一七七問（四三・六％）、非政治家は六九九問（五二・三％）の明確な回答が得られているといえる。

受け手と内容の次元（表2－1）との有意な相関（〇・一三七）は、インタビュアー以外の人々（ある

表 2-1　送り手，受け手，内容および脈絡に関する平均値，標準偏差および相関係数

	1	2	3	4
1. 送　り　手	1	0.033*	-0.020	-0.033
2. 受　け　手	—	1	0.137**	-0.021
3. 内　　　容	—	—	1	0.540**
4. 脈　　　絡	—	—	—	1
平　均　値	3.26	3.98	2.09	2.36
SD（標準偏差）	1.29	0.69	1.11	1.55
n	5084	5084	5084	5084

注：n はサンプル数を意味する。平均値は一～六点尺度の平均値を指している。
* ：p <.05，** ：p <.01を示す。

表 2-2　それぞれの次元における明確な回答の数および割合

	国会議員	地方レベル政治家	非政治家	合計
送り手	298（8.9%）	69（17.0%）	142（10.6%）	509（10.0%）
受け手	12（0.4%）	1（0.2%）	4（0.3%）	17（0.3%）
内　容	1,279（38.3%）	164（40.4%）	526（39.4%）	1,969（38.7%）
脈　絡	1,384（41.4%）	177（43.6%）	699（52.3%）	2,260（43.6%）
合　計	3,342	406	1,336	5,084

注：合計はインタビューの間に得られたグループのサンプル数を示している。

いは組織）に向けられた回答が、内容に関してあまり明確ではないことを示唆している。[7] さらに、内容と文脈の次元との間に有意な相関（〇・五四〇）があったことから、質問に対する不明確な回答は、質問に答えていないという傾向がある。

仮説の検証

仮説1を、政治家と非政治家の間のどっちつかずに差があるかを検証するために、四つのバヴェラス（Bavelas et al. 1990）の送り手、受け手、内容および脈絡の次元でt検定を行った。その結果（表2－3）、第一の仮説は支持されたといえる。[8] 送り手、受け手および脈絡の次元については、政治家と非政治家の間には大きな違いがある。そのため、非政治家と比較して、意思決定を行う政治家は（国家レベルと地方レベルの両方）は、質問に答えない傾向があり、自分の考えを表明しないといえる。また、政治家は、インタビュアーよりもむしろ他の人々に向けて話す傾向がある。ただし、内容の次元のみ政治家と非政治家の間に統計的な差を見出すことはできなかった。

この点について関心があることは、番組によってゲストの回答がどの程度異なるのかということである。このように、本研究の中心となる三つの番組は、放送時間、構造、インタビュー時間の長さ、司会者の質問スタイル、詳細な回答の追及などが異なっている。三つの番組に焦点を当て、政治家と非政治家の間に異なる回答パターンがあるかどうかを検証する。

表2－4では、「新報道2001」における非政治家と政治家（国会議員と地方レベル政治家の両方）の四つの次元のt値が示されている。これらの結果は、政治家が非政治家よりも送り手、受け手、内容の次元で有意な差を示している。地方レベルの政治家の限られたサンプル（わずか六つの質問）のため、地方レベルの政治家と国会議員を比較することは困難である。しかし、この限られたサンプルが代表的で

表2-3　政治家と非政治家の間の平均値の比較

		n	平均値	標準偏差	標準誤差	t 値
送り手	政治家	3,748	3.34	1.280	.021	6.75**
	非政治家	1,336	3.06	1.281	.035	
受け手	政治家	3,748	4.03	0.698	.011	8.36**
	非政治家	1,336	3.85	0.650	.018	
内　容	政治家	3,748	2.10	1.120	.018	184
	非政治家	1,336	2.04	1.065	.029	
脈　絡	政治家	3,748	2.44	1.574	.026	7.22**
	非政治家	1,336	2.10	1.447	.040	

注：六点尺度の1「答えている」から，6「答えていない」までの幅をとっている。**：p <.01を示す。

表2-4　「新報道2001」における政治家と非政治家の比較

		n	平均値	標準偏差	標準誤差	t 値／平均の差
送り手	非政治家	32	2.25	1.107	.196	−2.832**
	政治家	227	2.93	1.283	.085	
	国会議員	221	2.96	1.280	.086	2.463**
	地方レベル政治家	6	1.67	0.516	.211	1.293**
受け手	非政治家	32	3.91	0.390	.069	−3.783**
	政治家	227	4.21	0.631	.042	
	国会議員	221	4.22	0.626	.042	1.493
	地方レベル政治家	6	3.83	0.753	.307	0.388
内　容	非政治家	32	1.97	0.861	.152	−2.229**
	政治家	227	2.34	1.079	.072	
	国会議員	221	2.34	1.078	.072	−0.359
	地方レベル政治家	6	2.50	1.225	.500	−0.161
脈　絡	非政治家	32	2.31	1.655	.293	0.592
	政治家	227	2.49	1.567	.104	
	国会議員	221	2.52	1.574	.106	2.841**
	地方レベル政治家	6	1.50	0.837	.342	1.016

注：六点尺度の1「答えている」から，6「答えていない」までの幅をとっている。**：p <.01を示す。右側の列は上から順に，政治家と非政治家のｔ検定の結果，国会議員と地方レベル政治家のｔ検定の結果，国会議員と地方レベル政治家の平均値の差の Turkey の多重比較の検定を示している。

表２－５　「激論！クロスファイア」における政治家と非政治家の比較

		n	平均値	標準偏差	標準誤差	t値／平均の差
送り手	非政治家	287	3.31	1.134	.067	0.439
	政治家	670	3.28	1.273	.049	
	国会議員	601	3.24	1.276	.052	−2.367*
	地方レベル政治家	69	3.62	1.201	.144	−0.3819*
受け手	非政治家	287	3.72	0.707	.041	−6.445**
	政治家	670	4.03	0.637	.024	
	国会議員	601	4.00	0.639	.026	−3.827**
	地方レベル政治家	69	4.29	0.571	.068	−0.2815*
内　容	非政治家	287	2.14	1.126	.066	3.473**
	政治家	670	1.87	1.033	.040	
	国会議員	601	1.91	1.053	.043	−1.446
	地方レベル政治家	69	1.52	0.759	.091	0.388*
脈　絡	非政治家	287	2.44	1.622	.096	−1.499
	政治家	670	2.61	1.633	.063	
	国会議員	601	2.58	1.609	.066	−1.466
	地方レベル政治家	69	2.88	1.819	.219	−0.300

注：六点尺度の１「答えている」から，６「答えていない」までの幅をとっている。
　* ：$p < .05$，** ：$p < .01$を示す。右側の列は上から順に，政治家と非政治家のｔ検定の結果，国会議員と地方レベル政治家のｔ検定の結果，国会議員と地方レベル政治家の平均値の差の Turkey の多重比較の検定を示している。

あると仮定すると、ｔ検定は脈絡と送り手の次元に関して重要な違いを示している。さらに、政治家と非政治家をテューキー（Tukey）の多重比較を行って検定している[9]。これは、送り手に関してのみ、地方レベルの政治家と国会議員との間に有意差があることを示している。「新報道２００１」の番組だけでは、判断することが難しいため、続く「激論！クロスファイア」および「プライムニュース」においても同様に政治家と非政治家、国会議員と地方レベルの政治家を比較することとする。

　表２－５は、「激論！クロスファイア」の政治家と非政治家の平均値の比較を示している。政治家と非政治家のｔ検定は、内容と受け手の次元に有意な差があることを示している。受け手については、「新報道２００１」の場合と同様に、政治家の発言は主に司会者以外の人に向けられている。しかし、内容については、「新報道２００１」とは異なり、

非政治家の回答はより明確ではない結果となっている。これはおそらく、「激論！クロスファイア」においで、非政治家は、彼の強力な質問スタイルで知られているジャーナリストの田原が行う質問のためであると考えられる。国会議員と地方レベルの政治家の間のt検定は、送り手と受け手の次元に有意な差があることを示している。どちらの場合も、地方レベルの政治家は国会議員よりどっちつかずな傾向を示している。多重比較の結果は、送り手、受け手および内容の次元において、有意な差を示している。内容の次元については、地方レベル政治家よりも国会議員の方が理解しにくい回答をしているといえる。この違いが現れた理由は、大阪市長の橋下徹のインタビューを分析対象に含めているためと考えられる。橋下は市長としてインタビューをされているが、維新の会の代表としても答えているため、政党の意見を表明するために回答を試み、インタビュアーに向けるよりも視聴者に向けて話したといえる。しかし、橋下の発言は理解しやすいものであったといえる。一方、国会議員については、難しい議題に質問が集まり、理解しづらい回答になったものと考えられる。

最後に、表2-6は、「プライムニュース」における政治家と非政治家のグループを比較している。「新報道2001」と「激論！クロスファイア」と違い、「プライムニュース」は月曜日から金曜日まで放送されている。本研究では、この番組から最大のサンプルを集めている。t検定は、四つの次元すべてにおいて、政治家と非政治家の間に有意差があることが示されている。すなわち、国会議員は、非政治家よりもどっちつかずな回答を行っているといえる。t検定は、送り手と内容の次元に関する地方レベルの政治家と国会議員の有意差を示している。国会議員はできるだけ分かりやすく話す傾向があるが（内容の次元）、自分の意見はあまり開示しないといえる（送り手の次元）。国会議員は自身の政党の考えを提示しようとする。他方で、地方レベルの政治家は、地元の組織にコミットする気持ちが低く、自分の

表2－6　「プライムニュース」における政治家と非政治家の比較

		n	平均値	標準偏差	標準誤差	t 値 / 平均の差
送り手	非政治家	1,017	3.01	1.310	.041	−7.846**
	政治家	2,851	3.38	1.275	.023	
	国会議員	2,520	3.45	1.248	.024	8.457**
	地方レベル政治家	331	2.80	1.332	.073	0.6543**
受け手	非政治家	1,017	3.88	0.636	.020	−5.310**
	政治家	2,851	4.01	0.714	.013	
	国会議員	2,520	4.01	0.709	.014	−0.950
	地方レベル政治家	331	4.05	0.751	.041	−0.041
内　容	非政治家	1,017	2.01	1.052	.033	−3.179**
	政治家	2,851	2.13	1.134	.021	
	国会議員	2,520	2.11	1.117	.022	−2.275*
	地方レベル政治家	331	2.28	1.252	.068	−0.1645*
脈　絡	非政治家	1,017	2.00	1.373	.043	−7.679*
	政治家	2,851	2.40	1.558	.029	
	国会議員	2,520	2.41	1.555	.031	0.518
	地方レベル政治家	331	2.36	1.580	.087	0.047

注：六点尺度の1「答えている」から、6「答えていない」までの幅をとっている。
　* ：$p < .05$，** ：$p < .01$を示す。右側の列は上から順に，政治家と非政治家のt検定の結果，国会議員と地方レベル政治家のt検定の結果，国会議員と地方レベル政治家の平均値の差の Turkey の多重比較の検定を示している。

意見を明らかにしているが、地方レベルの政治家の話はほとんどの場合、理解しにくいといえる。

仮説2を検証するために、与党と野党の間の回答の違いについて、民主党と国民新党が与党である二〇一二年一二月一六日の衆議院総選挙前の第1セッション（表2－7参照）と、自民党と公明党が与党である総選挙後の第2セッション（表2－8参照）を比較検証した。これらの分析により、権力を握っている与党議員の方が、質問に答えないという仮説2を支持する結果が得られている。両方の連立政権の与党議員は、質問に対して直接的に答えていない（脈絡の次元）。民主党・国民新党が与党議員であった場合、話す内容が分かりにくいといえる（内容の次元）。他方で、第二期の与党議員である自民党および公明党の議員は、野党議員よりも自分の考えを表明するが（送り手の次元）、キャスターよりも有権者や他の人々、組織に対してメッセージを

表２－７　民主党連立政権時の与野党議員の平均値の比較

		n	平均値	標準偏差	標準誤差	t 値
送り手	与党議員	903	3.45	1.294	.043	1.55
	野党議員	1,059	3.35	1.346	.041	
受け手	与党議員	903	3.96	0.710	.024	−1.55
	野党議員	1,059	4.01	0.729	.022	
内　容	与党議員	903	2.17	1.125	.037	4.33**
	野党議員	1,059	1.95	1.052	.032	
脈　絡	与党議員	903	2.57	1.583	.053	2.62*
	野党議員	1,059	2.38	1.563	.048	

注：六点尺度の１「答えている」から，６「答えていない」までの幅をとっている。
*：$p<.05$，**：$p<.01$を示す。与党議員は民主党議員と国民新党議員であり，野党議員は自民党議員や公明党議員などその他の政党に所属する国会議員である。

表２－８　自民党連立政権時の与野党議員の平均値の比較

		n	平均値	標準偏差	標準誤差	t 値
送り手	与党議員	1,074	3.44	1.142	.035	3.91**
	野党議員	306	4.13	1.256	.072	
受け手	与党議員	1,074	4.05	0.639	.019	−2.69*
	野党議員	306	4.17	0.685	.039	
内　容	与党議員	1,074	2.18	1.139	.035	1.44
	野党議員	306	2.08	1.084	.062	
脈　絡	与党議員	1,074	2.50	1.576	.048	3.68**
	野党議員	306	2.14	1.461	.084	

注：六点尺度の１「答えている」から，６「答えていない」までの幅をとっている。
*：$p<.05$，**：$p<.01$を示す。与党議員は自民党議員や公明党議員であり，野党議員は民主党議員と国民新党議員などその他の政党に所属する国会議員である。

向けているといえる（受け手の次元）。これは民主党政権時の与党議員は、党内のまとまりを意識し、自分の意見を言わなくなる一方で、自民党政権時の与党議員は、より再選動機を意識し、自分の意見を表明し、有権者に向けて発言するといえる。

5 文化を超えるコミュニケーション対立

本章の分析結果は、テレビ放送された政治インタビューの中で、国会議員と地方レベルの政治家の両方の政治家によるどっちつかずな回答を示している。政治家は非政治家よりも有意にどっちつかずな回答をしており、国会議員は送り手と受け手の次元において、地方レベルの政治家よりも答えていない。国会議員にとって、テレビ放送される政治インタビューは、国会議員が代表している、あるいは政党に共有されている意見を表明する機会として用いられている。そのため、国会議員は前に座っているキャスターではなく、支持者や有権者および政治ゲームのパートナーである他の政党の政治家あるいは官僚に向けて話をする。

しかし、広範な政治コミュニケーションの観点からは、この傾向は合理的かつ理解可能である。結局のところ、政治インタビューのために招かれる経験豊かな政治家は、重要な問題についての個人的な見解や姿勢を明らかにすることが期待されるだけでなく、ともに仕事をする政治家や派閥の同僚と政治的信念や政策方針を共有していることを示すことが求められる。さらに、テレビ放送されるインタビューに招かれるゲストは、インタビュアーとのプライベートで、閉鎖的で親密な話をすることは期待されていない。むしろ、一般の国民や潜在的な支持者によって視聴され評価されるために、政治家はメッセージを背後にいる聴衆に向けて送ることが期待されている。この点で送り手と受け手の次元は、質問に対する政治家の回答の評価の基準としてはあまり適していないと思われる。

対照的に、インタビューされる政治家は、対立する政党や支持者、幅広い有権者という背後にいる聴衆を意識し、インタビューの質問に直接答えることが期待されるため、内容と脈絡の次元はこの意味で重要な意味を持つ。しかし、この分析では、インタビュー対象者、とくに政治家は、両方の次元についての回答の大部分を曖昧に話している。国会議員の回答は、非政治家や地方レベルの政治家よりも明示的ではなく、分かりにくい話し方である。国会議員の話は人当たりが良いが、ダブルトーク(二枚舌)で理解することが難しい。同様に、国会議員は、地方レベルの政治家よりも直接的な回答が少なく、非政治家よりもはるかに答えていない。非常に多くの場合、国や地方レベルの政治家は、いかなる質問がなされても、メディアを通じて、特定の意見を伝えようとしていることは明らかである。彼らは不完全な回答をし、政治制度の働きや政党の機能に注意を払うように努めながら、インタビュアーによって紹介された話題とはほとんど関係のない問題について長く語っている。

とくに注目すべきは、日本の政治権力を支配する与党議員の姿勢である。政党とは無関係に(民主党政権であれ、自民党政権であれ)、いつでも国を支配する者は同じスタイルでどっちつかずな回答をする。つまり、野党議員と比較して、与党議員は、インタビュアーの質問にあまり明確に答えない傾向がある。この結果は重要であり、仮説の通り、与党議員は、質問に答える時に曖昧となり、コミュニケーションの葛藤に対してより弱いことを示している。他方で、野党議員は議論の少ない質問に直面し、意思決定プロセスにおいて、より少ない責任しか持たず、そのため野党議員は好きなことを言うことができる。テレビの政治インタビューにおける質問の質については、今後の研究で考慮されるべきである。攻撃の程度や複雑さの度合いで評価できるのか、これが後に続くどっちつかずのレベルと種類に影響するのかどうかである。

日本の放送されたインタビュー（国会議員および地方レベルの政治家の四一・四％および四三・六％）における政治家の直接的な回答（脈絡の次元）の割合は、イギリスと台湾の分析と同様のレベルであり（Bull 1994；Harris 1991；Huang 2009）、直接的な回答を受ける割合が四〇％以下と低い。日本の政治家が非政治家よりもはるかに多くの回答で曖昧となる事実（質問の五二・三％は直接的に回答したこと）は、少なくとも脈絡の次元では、文化的要因によるという理由ではない。日本の文化が曖昧であるという、頻繁に言及される一般的傾向を反映しているわけではないといえる。政治家がどっちつかずな回答を行うことは、世界共通の文化を超えた普遍的な現象であるといえる。ブルら（Bull et al. 1996）は「フェイスへの脅威のレベル」を提示し、厳しい質問に直面するコミュニケーションの葛藤がある場合、政治家はどっちつかずになると指摘されている。政治家が政治インタビューで多くの質問に答えないという考え方を支持する他の国から提供された証拠を考慮すると、日本の政治家の行動は日本人の行動と似ているというよりも、他の世界の政治家に似ているといえる。

結論として、どっちつかずは、コミュニケーションの葛藤に対する回答と、それが起こる文化的な背景の両方で見ることができる。訓練された政治家、その他の人にとって、どっちつかずな回答は、自己開示と自己アピールの非常に効果的な手段となり得る。政治家は、困難な状況を自分たちの利益に向けるための戦略として、どっちつかずの技術を、政治的能力の重要な要素として用いている。この分析が示すように、日本のインタビューされる政治家もおそらく同様の理由でどっちつかずな回答を行い、この種のコミュニケーション戦略の有効性は、異文化間の国境を越えた研究においてさらに検討すべきである。

注

（1）これらの中で討論番組として知られている番組は、ＮＨＫ「日曜討論」、日本テレビ「ウェークアッププラス」、テレビ朝日「報道ステーション」「ビートたけしのＴＶタックル」、ＴＢＳ「時事放談」、テレビ東京「田勢康弘の週刊ニュース新書」、ＢＳフジ「プライムニュース」、読売テレビ「そこまで言って委員会」などがある。

（2）国粋主義とは、自国の文化的ないし政治的伝統の独自性または優越性を強調し、それを政策や思想の中心的価値と考える思想一般を指す。

（3）ただし、説得により大きな態度の変容は考えにくいとされている。たとえばマッキー（Mackie 2006）は、態度のネットワーク構造が十分な選好変容をもたらさないことを指摘している。むしろ、賛成している人がより強く賛成するといった補強効果が説得により期待されると考えられる（Klapper 1960）。

（4）ダウンズ（Downs 1973）の空間モデルに基づいて、左右軸を考え、単峰型に有権者が分布していると想定した場合、特定の政策に偏らない中央の政策が最も支持されやすくなる。そのため、政治家は左右軸のどちらかの選好を有していたとしても、明確にどちらかの政策を主張することを行わない。

（5）渡辺は、自民党の派閥の竹下が言った「一致団結箱弁当」を言及しており、文字通り、かつての竹下派は昼食を一緒に食べることで鉄の結束を示す意味が含まれている。これは結束力を高め、派閥の権力を保持し、影響力を持つことに寄与することがシンボルとされるものである。

（6）後の分析においては、サンプルを微修正し入れ替えているため、与党議員への質問一九七七問、野党議員への質問が一三六五問となっている。

（7）有意な相関を示しているものの、相関係数は低い値であるため、事例を含めてさらなる検証が必要である。

（8）六点尺度で測定し、順序変数であるので、ノンパラメトリック検定であるマンホイットニーＵ検定が必要であるが、ここでは平均値をみるためにｔ検定を示している。なお、マンホイットニーのＵ検定においても

t検定と同じく、送り手、受け手および脈絡に関して、有意な差があることを確認している。「ノンパラメトリック検定」とは、一切の前提を設けず、正規分布を仮定しない統計手法を意味する。「マンホイットニーのU検定」は、ノンパラメトリック検定の一つであり、二つのグループ間における順位和の有意差検定である。

(9)　もしサンプルを国会議員、地方レベル政治家および非政治家の三つのグループに分けて、t検定を二回行った場合、第一種過誤が起こるリスクが高まる。それゆえ、ボンフェローニ補正を伴うTukeyの多重比較を行うことによって、第一種過誤が起こることを軽減する。三つ以上のグループに対して、六点尺度の比較を行う場合は、ノンパラメトリック検定のクラスカルウォリス検定を行うことが正しいため、一連の多重比較においては同じ結果が得られることを確認している。ただし、ここではどっちつかずの程度の単位（一から六点）を感覚的に理解するために、平均値を示している。「ボンフェローニ補正」とは、有意水準を検定総数で割ることにより、第一種過誤が起こることを軽減しようとするものである。「第一種過誤」は、帰無仮説が実際には真であるのに棄却してしまう過誤である。「クラスカルウォリス検定」は、ノンパラメトリック検定の一つであり、三つ以上のグループ間における順位和の有意差検定である。

第3章　いかなる争点が論争を生むのか

1　論争の火種

政治の核心は、言葉を通じた説得である。テレビ放送が広く普及する時代において、政治家は、一般国民に自らの動機や目的、立ち位置を説明し、また活動を正当化するために、メディアを用いる。また政治家は、政党や政策、争点の評価に影響を及ぼすという目的で、メディアを利用する傾向がある。テレビで放送されるインタビューは、政治について対話をするインタビュアーと政治家が政治環境をつくり上げ、国民が政治を理解することへ影響を与える重要な経路の一つである。このような政治インタビューは背後にいる聴衆（Heritage 1985）に対して、社会的、政治的な問題を認識し、評価できる方法を与える。くわえて、政策やそれに関する諸問題を解決しようとする候補者や政党を区別する方法を提供する。政治のテレビ討論番組の重要性が増してきているにもかかわらず、とくに日本においては、質問に対する政治家の回答や意見が述べられるパターンについての研究が依然として欠如している（Tanaka 2004；Furo 2001：37–52 の研究がある）。本章は、これらの先行研究で埋められていない隙間を満たすことがねらいである。それは国会議員や地方レベルの政治家（非政治家も対象として含んでいる）が、テレビで放送される間に提示された質問をいかにうまく処理しているかという疑問に焦点を当てることでもある。また、政治インタビューを構成するものの中から、限られた側面であるかもしれないが、いくつかの側面を強調し、注目するという試みである。とくに焦点を当てているのは曖昧な言葉、回避的で両方の意味で取れるような言葉の戦略的な使用についてである。口語表現で表すと、英語で Ducking and Diving、日本語で「へっぴり腰」、文字通り「消極的にふるまうような態度」という意味である。これは漠然とし、優柔不断であるものとして呼ばれる。

このへっぴり腰な姿勢が見受けられるかどうかは、論争となる火種があるかどうかによると考えられる。本章では、論争となる火種は何かを、明らかにすることである。つまり、テレビインタビューの中で、論争となる火種を抱えている争点を分類し、それを明らかにするものである。

2　国会議員のぼかし

どっちつかずな傾向

分析対象者は三つのテレビ番組から選ばれた一九四人のインタビューに基づいている。政治家とのインタビューは一四五人分あり（国会議員は一三三人、地方レベルの政治家は一二人）、非政治家は四九人分である。合計で五〇八四問の質問があった。政治家は三七四八の質問（質問のうちの七三・七％、国会議員は三三四二の質問、地方レベルの政治家は四〇六の質問があった）を尋ねられた。残りの一三三六の質問が非政治家に対してなされている。

質問に対するゲストの回答をバヴェラスら（Bavelas et al. 1990）の四つの次元の観点から明らかにするため、一九四のインタビューを分析した。表3－1は、この研究に含まれる五〇八四のインタビューのうち、送り手に関しては、五〇九の回答（一〇％）のみが疑いもなく他の誰のものでもないゲスト自身の意見を反映している（送り手次元）。国会議員は二九八のみが自分の意見であった（国会議員のうちの

表3-1　4つの次元における完全な回答の数および割合

	国会議員	地方レベルの政治家	非政治家	合計
送り手	298 8.9%	69 17.0%	142 10.6%	509 10.0%
受け手	12 0.4%	1 0.2%	4 0.3%	17 0.3%
内　容	1,279 38.3%	164 40.0%	526 39.4%	1,969 38.7%
脈　絡	1,384 41.4%	177 43.6%	699 52.3%	2,260 43.6%
合　計	3,342	406	1,336	5,084

八・九％）。地方レベルの政治家は六九問（一七％）が自分の意見であり、非政治家では一四二問（一〇％）が自分の意見であった。受け手については、一七の回答（〇・三％）だけが明確に質問を尋ねたインタビュアーに対して向けられていた（受け手次元）。国会議員は一二問（国会議員のうちの〇・四％）、地方政治家は一問（〇・二％）、非政治家は四問（〇・三％）のみ相手に向けられていた。内容に関しては、一九六九（三八・七％）だけが理解するのが簡単で、解釈が一つしかないものであった（内容の次元）。国会議員は一二七九問であり（国会議員のうちの三八・三％）、地方レベルの政治家は一六四問（四〇・四％）であり、非政治家は五二六問（三九・四％）であった。最後の脈絡については、五〇八四の質問のうち、二二六〇が尋ねられた質問に対する直接的な回答であり、国会議員は一三八四問であり（国会議員の内の四一・四％）、地方レベルの政治家は一七七問（四三・六％）であり、非政治家は六九九問（五二・三％）であった。

全体で、この表はテレビの政治インタビュー中に国会議員と地方政治家の著しいどっちつかずのレベルを示している。政治家は広範にわたって、非政治家よりもどっちつかずな回答であり、国会議員は地方政治家よりもとくに送り手と内容の次元で明らかにどっちつかずな回答を行う。

次の分析は質問と回答の議題に焦点を当てている。データは最初に争点（五〇八四の質問のうち二七五三問、五四・二％）と非争点（二三三一問、四五・八％）に分けられる。非争点はさらに次の五つのカテゴリーに細分化することができる。(1)あるテーマについての事実に対する知識または知識の欠如（五三七問、一〇・六％）(2)人事（三八二問、七・五％）(3)政治的、社会的制度（七四二問、一四・六％）(4)政治過程（五四七問、一〇・八％）、(5)政治的約束（一二三問、二・四％）である。

インタビュー時期の中心的な争点は次の一九のカテゴリーに分けることができる。1．政府の官僚制度（政府省庁内の職員の機能など）（六八四問）、2．外交政策（四五六問）、3．経済政策（二八六問）、4．電力と原子力（二六一問）、5．安全保障（韓国や中国と係争中の島など）（一九三問）、6．地震と津波の被害を受けた福島県（およびその他の地域）の復興（一六五問）、7．選挙戦略（候補者の指名など）（一二四問）、8．TPP（環太平洋戦略的経済連携協定）（九七問）、9．憲法（改正など）（八八問）、10．党内の政策（政党内の戦略など）（七〇問）、11．地方自治（六五問）、12．国会運営（六五問）、13．消費税と財務（六一問）、14．閣僚と政府の業績（大臣の任命など）（五二問）、15．政党間の協力（連携、連立の構築など）（二六問）、16．政党の政策の信念（二一問）、17．世論（世論調査など）（一六問）、18．国会の解散（一三問）、19．靖国神社（一〇問）の一九分類である。

争点における「どっちつかず」

表3－2は四つの次元の平均値、標準偏差、平均の標準誤差、争点と非争点のt値を示している。受け手、内容、脈絡の次元が有意な差を示している。この表ではゲストが非争点（トピックや出来事、重要な他者や政治団体の活動や姿勢に対する意見、政治過程や公約、義務への見解）について質問された時、自分の意見を言わない傾向がある（ただし有意な差となっていない）。一方で、非争点と比較して、争点に関する

表3－2　争点と非争点の平均値の比較

		n	平均値	標準偏差	標準誤差	t値
送り手	争　点	2753	3.25	1.194	.023	-.889
	非争点	2331	3.28	1.387	.029	
受け手	争　点	2753	4.04	.629	.012	6.221***
	非争点	2331	3.92	.751	.016	
内　容	争　点	2753	2.22	1.134	.022	9.303***
	非争点	2331	1.93	1.051	.022	
脈　絡	争　点	2753	2.39	1.535	.029	1.891**
	非争点	2331	2.31	1.565	.032	

注：*：p <.10，***：p <.001を示す。脈絡においてのみ，等分散性を仮定しており，脈絡以外ではWelchのt検定を用いている。マンホイットニーのU検定においても同様の結果が得られており，脈絡では5％有意の結果が得られている。

質問がなされた場合、ゲストは直接的な回答をせず、インタビュアーよりも他の聴衆に向けて話し、理解するのが難しい複雑な回答をする傾向がある。非争点について質問される時よりも、ゲストは政治的、社会的な争点について質問される時、間接的で多様な意味に取れる、逃げ腰の回答になるような、回避―回避の葛藤が発生していることを示していると考えられる。ゲストが多くの場合にどっちつかずな回答を行う争点は何であるかについて、詳しく明らかにする。

まず、表3－3は四次元におけるどっちつかずな回答をした争点が何かを特定するため、国会議員を対象として分析している。この表は二つの争点に関して、国会議員が圧倒的にどっちつかずな回答を行うことを示している。その争点は、経済とエネルギーに関する争点である。エネルギー政策は二〇一一年三月一一日の東日本大震災と、その直後の福島原子力発電所に大きな損害を与えた津波が起きたことと関係している。経済およびエネルギーが争点の場合、国会議員は四つの次元すべてにおいて答えていない。

エネルギー政策に関して、電力生産の大きな要素を占める原子力の使用と将来的な原子力への依存の議論に関する

表3－3　各争点を踏まえた国会議員についての重回帰分析の結果

	送り手係数	標準誤差	受け手係数	標準誤差	内容係数	標準誤差	脈絡係数	標準誤差
切　片	4.701***	.166	4.064***	.093	2.293***	.173	2.456***	.235
	(28.237)		(43.508)		(13.274)		(10.461)	
女　性	−.542***	.100	.027	.056	.273***	.104	.155	.141
[160問]	(−5.414)		(.480)		(2.624)		(1.097)	
年　齢	−.023***	.003	−.002	.002	−.001	.003	−.003	.004
	(−7.792)		(−.905)		(−.444)		(−.775)	
安全保障	.415***	.099	.140**	.055	−.081	.103	.254*	.139
[155問]	(4.196)		(2.523)		(−.789)		(1.824)	
憲　法	.366**	.163	.389***	.091	.004	.169	.441*	.229
[49問]	(2.247)		(4.266)		(.023)		(1.922)	
外　交	.108	.085	.058	.048	−.097	.088	.288**	.120
[259問]	(1.276)		(1.226)		(−1.107)		(2.410)	
政党内政策	−1.146***	.149	−.103	.084	−.320**	.155	.371*	.210
[61問]	(−7.678)		(−1.227)		(−2.067)		(1.761)	
エネルギー政策	.377***	.098	.228***	.055	.217**	.102	.463***	.138
[158問]	(3.840)		(4.131)		(2.128)		(3.343)	
経　済	.237**	.111	.132**	.062	.209*	.115	.436***	.157
[117問]	(2.138)		(2.115)		(1.811)		(2.786)	
TPP	−.474***	.168	.137	.094	−.037	.174	.398*	.237
[47問]	(−2.821)		(1.452)		(−.214)		(1.681)	
選挙戦略	−.116	.115	.273***	.065	−.057	.120	−.315*	.163
[108問]	(−.024)		(4.220)		(−.474)		(−1.934)	
復　興	.304**	.124	.329***	.069	−.180	.128	.136	.174
[90問]	(2.459)		(4.744)		(−1.403)		(.779)	
国会運営	−.485***	.150	.143*	.084	.168	.156	.460**	.211
[59問]	(−3.234)		(1.702)		(1.082)		(2.174)	
政策論	.318	.285	.283*	.160	−.037	.295	.309	.401
[15問]	(1.116)		(1.770)		(−.127)		(.770)	
消費税・財政	.396**	.180	.329***	.101	.316*	.187	.244	.254
[40問]	(2.203)		(3.261)		(1.693)		(.961)	
F (14)	19.974***		5.009***		2.266***		2.492***	
Adjusted R^2	.133		.031		.010		.012	
n	1730		1730		1730		1730	

注：*：$p<.10$，**：$p<.05$，***：$p<.01$を示す。括弧内はt値を示している。

問題は、どっちつかずな回答となる。原発の安全性や核燃料廃棄物処理、日本の原子力発電所の再稼働といった問題がエネルギー政策の内容である。首相の野田佳彦とのインタビューから原子力に関する次の質問に対する回答を確認する。

須田：それと総理、エネルギー対策。これにも注目が集まっているんですが、野田政権は二〇三〇年代にも原発ゼロの方針を打ち出したと受けてもいいですね。で、そんな中ですね、原発は大間ですとか島根、これ建設再開ということも、いま話がでてきているわけなんですが、そうすると矛盾しているという指摘もあります。これ、マニュフェストに三〇年代に原発ゼロと明記するお考えですか。

野田：あのー、エネルギー環境会議においては、あの革新的なエネルギー環境戦略として、政治目標としてですね、これは二〇三〇年代に原発に依存しない社会をつくるということは、この方針はぶれないでいこうと思います。で、その方針のもとで、個別でいろんな課題が実は出てきます。で、それは関係者と誠意ある交渉をこれからも続けていくという、その柔軟性はもっていくというのが基本的な。で、二〇三〇年代をその、あらゆるたとえば国際的なエネルギーの事情であるとか、再生可能エネルギーがどこまで普及するか、確定的な見通しを立てることは現時点では困難です。で、そこには謙虚さと柔軟さをもっていなくてはいけないというのが、今回まとめた基本戦略でありますす。

（二〇一二年九月一六日「新報道2001」より）

明らかに、野田は難しい質問に直面している。野田は公約にある明白な矛盾を解消し、政党の公約に関して、矛盾を正当化しなければならなかったといえる。もし野田が内閣の決定による現在進行中の原子力発電所の再建設を否定するならば、彼は自らが嘘つきであると認めることに繋がる。しかし、もし彼がこの矛盾を正当化しようと議論の中に入り、政府がこれらの原発の再建設を支持していると認めれば、原発をゼロにするという政党の公約が問われ、野田は悪い状況に立たされることになる。他方で、この議論の深みに入り込んでいくよりも、野田は最近のエネルギー、環境会議にて提案したことを話し、誰も将来的な国際社会を見通すことはできず、具体的な約束を行うことはできないと付け加え、柔軟性と謙遜を強調することによって、どっちつかずな回答を行うことを選択した。そのため、野田は自身と政府の両方のフェイスを守ろうとしたと考えられる。

「政府が新しい原発を建設せず、古い原発の稼働期間を延長しないことで、原発を廃止し続けていく」と野田は、二〇一一年九月二日に首相として演説の中で約束した。その時と対照的に、明らかに、野田は決断力を完全に欠いている様相を見せている。しかしながら、まったく公約と反対であるにもかかわらず、日本の切迫したエネルギー需要を満たすために、二〇一二年五月までに、福島で起きた大災害に続いて、停止状態になっていた原子力発電所は再開された。野田は尋ねられた質問に答えないだけではなく（脈絡の次元）、明確に主語は述べていないが、ほとんどの意見を「私たち」（政党、政府）で表現し（送り手次元）、「関係者と誠意ある交渉をこれからも続けていく」と野田が述べた時、関係する人々が住民なのか、大部分の国民なのかは明確ではない（内容の次元）。

経済に関する質問もたびたびどっちつかずな回答があり、とくに対デフレ政策や、構造改革と大量の債権買入の戦略、中央政府からの景気を刺激するための公共事業といった三本の矢を伴う、首相安倍晋三の経済政策であるアベノミクスの効果についての質問などがそうである。たとえば、「激論！クロスファイア」のキャスター・村上祐子と菅義偉官房長官との次のやり取りの中で、菅は安倍首相が達成したいと考える物価指数の上昇と賃金水準の上昇戦略について質問された。しかし、質問をする前に、村上は「市場は物価指数が、政府が望むような二％まで上昇するとは信じておらず、経済における唯一の著しい変化は円の価値の下落に伴った政府主導の輸出の増大であるかもしれない」というエコノミストの発言を引用している。もし、二％の物価上昇目標が、日本銀行が想定するように実現されたならば、賃金水準は三〜四％上昇し、企業の支出が増えるので望ましくないと専門家は考えた。この前提に基づいて、インタビュアーは菅に質問している。

村上：安倍さんが実際物価目標二％と掲げました、じゃあ実際に賃金は何％ぐらい上がるのかなと。
菅：ですから物価よりも賃金が上がる、そして雇用が拡大する、そうした循環できるような経済政策を私たちやっていますから。
（二〇一三年三月二日「激論！クロスファイア」より）

菅は明らかに質問に回答していない。彼は賃金水準が物価指数よりも上昇するとは発言したが、正確な数字を述べるまではしなかった。経済専門家の主張を考えると、菅はもしかしたら政府の経済政策を守らなければならないと考えている可能性がある。一方では、菅は専門家の知識に挑戦することも可能であった。その専門家は経済の分野に精通しているので、菅にとっては分が悪かったかもしれない。他方では、もし彼が専門家の意見が正しいものとして受け入れたならば、政府政策が市場に傷をつけているということを認めることになる。この状況下で、菅は政府代表として「経済政策を私たちやっていますから」というどっちつかずな回答を行うことを選んだといえる。

エネルギー政策や経済政策の他に、国会議員はとりわけ外交や憲法、安全保障に関係する争点についての質問に答えない傾向がある（とくに送り手、受け手、脈絡の次元）。日本共産党の政策委員長である笠井亮との国家安全保障と軍備縮小に関するインタビューより、次の抜粋を見てみよう。彼は日本の海上保安庁について尋ねられた。

反町：今の海保の規模は共産党から見ると小さいの？

笠井：必要な警察行動として必要なことはやるって言っていますから。

（二〇一二年一一月二二日「プライムニュース」より）

明らかに、笠井は海上保安庁の規模についての質問に回答していない。もし笠井が小さいと答えれば（間接的に規模の拡大を主張することになるので）、日本の軍事力増強に反対の立場である日本共産党に反することになる。もし笠井が大きいと答え、規模を縮小する必要があるとほのめかしたならば、日本の安全を危機にさらすと非難される可能性がある。この回避―回避の葛藤の中で、笠井は「必要なことはやる」というほぼ決まり文句のような、非常に不明瞭なことを述べた。笠井は完全な回答をしなかっただけでなく、自分自身の意見を述べなかった。「言っていますから」という笠井の言葉は、事態が政党または海上保安庁のどちらによっても認められるように解釈することができる。これは明らかに笠井の意見ではない。さらには、笠井の回答はインタビュアーというよりも、視聴者に向けられているように思われ、ある意味、「私が話したように、海上保安庁はするべきことを行っているのであるから、海上保安庁を信頼しましょう」と海上保安庁を保証しているような発言と受け取れる。これは、日本の自衛隊の規模のような、論争があり意見の相違を生む問題について、質問された政治家がバヴェラスら（Bavelas et al. 1990）の四つの次元すべてにどっちつかずな回答を行う一例である。表３‐３で見られるように、消費税・財政の質問をみると、国会議員の回答は送り手、受け手、内容の次元において、自らの意見を反映しないだけでなく、質問者よりも他の人や集団に向けたメッセージであり、理解の難しいものである。財政に関する次の例は質問に回答していないものであり、実際には尋ねられた質問への回答を断った安倍首相とのインタビューからのものである。

村上：円高、円安の話がありましたけれども、円安で輸出が増えても、でも先程お話があったように円高の輸入価格というのは上がりますよね、相殺は経済効果がトントンになってしまう。難しいと思うんですけれども、一ドルじゃあ、ずばりいくらくらいからが安心で、いくらくらいが危険なのか、安倍さんのお考えを聞かせてください

安倍：あの、そこで私がズバリと言えればね、皆さんも分かりやすいと思うんでしょうけれども。私は政府の長として、いわば為替数字についてはは申し上げられないんです、それは是非エコノミストを呼んでですね、聞いていただきたいと思うんですが。

（二〇一三年三月九日「激論！クロスファイア」より）

二〇一一年に起きた東日本大震災によって被害を受けた地域と復興再建について尋ねられる場合、国会議員は送り手および受け手の次元でどっちつかずな回答を行う。国会運営についての質問は、受け手および脈絡の次元でどっちつかずな回答になるものの、国会議員は自らの意見については明らかにする傾向がある（送り手次元）。さらに、国会議員が外交政策や政党間の政治などの問題について質問される場合は、脈絡の次元で質問に答えるのを避ける。選挙戦略や政策論一般に焦点を当てた質問がなされると、回答をインタビュアーよりも他の者に向ける傾向がある（受け手次元）。

重要なことは、この表では、高い係数が得られている場合、より一層どっちつかずな回答を行うことが予測される。脈絡の次元での質問に対する回答の表3－3を見ると、国会議員の一般的な傾向は、エ

ネルギー政策（〇・四六三）、国会運営（〇・四六〇）、憲法（〇・四四一）、経済（〇・四三六）、そしてTPP（〇・三九八）の係数が得られており、より答えない傾向がある（答えない程度の問題がある）。この表は、さらに性差について明らかにしており、男性は質問に回答する時分かりやすく話すが（内容の次元）、女性はより自らの考えを明らかにする傾向がある（送り手の次元）。

3 地方レベル政治家のずらし

次に、地方レベルの政治家の回答に焦点を当て、分析を行う。

地方レベルの政治家の中で、内容の次元において、最も高いどっちつかずの係数を示しているのは、政党内政策（〇・九九〇）、憲法（〇・九二〇）、政党間の連携（〇・九〇一）、および復興（〇・五四〇）についての争点である（表3－4）。外交についての質問に答える時、地方レベルの政治家は、たとえ自らの考えを明らかにしていたとしても（送り手の次元）、インタビュアーには回答を向けない（受け手の次元）。政党間の連携、政策論、および憲法の争点の場合、質問には答えていない（脈絡の次元）。

次の例は大阪市長で日本維新の会の代表である橋下徹とのインタビューからのものであり、田原総一朗が橋下に現在の憲法の利点に関して質問した内容について、橋下がいかにどっちつかずな回答をしているかを示している。

田原：それからね、僕はもっと言うと、あれはやっぱり占領軍がね、占領しやすいように占領にとって都合良く作った憲法だと思う。で、たとえば今までね、あの憲法があることで、具体的に得なことありましたか。

表3-4　各争点を踏まえた地方レベルの政治家についての重回帰分析の結果

	送り手係数	標準誤差	受け手係数	標準誤差	内容係数	標準誤差	脈絡係数	標準誤差
切　片	4.554***	.416	3.993***	.223	-.098	.402	1.885***	.565
	(10.935)		(17.931)		(-.244)		(3.336)	
女　性	-.019	.282	.204	.151	.102	.272	-.342	.383
[29問]	(-.068)		(1.352)		(.374)		(-.895)	
年　齢	-.022***	.007	.000	.004	.033***	.006	.007	.009
	(-3.355)		(-.095)		(5.158)		(.831)	
憲　法	-.517	.339	.242	.181	.920*	.327	1.242***	.459
[14問]	(-1.527)		(1.335)		(2.814)		(2.704)	
外　交	-.392*	.220	.361***	.118	.277	.213	-.187	.299
[45問]	(-1.781)		(3.068)		(1.301)		(-.625)	
政党内政策	-.273	.552	.621**	.295	.990***	.533	-.181	.749
[5問]	(-.493)		(2.102)		(1.856)		(-.242)	
選挙戦略	-.641	.597	.279	.319	1.750***	.576	-.360	.809
[4問]	(-1.074)		(.874)		(3.038)		(-.444)	
復　興	.746***	.239	.320**	.128	.540**	.231	.029	.324
[38問]	(3.123)		(2.503)		(2.340)		(.088)	
政策論	-.760	.686	.358	.367	1.757***	.663	2.070**	.931
[3問]	(-1.107)		(.975)		(2.652)		(2.223)	
政党間の連携	-1.343***	.393	-.074	.210	.901**	.379	1.508***	.533
[10問]	(-3.420)		(-.354)		(2.375)		(2.831)	
F (9)	4.558***		1.837***		6.130***		2.635***	
Adjusted R^2	.130		.034		.177		.064	
n	215		215		215		215	

注：*：p＜.10，**：p＜.05，***：p＜.01を示す。括弧内はt値を示している。

橋下：これはね、やっぱり、日本国民の、自分たちの国をどうするかっていうそこですよね。まったく教育が行われてこなかったと。平和を守るためには、どれだけの汗をかかなければならないかということも習っていない。領土問題についても習っていない。で、国際社会とくにアジアの中でのパワーバランス、東アジアとの外交関係、これは、近現代史を紐解かなきゃいけないんですけれども、習っていない。やっぱりね、黙っていても、安全は確保できるんだっていうそこの根底で、やっぱり僕は教育にすごい影響しているんだと思いますよ。

（二〇一三年四月六日「激論！クロスファイア」より）

橋下の回答の中で、はっきりと憲法の存在によって得られる利点についての質問には脈絡の次元で答えなかった。橋下は、現在の憲法そのものを教育や教育の欠如と関連づけようとしていたかもしれないが、結局現在の憲法について国を考える教育がなく、憲法が現在の教育に影響を与えているということをほのめかすことに終わってしまった。しかし、これらの考えは、橋下の回答の中で、曖昧かつ暗示的に表現されており、しかもほとんど一般国民に向けて発信されているので、橋下の主張のニュアンスを読み取るためには行間を読まなければならない。橋下がインタビューの際に、自らの政党の基礎を日本全国へと強化し、広げていこうとしていた事実が、潜在的な支持者を失わないように現行憲法のメリットやデメリットについて発言することに注意深くなっていた理由かもしれない。これは橋下が弁護士として憲法の改正や解釈変更の必要性を含めて、憲法に明確な考えを持っているという事実があるにもかかわらず、支持者のために慎重になっていたと考えられる。橋下は自分自身の意見を表現する一方で、脈絡や内容、受け手の次元でどっちつかずな回答をしたといえる。

さらに詳しくみるため、政策論のカテゴリーに分離された次の例を確認する。それは自民党の派閥政治の次にくる時代と、派閥政治が日本の指導者育成にどのような影響を与えるのかという会話の文脈の中で語られる、東京都知事である石原慎太郎とのインタビューの例である。

八木：これ（自民党の派閥政治がなくなった後、総理大臣をどのように育成するか）についてはいかがですか。
石原：いや、僕は自民党が嫌な一つの原因は派閥、それだけじゃなしにね、総理大臣の孫とか息子っていうのが簡単にね、総理大臣になっちゃう。これはね、だけどね、そういうのは嫌だね、芸術の世界でそういうの通じないからね。
（二〇一二年五月一二日「プライムニュース」より）

政党内で派閥を率いていた元自民党のメンバーとして、石原は質問に回答することを控えている。その代わりに石原は、首相の親類が簡単に首相の立場を引き継ぐように選ばれている事実を批判している。石原の回答は、世襲政治の流れが大きくなっていることへの不満として表現され（たとえ自らの息子が国会議員であったとして）、政治の世界へと向けられていたように考えられる。

最後に、この表は年齢について、より若い政治家は自らの考えや意見を明らかにする傾向がある一方で、より年を重ねた政治家は分かりにくく話す傾向があることを示唆している。

4　知識人のほのめかし

さらに、国会議員や地方レベル政治家と比較するために、非政治家がいかなる争点について答えていないかを明らかにする。

表3－5は、非政治家についての分析結果を示している。スタジオの中で専門的な知識を共有するために招かれる大学教授や批評家、経済や社会、その他重要な事柄についての専門家などを含めた非政治家は、経済（送り手、内容、脈絡の次元）や復興（送り手と脈絡の次元）に関する争点において、回答する際にどっちつかずな回答を行う傾向がある。外交政策やTPP、政策論、世論、安全保障については、質問自体に回答をしてない（脈絡の次元）。実際に、安全保障とTPPに関係する争点は、非政治家が質問に回答する際に高い係数が示されている。

双日総合研究所のチーフエコノミストで副事務局長である、吉崎達彦とのインタビューからの例を確認しよう。インタビューの焦点は、サルコジ大統領が敗れた二〇一二年五月に行われた選挙後のフランスの状況についてである。「選挙をどのように見ていますか」という質問に対して、吉崎はこの選挙でサルコジ大統領は少し嫌われていると感じたと発言した。吉崎はサルコジ大統領が嫌われる原因をその性格や、二〇〇七年五月に大統領として任命されるやいなや早期休暇をとって、船上で寛ぎ、大衆が嫌うような贅沢な活動に夢中であった事実に原因があるとし、サルコジ大統領を気の毒に思っていた。それから、吉崎は以下のように尋ねられた。

田原：なんかしかも（サルコジは）純粋なフランス人ではないんですね。
吉崎：そうですね。移民の子供ですからね。
田原：今でもフランスなんかでは移民の子っていうのは差別されるんですか。
吉崎：うーん、それを言ったらでもナポレオンもコルシカ島出身ですしね。ええ。まああのそういう人を上手に使ってきたのがフランスの歴史なんじゃないかと思います。

（二〇一二年五月二六日「激論！クロスファイア」より）

表3-5　各争点を踏まえた非政治家についての重回帰分析の結果

	送り手係数	標準誤差	受け手係数	標準誤差	内容係数	標準誤差	脈絡係数	標準誤差
切　片	3.004***	.236	3.586***	.129	1.479***	.232	1.730***	.309
	(12.723)		(27.881)		(6.361)		(5.598)	
女　性	-.558***	.138	.313***	.075	.289**	.136	.170	.181
[127問]	(-4.029)		(4.147)		(2.119)		(.936)	
年　齢	-.001	.004	.006***	.002	.009**	.004	.004	.005
	(-.285)		(2.889		(2.531)		(.920)	
安全保障	.252	.199	-.314***	.108	.033	.196	.721***	.261
[35問]	(1.264)		(-2.892)		(.166)		(2.767)	
外　交	-.011	.110	-.151**	.060	.168	.108	.355**	.144
[152問]	(-.104)		(-2.518)		(1.555)		(2.470)	
経　済	.391***	.108	-.117**	.059	.233**	.106	.242**	.141
[168問]	(3.619)		(-1.985)		(2.184)		(1.710)	
TPP	-1.056***	.190	-.140	.103	.057	.187	.636***	.249
[97問]	(-5.557)		(-1.353)		(.303)		(2.558)	
復　興	.368*	.204	.044	.111	.377*	.201	.070	.267
[37問]	(1.807)		(.398)		(1.882)		(.263)	
国会運営	.447	.505	-.869***	.275	-.526	.497	-.146	.661
[65問]	(.886)		(-3.158)		(-1.058)		(-.221)	
政策論	-.269	.647	.036	.352	.256	.637	2.648***	.847
[21問]	(-.415)		(.102)		(.403)		(3.127)	
世論	-.445	.400	-.038	.218	-.121	.394	1.020*	.523
[8問]	(-1.112)		(-.175)		(-.308)		(1.949)	
F (10)	8.590***		5.363***		1.645***		2.976***	
Adjusted R^2	.097		.051		.008		.024	
n	808		808		808		808	

注：*：p <.10，**：p <.05，***：p <.01を示す。括弧内はt値を示している。

吉崎は移民の子供たちが今日、差別に苦しんでいるのかどうかについて、質問に回答しなかった。その代わりに、彼はナポレオンもまたフランスへ移民してきたと述べた（ナポレオンは差別を経験しなかったかもしれないということを示唆している）。フランスの中で教育制度の外側におり、直面する差別のせいで、経済的に非活性でまたは労働市場に参入できない傾向がある移民に関する青年層の出自についての情報が多数聞こえてくるため、吉崎は否定的には尋ねられた質問に答えることができなかったのかもしれない。その代わりに、もし吉崎が肯定するように答えるならば、移民の間に広く広まった緊張関係の原因であると非難されているにもかかわらず、サルコジの右翼的で反移民主義のレトリックが第三、第四世代の移民の子供たちに対して近年悪化している差別について、吉崎はサルコジにいかに共感しているかを説明しなければならないだろう。吉崎は、自らが専門的知識を持つ事柄に対する質問へ回答することを専門家として期待されているため、私は分からないというような回答は心象を悪くするかもしれない。そのため、吉崎は「分かりません」という回答をすることを避け、その代わりに単にナポレオンとナポレオンのフランス史における成功を話すことで、自分自身、個人のフェイスを守ろうとしたと考えられる。

最後に、この表から分かることとして、より年を重ねた人々の方が受け手と内容の次元でどっちつかずな回答をし、性別の点では、女性が様々な問題に対しより自らの考えを明らかにする一方、男性は女性よりも受け手と内容の次元でどっちつかずな回答を行う傾向がある。

5　政治家の本音と建て前

日本においては、正直で非公式を意味する本音と、公共の人々に向けてつくられた公的で儀礼的な

「偽り」である建て前が使い分けられている。人はどちらの立場からも、特定の問題について議論する場合に、本音または建て前を用いる。話し手が本人の思考、意見、判断を開示する時、それは本音である。一方で、主張を慎重に話して会話を公式の立場に制限する時、または話し手が誠実な意見や感想を明らかにせずにどっちつかずな表現に固執した時は、それは建て前である。政治家にとって、本音と建て前は日本の政治的なコインの両面にあり、私的な考えと公的な考えの違いを示している。

日本の政治家と非政治家がテレビインタビューの質問に答える時、自らの意見や考えを明らかにしない傾向があり、インタビュアー以外の人々に向けて回答し、不明確に話しがちで、習慣的に尋ねられた質問に対して直接的な回答をしないことを示している。概して、政治家は非政治家よりも著しくどっちつかずなを回答をし、国会議員は地方政治家よりも著しくどっちつかずな回答を行う。これは建て前を用いて、政治家が話していることを意味している。

本章の分析結果より、国会議員、地方レベル政治家と非政治家の三つのグループのメンバーは、非争点（具体的には、ある話題の知識、個人や集団が行う活動やその認識に対する意見、政治過程や公約の見通しなど）と政治的、社会的争点との両方についてどっちつかずな回答を行う。しかしながら、非争点と比較して、公共的な議題として挙げられている重要な争点について質問された時、少なくとも受け手、内容、および脈絡の次元で、ゲストはよりどっちつかずな回答を行うことが明らかとなった。

本章の分析結果の中で、各々の集団のメンバーがテレビインタビューのほとんどの場合にどっちつかずな回答を行う争点を特定した。国民だけでなく、意思決定者や政治家、政府官僚にとっても扱いが難しく、論争が多発するような事柄についての公共の議論、国会の最中にも、これらの争点が存在することは疑いがない。本章の分析はゲストの中にどっちつかずな回答のパターンに多様性があることを示している。第一に、ここで分析された三つの集団（国会議員、地方レベル政治家、非政治家）のメンバーは、外交、復興、政策論という三つの明白な争点に関して、様々な次元において、どっちつかずな回答を行う傾向がある。これらの争点についての質問がなされる場合に、各々の集団のメンバーからどっちつかずな回答が引き出される確率は最も高いといえる。それと同じくらいの程度で、これらの問題点は政治家と非政治家にとって最も論争のある争点であるように思われる。[1] 第二に、国会議員と地方レベルの政治家は、憲法や政党内政治、選挙戦略のような争点を尋ねられる場合、ともに間接的で、様々な意味にとれ、脱線し、回避的な回答を行う傾向がある。第三に、非政治家に加えて国会議員のみが、安全保障やTPP、国会運営のような争点について、どっちつかずな回答を行う。くわえて、国会議員のみが、消費税・財政についての質問や二〇一一年に起きた東日本大震災によって被害を受けた地域に関連したエネルギー政策についての質問に回答する時、地方レベルの政治家だけが、政党間の連携に関係した質問について質問された時、非政治家が世論について質問された時、どっちつかずな回答を行うといえる。

比較すると、国会議員は質問に回答をする時にどっちつかずな回答を行う争点の数が最も多く（一九カテゴリーのうち一二）、次いで非政治家（八）、地方政治家（七）である。このように、国会議員は他のどんなゲストの集団よりも著しくどっちつかずな回答を行う傾向があるだけでなく、重要な社会的、政治的な争点について、よりどっちつかずな回答を行う傾向がある。これは政治家自身やその政党のイメージに損害を与え、支持者に否定的な影響を及ぼすような望ましくない選択肢を選ぶようにインタビュアーが挑んでくることによって直面する回避—回避の葛藤に繰り返し国会議員が直面するという事実を反映しているかもしれない。

このような選択肢に対して、フェイスに傷をつけるような回答、ブルら（Bull et al. 1996）の言葉を使うと「自分や自らの政治組織の心象を悪くし、将来の活動を制限する回答」を控えるため、一般にゲストは三つのフェイスを守る傾向がある。それはたとえば、専門家や首相としての自分のフェイスであったり、政党の幹事長や大臣などの政治集団や政府のフェイスであったり、有権者などの重要な支持者のフェイスのことである。

結論として、政治家は次のようにどっちつかずな回答を行う。政党や派閥、他の官庁やメディアの同僚といったともに働くメンバーの重要な争点に対する意見や姿勢を明らかにすることはしない。政治家は自らの回答をインタビュアーではなく、背後にいる聴衆や支持者、有権者、他の政党の構成員、政治ゲームの中でパートナーとなる政党や官僚の方にメッセージを向ける。政治家は、自らの話を差し障りのない発言や把握するのが難しい二枚舌(2)（ダブルトーク）を用いるので、回答は不明確で、理解するのが難しい意見を含んだものになる。尋ねられた質問の本質を覆し、想定された方法では回答しないという姿勢を見せる政治家の回答を通じて、質問を認識はするが回答は行わず、質問をインタビュアーに対して跳ね返し、質問または質問者自身を攻撃し、質問の焦点をずらしたり、他の質問へと派生させたりするのである。意義ある政治的対話を維持し、促進するために、政治に関する質問の役割と効果を考慮した場合、どっちつかずな回答を行うということは、本質的に政治インタビューにとって有害であるということが、以上の考察から示唆される。

本章では、論争の火種となる争点がどっちつかずな回答を引き起こすことを明らかにした。次章では、争点を踏まえて、高い役職に就く政治家がより回避―回避の葛藤状況に陥っているのかを検証する。

注

(1) どの争点が答えにくいかについては、時代の変化や政治状況によって変わりうることが考えられる。本研究の対象期間において、答えにくい争点が明らかになったといえる。

(2) 理解するのが難しく、難解な言葉を並べることを意味する。

第4章　玉虫色の発言をするリーダー

1　地盤、看板、鞄を受け継ぐリーダーたち

国民に伝わる情報の内容に影響を与え、公共の場で行われる政治的な取り組みに対する人々の理解に影響を与えるために、経験豊かな政治家はどの程度、いかに努力するのか。これらの疑問を、日本で放送される政治インタビューによって検証する。政治インタビューは、公共政策の進展を促し、政治家候補や競合する政党の姿勢を区別し、様々な政治的な代替案を評価するために、近年、国内で最も重要となっている政治的コミュニケーションの方法である。本章では、日本における地位の高い役職に就く国会議員と地方レベルの政治家のコミュニケーションのパターンと回答を、一四カ月間にわたってテレビ放送された番組によって明らかにし、またそれを非政治家と比較している。

非難と不祥事に関して、ハンソン（Hansson 2015）は、葛藤状況にある政府の政治家が、非難を避けるための戦略を使用することを明らかにしている。有利な自己を提示するために、自分に対して有益な情報を強調し、不都合な情報を隠すことがある。また、他者の負の側面を強調し（身代わり、反撃を行うなど）、注意をそらし、意図的に情報を隠す場合もある。

さらにバヴェラスら（Bavelas et al. 1990）は、どっちつかずな表現は、送り手、受け手、内容および脈絡の四つの次元で概念化できることを提示した。送り手の次元は、回答がどの程度自分の意見である

のかを指す。話し手が発言を自分自身の意見であると認めず、他者のものであるとする場合、発言は曖昧であると捉えられる。受け手は、メッセージがどの程度相手（インタビュアー）に対して向けられたものであるかを指す。相手に向けられていないほど、メッセージはより曖昧になる。内容は、理解のしやすさを指している。不明瞭な発言は曖昧であると捉えられる。脈絡は、回答が質問に対してどの程度、直接的に答えているかを指す。質問に対する関連性が低いほど、回答はより曖昧になる。

本章では、このどっちつかず理論の構造を用いて、テレビ放送された日本の政治家とのインタビューを分析し、インタビュー中に行われた幅広い質問に対する回答における態度を明らかにする。本章では、選ばれた政治家のグループである与党議員、野党議員、副大臣・大臣、内閣総理大臣、地方レベルの政治家のそれぞれにおいて、テレビ番組における日本の政治家によるどっちつかずな表現の使用の有無と程度に主に焦点を当てている。同じ番組内でインタビューを受けた、政治家と非政治家を比較することで、これらの日本の討論番組で副大臣以上の役職に就く政治家が最も頻繁にどっちつかずな表現を用いていることを明らかにすることが本章の目的である。

地盤、看板、鞄は「三バン」と呼ばれ、政治家になるため、両親や親族などからその選挙区の後援会や知名度とともに十分な資金までも引き継ぐことを意味している。この三バンを受け継いだ政治家は世襲議員と呼ばれ、二世議員や三世議員として活躍している。こうした世襲議員は、子供の頃から、父親や祖父の政治家の活動を見て学んでおり、政治に対して精通しているといえる。そのため、早くから議員秘書として働き、その後、立候補して政治家となり、キャリアを積んでいく。自民党内ではキャリアを積んだ政治家は、当選回数主義により、大臣政務官、副大臣、大臣といった政府の要職に就くことになる。本章では、政務官以上の政府の要職に就いた政治家を、官僚を率いるリーダーとして扱い、分析の対象とする。こうしたリーダーたちは、政府の立場にいるため、政党のみならず、政府としての方針に従わなければならず、より回避—回避の葛藤に陥りやすいと考えられる。

2　檻に入れられたリーダー

リーダーたちは官僚組織のトップに立ち、官僚と一体となり、時には対峙して政治的リーダーシップを発揮する。リーダーシップを抑制する要因として、世論と官僚制が挙げられる。首相が自らの政策を実現するために、強行採決を行って強いリーダーシップを発揮することは可能である。しかし、強行採決に対しては、野党は言論を尽くさずに採決することは議会の職務放棄であると批判し、マスメディアも数の横暴であり民主主義を破壊するものであると批判することが多い。メディアや世論の批判の高まりは、小選挙区中心の下では、野党に政権交代を許す可能性がある。日本において、「官僚の活動量は大きくなってきたといえる。戦後、内閣法によって分担管理原則が定められ、各省庁の大臣はそれぞれ主任の大臣とされた。そして大臣を長として、官僚制が統制されることとなる。

この世論と官僚制に配慮しなければ、リーダーは失墜することに繋がる。そのため、テレビ討論番組に出演するリーダーたちは、世論および官僚に対して特段の配慮を行っていると考えられる。世論の支持を失わないように、説明責任を果たし、現在行っている政策を広めることが求められる。また、何か責任を伴う発言を行った場合、政府として、官僚を巻き込んだ行動を採らなければならないようになるため、より一層、慎重な発言が求められることになる。

3 「善処します」というレトリック

事実を語ることで本音を隠す

本節においては、首相や、政務官、副大臣、大臣といったリーダーたちが、いかに正確に答えていないかを明らかにする。送り手、受け手、内容、脈絡という四つの次元において、誰の意見を述べているのか、誰に向けて話すのか、なぜ内容は分かりにくいのか、いかに答えを回避するかのサブカテゴリーを明らかにしている。ここで注目すべき事柄は、リーダーたちが、事実や政府の意見を述べること、および政治的な処理を行い、回答を回避していることである。事実を述べることは、一般的な出来事や歴史的経緯などを説明することであり、こうした説明を行うことで、客観的にそうなっているということを視聴者に伝えるレトリックである。自分の意見を表明するのではなく、客観的な事実を述べることで、視聴者を納得させる政治家の話術である。リーダーたちは、自分の意見ではなく、事実および政府の見解を示すことで、政府の立場を代弁している。また、答えを回避する手法として、政治的な処理が用いられている。これは、「現在取り組んでおります」「善処します」「解決に向けてプロジェクトチームを組んでおります」「今、まさに良くなっているところです」といった前向きな姿勢を示すことにより、視聴者に期待を抱かせ、支持を失わせないレトリックである。こうしたレトリックを、政治家は一般的に用いているが、リーダーほど用いていると考えられる。

どっちつかずな回答の分析

分析は、第2章で述べた三つのテレビ番組で放送された一九四人のインタビューに基づいている。一

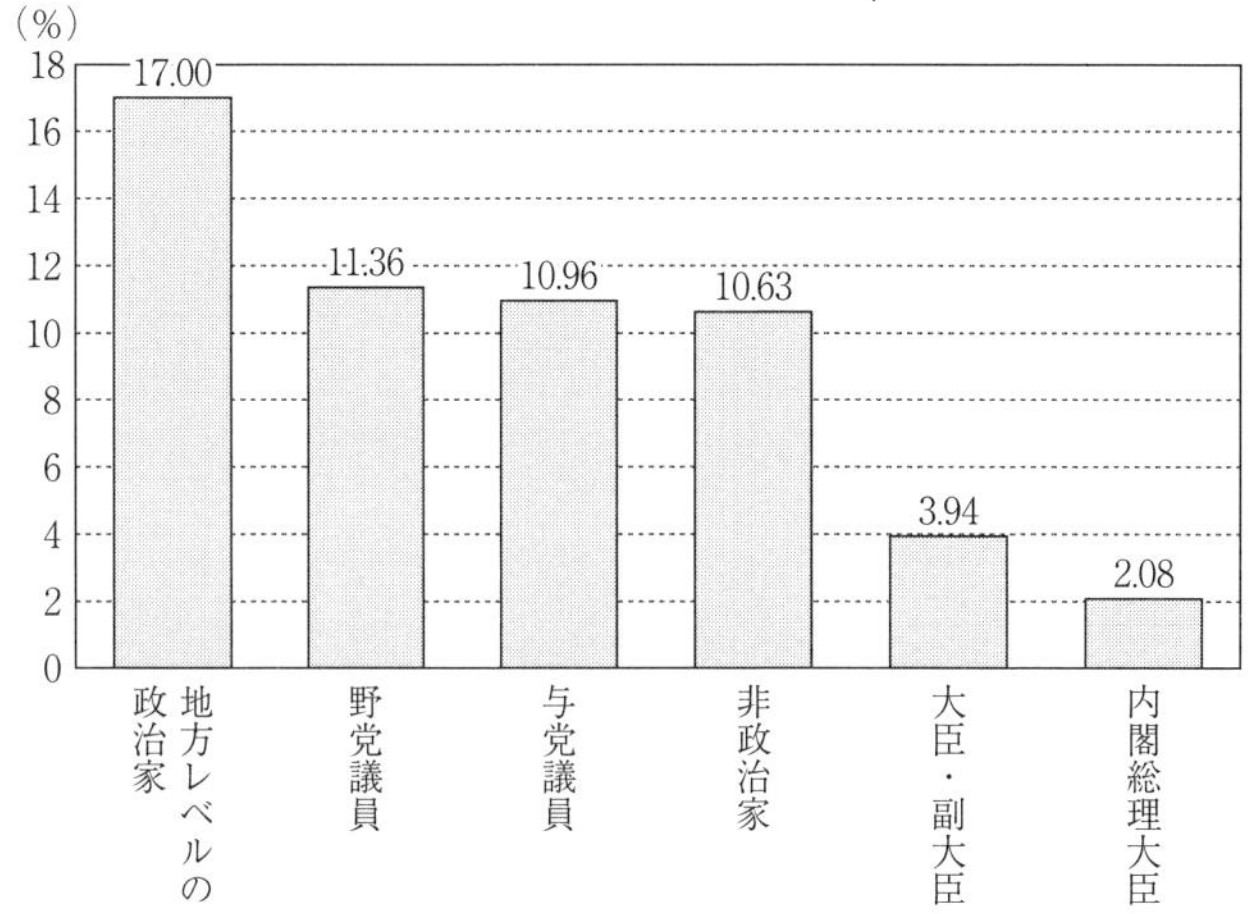

図4-1　意見を明確に表明した回答の割合

注：送り手の次元の平均値（1「明らかに自分の意見である」から6「明らかに他者の意見である」までの六段階）は地方レベルの政治家：2.93，野党議員：3.30，与党議員：3.15，非政治家：3.06，大臣と副大臣：3.74，内閣総理大臣：3.17となっている。

四五回のインタビューは政治家（一三三回は国会議員、一二回は地方レベルの政治家）であり、四九回のインタビューは非政治家である。合計で五〇八四問の質問がなされている。政治家には三七四八問の質問がなされている（すべての質問の七三・七%）。そのうち一九七七問は与党議員に対してなされ、一三六五問は野党議員に対してなされている。地方レベルの政治家に対して、四〇六問の質問がなされている。非政治家に対しては一三三六問（二六・三%）の質問がなされている。

一九四人のインタビューの最初の分析（Feldman, et al. 2015）では、バヴェラスら（Bavelas et al. 1990）による四つの次元（送り手、受け手、内容、脈絡）の回答に関して、二つの結果が提示されている。第一に、すべてのインタビュー対象者の平均値（一〜六点）は、送り手は三・二六、受け手は三・九八、内容は二・〇九、脈絡は二・

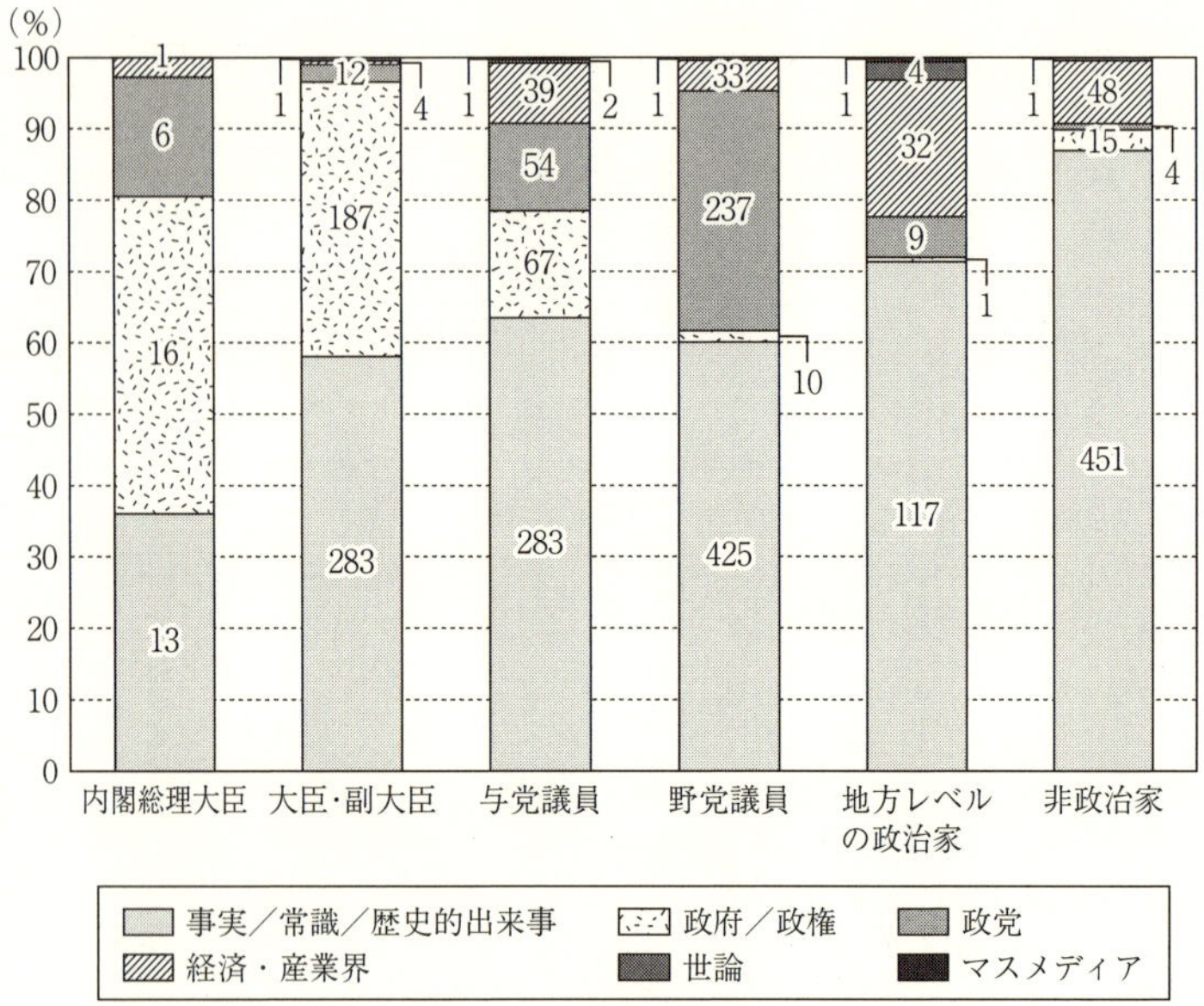

図4－2　6つのグループの自分の意見を述べない理由

三二六であった。つまり、日本の政治家と非政治家は質問に答える際、個人的な考えや意見を述べようとせず、インタビュアー以外を対象に答えようとする傾向があり、不明瞭に話しがちであり、聞かれた質問に直接的に答えていないということである。二つ目は、送り手、受け手、脈絡の次元から見ると、政治家と非政治家では大きな差があると明らかになっている。非政治家と比べて、意思決定者である政治家（国レベルと地方レベルの両方で）は、聞かれた質問に対して回答しようとせず、自身の考えを明らかにしていない。また、インタビュアー以外を対象として話す傾向があることが明らかになった。

　政治家の回答（テレビ放送されたインタビューにおいて、視聴者に伝わる情報に影響を与える政治家の努力）をより調べるために、分析では様々なレベルの政治家が

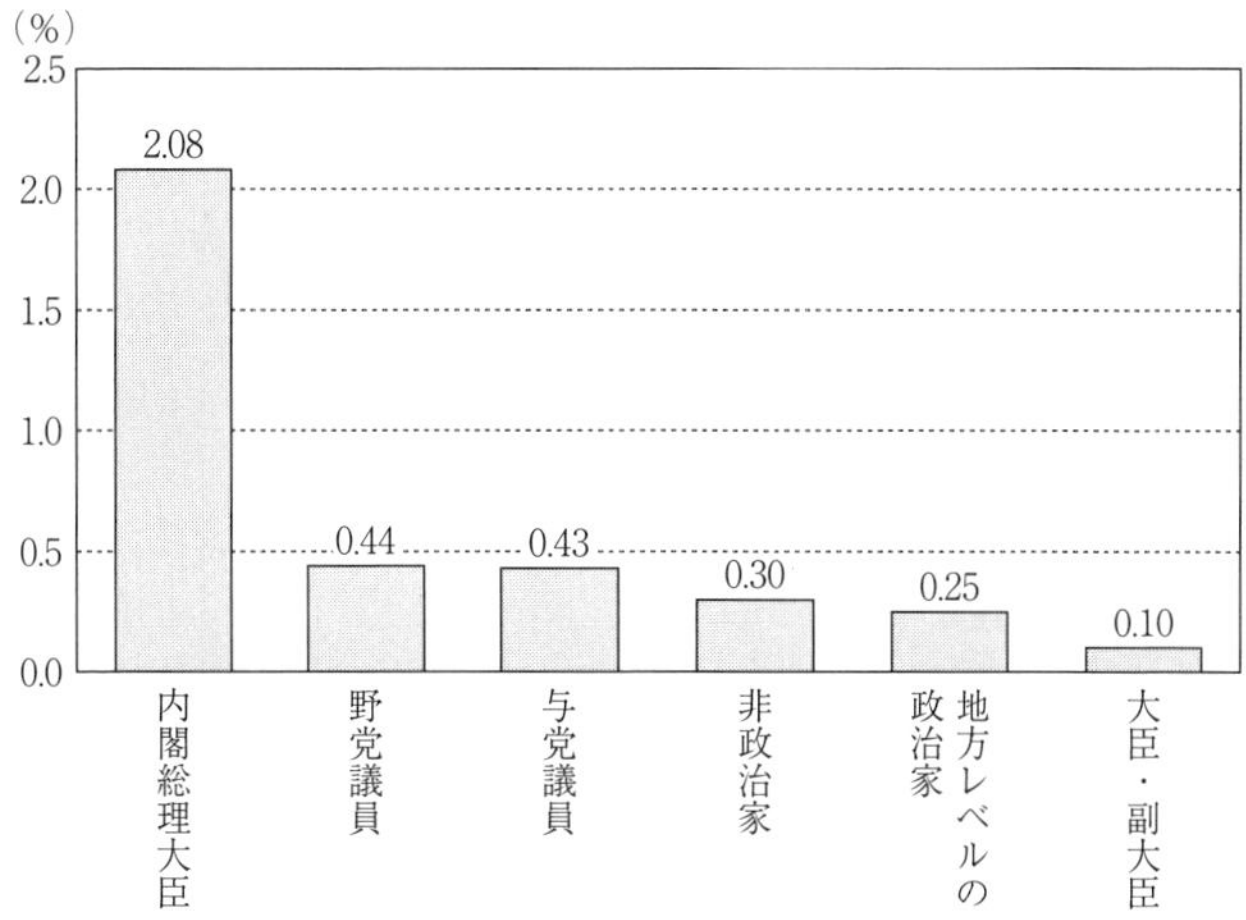

図４－３　質問者に向けている割合

注：受け手の平均は（１「明らかに司会者やコメンテーターに向けている」から６「他者に向けられている」までの６段階）は内閣総理大臣：4.29，野党議員：4.04，与党議員：3.94，非政治家：3.85，地方レベルの政治家：4.09，大臣と副大臣：4.06となっている。

質問にどのように対処するのかに焦点を当てている。そのために、サンプルを次の六つの異なるグループ（比較のため、非政治家も含む）に分類している。(1)内閣総理大臣（n＝四八）（nは、質問に対する回答の数を指す）、(2)大臣・副大臣（n＝九八九）、(3)与党議員（n＝九四〇）、(4)野党議員（n＝一三六五）、(5)地方レベルの政治家（n＝四〇六）、(6)非政治家（n＝一三三六）の分類である[1]。送り手、受け手、内容および脈絡という四つの次元における回答を六段階で評価しているため、これらの六つのグループに違いがあるかどうかを検証するために、クラスカルウォリス検定（Kruskal Wallis test）を用いている。四つの次元すべては統計的に有意な結果が得られている（送り手　χ^2=222.521, df=5, p＜.01, 受け手：χ^2=115.366, df=5, p＜.01, 内容：χ^2=27.845, df=5, p＜.01, 脈絡：χ^2=82.314, df=5, p＜.01）。

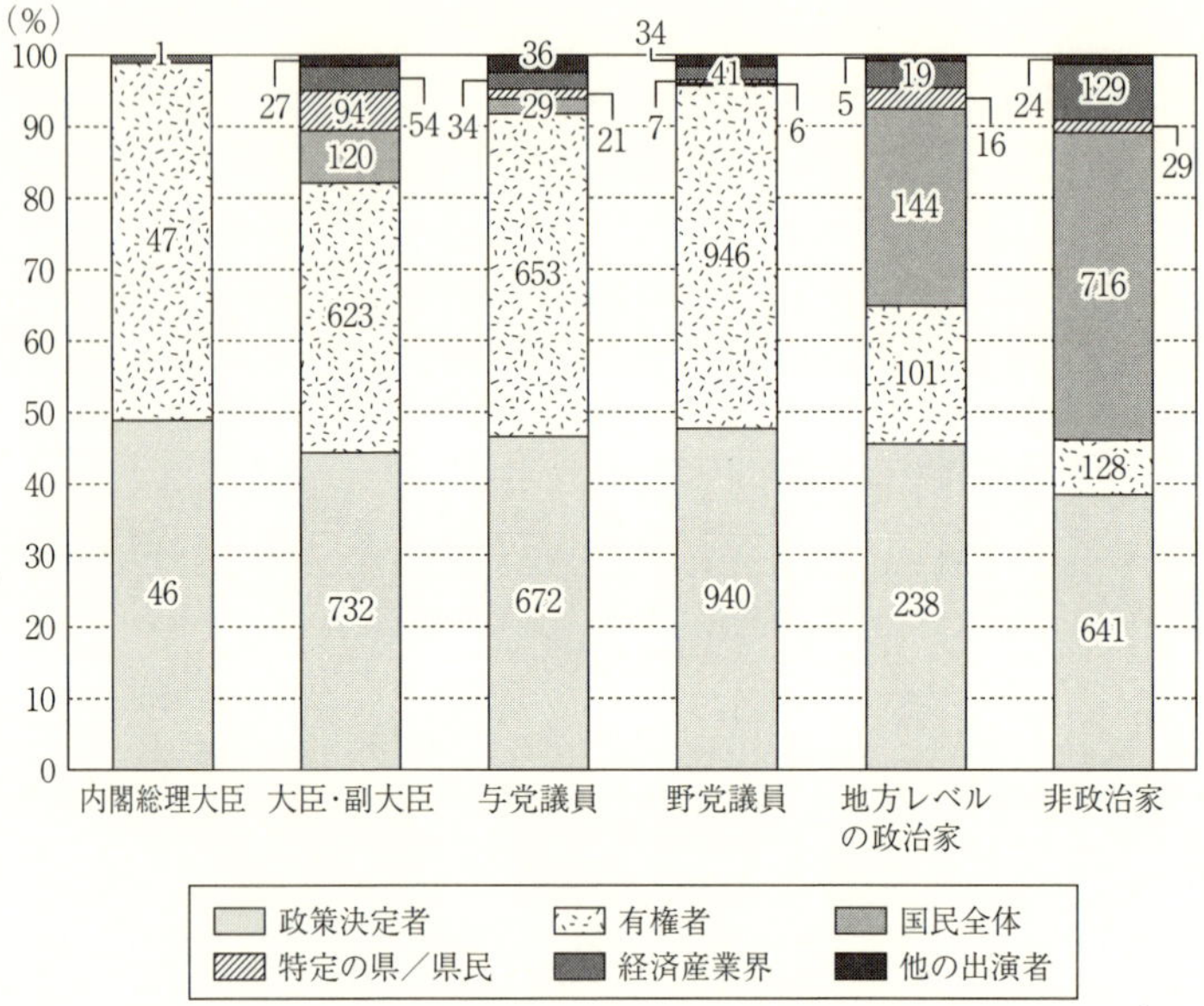

図4－4 話が向けられる相手

各グループの回答の一般的な傾向を四つの次元から明らかにしていく。まず、送り手の次元に関して、図4－1は、送り手に関して、意見を明確に表明した回答の割合を示している。すべてのグループにおいて、意見を表明している割合は低く、地方レベルの政治家は相対的に、自身の意見を明らかにしている。一方で、内閣総理大臣、大臣・副大臣などの政権上層部は、自身の考えや意見を明らかにしていないといえる。図4－2で示されているように、自身の考えを明らかにしない代わりに、すべてのグループのメンバーは、回答を求められた話題に関する事実、常識、歴史的出来事を述べる傾向がある。興味深いことに、与党議員（内閣総理大臣と大臣・副大臣を含む）は政権の考えを明らかにする傾向がある一方で、野党のメンバーは、他のグループよりも政党で広まっている意見を述べる傾向が

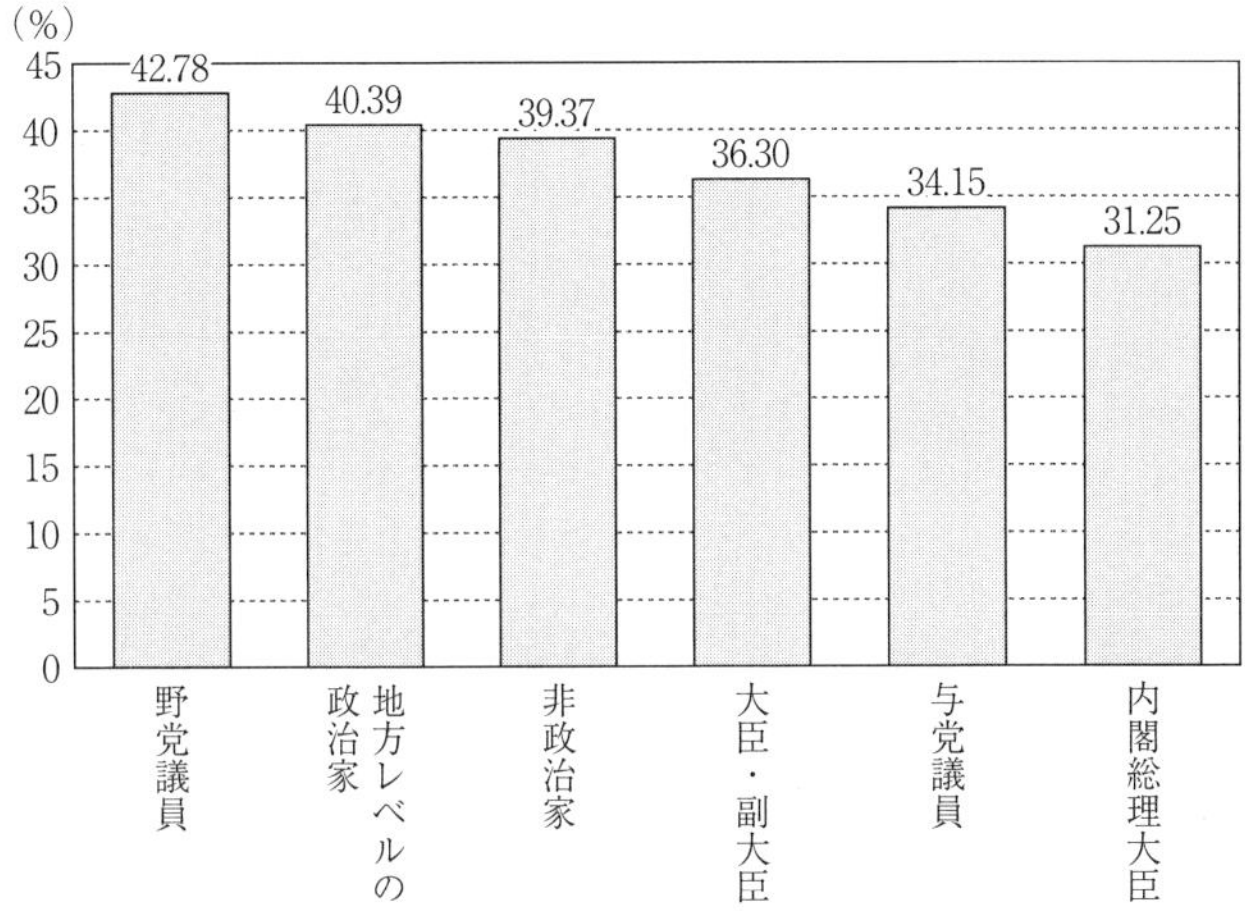

図4－5　話が分かりやすい割合

注：受け手の平均値は（1「理解しやすく、一通りの解釈のみ可能」から6「完全に理解不能で，まったく意味を成さない」までの6段階）は野党のメンバー：1.98，地方レベルの政治家：2.16，非政治家：2.04，大臣と副大臣：2.16，与党のメンバー：2.19，内閣総理大臣：2.33となっている。

ある。地方レベルの政治家や非政治家は経済部門や産業部門に広まる意見を述べる傾向がある。

また、受け手の側面において、図4－3は各グループがインタビュアーに向けて回答をした割合が低いことを示している。図4－4にあるように、回答の多くは他の人や団体に向けられている。明らかに、すべてのグループは背後にいる聴衆（Heritage 1985）に向けて回答している。与党議員と野党議員の双方は、一般的に、政策決定者および有権者に向けて話している。地方レベル政治家は、一般的に、国家レベルの政策決定者、国民一般に向けて話している。そして非政治家は、まず国民一般に向けており、次に日本政治の中心の政策決定者に向けて話している。相対的に、特定の地域の県民（とくに東日本大震災の被災者）や公共部門や民間部門、あるい

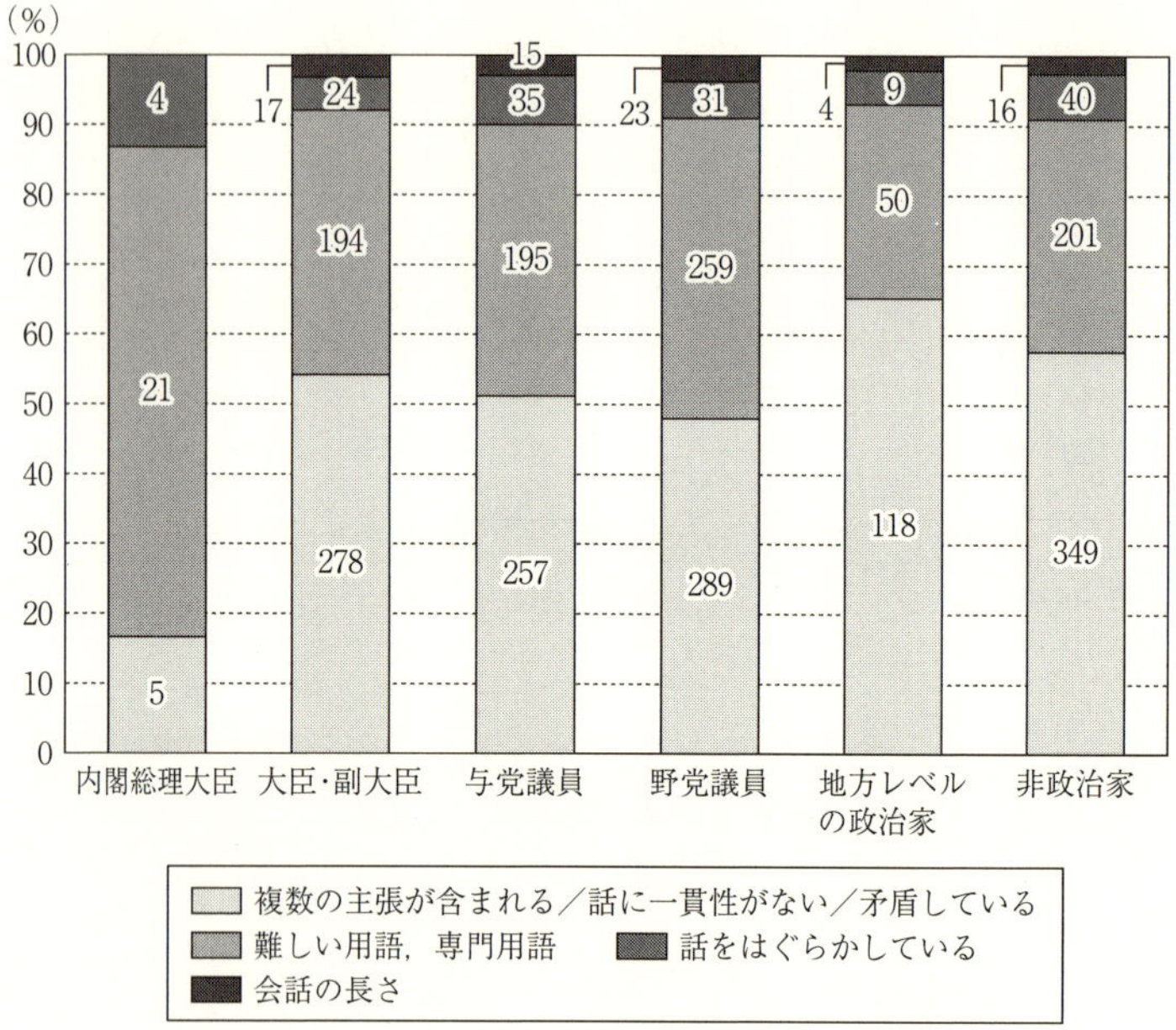

図4－6　６つのグループの内容が分かりにくくなる理由

は番組に出演する他のゲストに向けて話すことは少ないといえる。

三つ目に、内容の次元では、図4－5が話が分かりやすい回答の割合を示し、図4－6が理解しにくい場合の理由を示している。内容の次元の内訳から、グループ間で大きな違いは見られないものの、野党議員や地方レベルの政治家は比較的分かりやすく話している。内閣総理大臣、大臣・副大臣を含む与党議員は分かりにくく、明瞭ではない回答をする傾向がある。図4－6では、内閣総理大臣を除いて、他のグループは同じ傾向にあることを示している。理解することが難しい専門用語を多用しながら、理解しづらい長く複雑な文章を使用する傾向があるといえる。

最後に、脈絡の次元からみると、図4－7の通り、非政治家は、他のどの

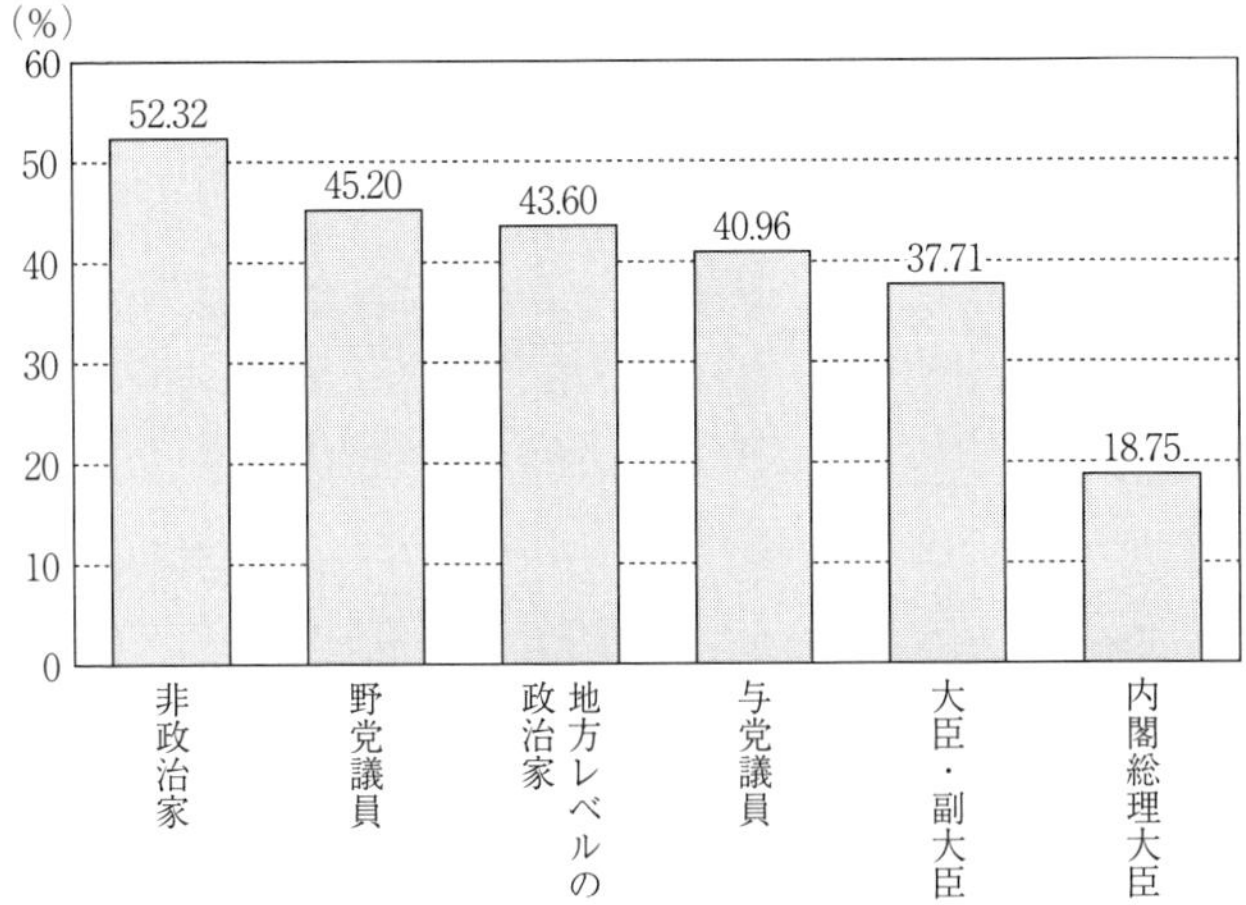

図４－７　明確に答えている割合

注：脈絡の平均値は（(1)「質問に対して直接的に答えている」から(6)「完全に質問に答えていない」までの６段階）は非政治家：2.10，野党のメンバー：2.33，地方レベルの政治家：2.44，与党のメンバー：2.45，大臣と副大臣：2.57，内閣総理大臣：3.31となっている。

グループよりも、聞かれた質問に対してより直接的に答える傾向にある。反対に、一般的な政治家、内閣総理大臣、大臣・副大臣などの与党議員は、とくに脈絡の次元でどっちつかずな回答をする傾向にある。脈絡の次元において、国会議員はどっちつかずな回答を何度も繰り返し、不完全な回答をする傾向にある。その後、政治的な処理を行い、質問を認識しているのにもかかわらず、回答をせずに、意図的に質問を無視していることが図４－８から分かる。

　これまでの図のデータを組み合わせると、与党議員と野党議員・地方レベルの政治家および非政治家によって構成されるパターンがあると分かる。第一のパターンは、与党議員（内閣総理大臣と大臣・副大臣を含む）であり、どっちつかずな表現を用い、不完全で漠然とした回答をし、個人的な意見をあまり明らかにせず、インタビュアー以外に向けて回答する傾向がある。とくに大

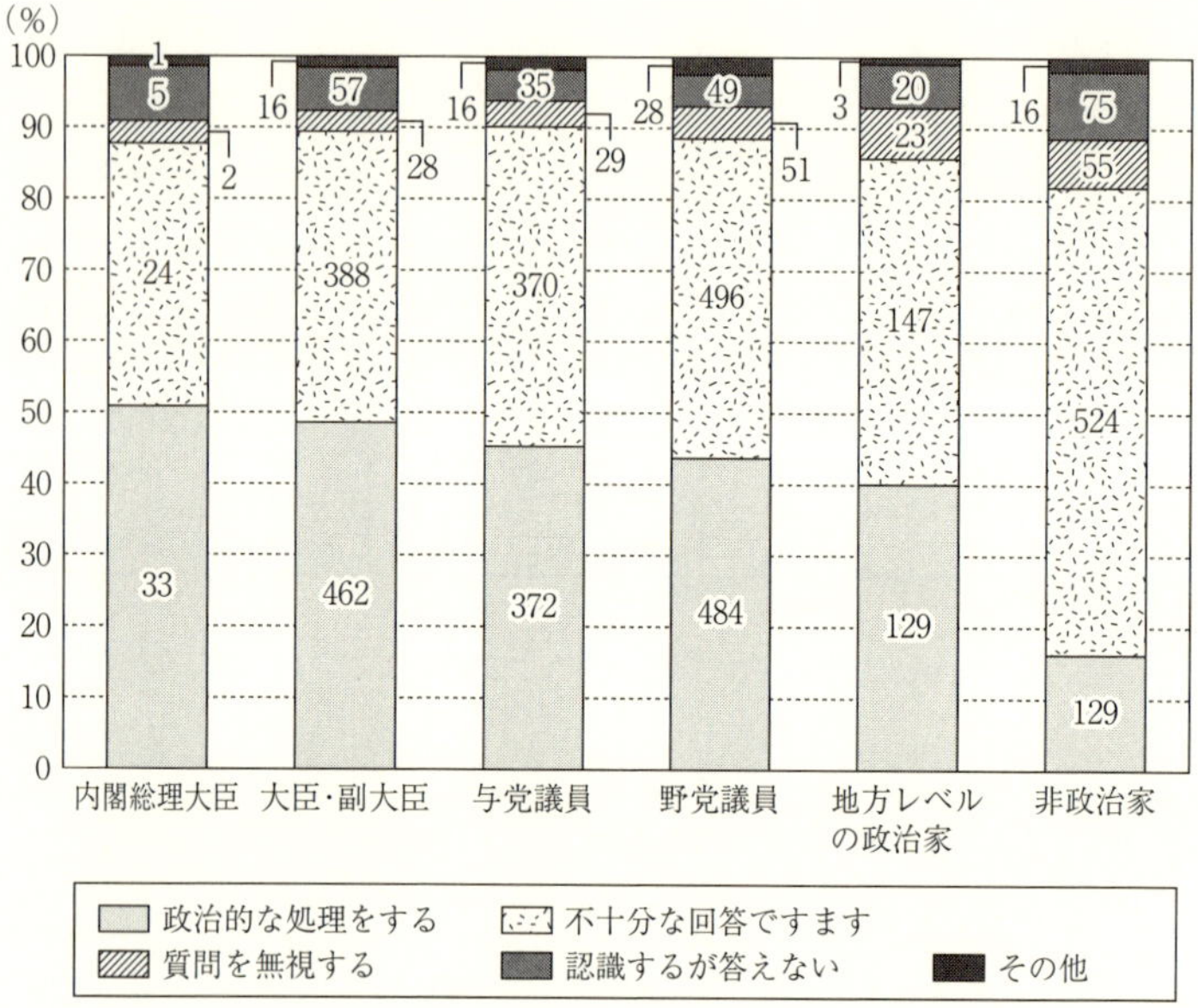

図 4－8　6つのグループの質問に答えない理由

臣・副大臣は、受け手の次元、続いて送り手と内容の次元において、どっちつかずな表現を用いており、内閣総理大臣は送り手の次元で、続いて内容と脈絡の次元で他のグループよりもどっちつかずな表現を用いている。一方で、第二のパターンである野党議員や地方レベルの政治家は、どっちつかずな表現をあまり用いず、自身の意見を表明し、インタビュアーに向けて話している。最後に、第三のパターンの非政治家は、他のグループと比べて、インタビュアーに向けて回答をし、聞かれた質問に対して最も完全に答えている。政権の上層部であり、政府内の意思決定プロセスの情報を知っており、メディアへの情報源も務める「エリート」である内閣総理大臣および大臣・副大臣は、四つの次元において他の政治家以上にどっちつかずな表現を用いることが、これらの結果によって明らかとなったといえる。

議題と政策の争点

「エリート」である政治家のグループに焦点を当て、副大臣以上の役職に就く政治家がどっちつかずな表現を用いる傾向がある議題を分析する。争点（五〇八四問中二七五三問、五四・二％）と非争点（二三三一問、四五・八％）に焦点を当てた分析で差が出ている。非争点は、さらに次の五つのカテゴリーに分類される。⑴知識・事実関係（五三七問、一〇・六％）、⑵人間関係／重要な他者（他人の仕事の効率、印象活動、考え、人事）（三八二問、七・五％）、⑶政治的、社会的制度（政党や派閥、メディアの活動、態度、見方、信念、考えの印象、意見、判断）（七四二問、一四・六％）、⑷政治過程（政策決定の手続き、政府、官僚、政党の行動過程）（五四七問、一〇・八％）、⑸政治的約束（行動の約束、誓約、公共への義務）（一二三問、二・四％）に分けられる。

争点は、次の議題としてさらに一九のカテゴリーに分類される。1．政府の官僚制度（政府省庁内の職員の機能など）（六八四問）、2．外交政策（四五六問）、3．経済政策（二八六問）、4．電力と原子力（二六一問）、5．安全保障（韓国や中国と係争中の島など）（一九三問）、6．地震と津波の被害を受けた福島県（およびその他の地域）の復興（一六五問）、7．選挙戦略（候補者の指名など）（一二四問）、8．TPP（環太平洋戦略的経済連携協定）（九七問）、9．憲法（改正など）（八八問）、10．党内の政策（政党内の戦略など）（七〇問）、11．地方自治（六五問）、12．国会運営（六五問）、13．消費税と財務（六一問）、14．閣僚と政府の業績（大臣の任命など）（五二問）、15．政党間の協力（連携、連立の構築など）（二六問）、16．政党の政策の信念（二一問）、17．世論（世論調査など）（一六問）、18．国会の解散（一三問）、19．靖国神社⑵（一〇問）の一九分類である。

これまでの分析によると、インタビュー対象者（政治家や非政治家など）が非争点に関して質問された場合、争点について送り手に関して以外は、どっちつかずな表現を用いることが分かっている（Feldman, et al. 2016）。争点に関しては、インタビュー対象者はインタビュアーではなく聴衆に対して（受け手の次元）回答し、分かりにくく複雑な回答をし（内容の次元）、質問に対して完全ではない回答（内容の側面）をする傾向がある。インタビューのサンプルに基づき、たとえばこのような争点の一例として、政府の官僚制度を考えてみる。政治家や専門家に対して、政府の官僚制度の職務についてコメントを求めることは、職員の勤務スタイルや意思決定プロセスに反対すると、職員とともに働く与党議員のメンバーから非難を受ける可能性があるため、回答は厄介となる。一方で、官僚が国の問題に巧みに対処していると官僚を褒めることは、個人的または政治的な目標を達成するための振る舞いとして捉えられてしまう。さらに靖国神社について考えてみると、内閣総理大臣が参拝を継続すると明確に言及することは、中国や韓国などの近隣国家を刺激する恐れがある。反対に、参拝をするべきではないと言及すると、右翼や保守主義の支持者たちを不快にさせることに繋がる。また、国益よりも他国の利益を優先すると思われる。そのため、争点は回避―回避の葛藤の問題を抱えているといえる。

非政治家（経済や社会の専門家を含む）は、経済（送り手、内容、脈絡の次元）、復興の取り組み、二〇一一年の地震の被災地域に関する質問（送り手と脈絡の次元）に回答する際にどっちつかずな表現を用いている。また、外交政策、政策の信念、世論、ＴＰＰ、安全保障では分かりにくい話し方である（内容の次元）。ＴＰＰと安全保障に関する質問は、非政治家が回答時にどっちつかずな表現を最も用いている。安全保障に関しては、たとえば中国と韓国に敵意ある強固な姿勢を明らかにすると、これらの隣国との既に張り詰めた関係を一層悪化させるとして、インタビュー対象者に対する批判が生まれる可能性がある。反対に、自制を求めることやこれらの国家との一般的な問題を論じることは、保守主義的な観点を持つ人々に、弱い姿勢を示していると非難される可能性がある。

地方レベルの政治家に関しては、内容の次元において、どっちつかずな表現を一番用いるのは、選挙戦略、党内の政策、憲法、政党間の協力、そして大震災後の復興に関する争点についてであった。外交政策や政党間の協力、政策の信念、憲法に関する争点の質問に回答する際、地方レベルの政治家はインタビュアーに向けて回答せず（受け手の次元）、理解しにくい回答であった（内容の次元）。たとえば、政党間の協力について、連携体制の構築における政党間の協力を支持しない地方レベルの政治家は、所属する政党のイメージを悪化させるというリスクを負う。反対に、そのような協力を全面的に支持した場合、所属する団体の意見に対して、十分に耳を傾けていないと非難される可能性がある。憲法に関しては、憲法改正を支持する地方レベルの政治家は、選挙区内の改正に反対する団体からの支持を失う可能性がある。一方で、憲法改正の見込みを検討する必要性を公に表明した場合、政党の基本的な方向性について支持できないと非難される可能性がある。

最後に、国会議員は、経済とエネルギー政策という二つの争点に関して、四つの次元のすべてにおいて、どっちつかずな表現を用いていた。経済政策に関して、たとえば、政権の現在の経済政策は完全に成功しているという与党議員の考えは、専門家の考えと対立する可能性がある。しかし、同じ与党議員である政治家が経済状況を完全なる失敗であると表明した場合、政府と、連立与党の一部である政党に悪い印象を与えることとなる。エネルギー政策に関しては、将来的に原子力を使用しないと国会議員が誓約しても、政府が一部の原子炉の再稼働を決定したという事実を考えると、虚偽であるとみなされる。反対に、原子力発電所の運転再開を支持すると、国民や地域住民から非難を浴びる可能性があるため、世論を無視しているとみなされる可能性がある。結果として、言葉を濁すことにならざるを得ないと考えられる。国会議員は、安全保障と憲法（送り手、受け手、脈絡の次元）と、消費税と財政（送り手、受け手、内容の次元）の争点に関しては、三つの次元でどっちつかずな表現を用いている。くわえて、外交政策、党内政策に関する質問に明確に答えることを避けている（脈絡の次元）。

表4－1では、インタビューの中心であった争点と、内閣総理大臣、大臣・副大臣が問題にどのように対処したのかに焦点を当てている。四つの次元それぞれに六段階で評価を用いているため、打ち切りのデータであると捉えられるので、トービットモデル(3)を用いて分析を行った。そのため、表4－1は副大臣以上の地位の政治家と、争点に対する彼らの回答間の相互作用項を示している。

数多くの争点において有意な結果が見られている。これは、上層部の政治家が、質問に対してどっちつかずな表現を習慣的に用いていることを示している。最も注目すべき結果は、政権の幹部が、経済とエネルギーに関する争点という二つの争点に関して、どっちつかずな表現を用いているということである。とくに、安倍晋三内閣総理大臣の経済政策の効果に関する質問で、どっちつかずな表現が頻繁に用いられている。エネルギー政策（電力・原子力）に関しては、原子力を主要な電力供給方法として使用することに関する質問に対して、どっちつかずな表現が用いられた。同様に、原子力の安全性、核廃棄物の処理、国内の原子炉の再稼働に関する質問に対しては、答えられていなかったといえる。これら二つの争点に関する政治インタビューの質問は、副大臣以上の上層部の政治家にとって、間違いなく最も対処しづらい質問であったといえる。

くわえて、副大臣以上の上層部の政治家は、安全保障、外交政策、TPP、復興などの争点について質問されると、送り手、受け手、脈絡の次元において、どっちつかずな表現を用いたことが分かる。また、国会運営および政策論に関する質問に、不明瞭で理解しづらい話し方をし（内容）、質問に答えていなかったといえる（脈絡）。重要なことに、国会運営と政策論は、TPP、経済、エネルギー政策と併せて、脈絡の次元で、どっちつかずな表現が用いられている。

表4-1　4つの次元における，内閣総理大臣，大臣・副大臣による争点への回答についてのトービットモデルによる推定結果

	送り手係数	標準誤差	受け手係数	標準誤差	内容係数	標準誤差	脈絡係数	標準誤差
定　数	4.595***	0.118	3.723***	0.059	1.287***	0.152	0.980***	0.258
	(39.009)		(62.865)		(8.453)		(3.804)	
知識／事実関係	0.790***	0.064	-0.326***	0.032	-1.108***	0.088	-1.919***	0.156
	(12.342)		(-10.171)		(-12.614)		(-12.328)	
政治過程	0.273***	0.065	-0.015	0.033	-0.045	0.083	0.578***	0.137
	(4.189)		(-0.447)		(-0.542)		(4.217)	
重要な他者個人	-0.732***	0.076	-0.176***	0.038	-0.421***	0.097	-0.031	0.160
	(-9.648)		(-4.682)		(-4.339)		(-0.193)	
重要な他者政党	-0.125**	0.057	0.004	0.029	-0.221***	0.074	0.102	0.122
	(-2.177)		(0.125)		(-2.998)		(0.831)	
政治的約束	0.232*	0.125	-0.102	0.063	-0.705***	0.168	-0.263	0.269
	(1.859)		(-1.621)		(-4.208)		(-0.977)	
大臣ら×安全保障	0.720**	0.130	0.264***	0.066	-0.025	0.169	0.616**	0.278
	(5.555)		(4.019)		(-0.149)		(2.217)	
大臣ら×外交政策	0.843***	0.116	0.147**	0.059	-0.138	0.150	0.951***	0.245
	(7.241)		(2.489)		(-0.921)		(3.877)	
大臣ら×政党内政策	0.064	0.201	-0.119	0.102	0.108	0.261	0.913**	0.421
	(0.316)		(-1.175)		(0.415)		(2.169)	
大臣ら×エネルギー政策	0.836***	0.153	0.613***	0.077	0.904***	0.192	1.097***	0.318
	(5.477)		(7.928)		(4.704)		(3.446)	
大臣ら×経済	0.583***	0.188	0.297***	0.095	0.630***	0.236	1.113***	0.396
	(3.104)		(3.116)		(2.669)		(2.812)	
大臣ら× TPP	0.910*	0.477	0.435*	0.240	0.759	0.585	1.959**	0.968
	(1.909)		(1.813)		(1.298)		(2.024)	
大臣ら×復興	0.251**	0.119	0.329***	0.060	-0.096	0.155	0.649**	0.256
	(2.105)		(5.461)		(-0.618)		(2.537)	
大臣ら×国会運営	0.449	0.287	-0.045	0.145	0.790**	0.363	2.054***	0.589
	(1.564)		(-0.311)		(2.177)		(3.486)	
大臣ら×消費税・財政	0.613*	0.325	0.308*	0.164	0.132	0.413	-0.467	0.713
	(1.889)		(1.874)		(0.32)		(-0.655)	
大臣ら×世論	1.289***	0.388	0.313	0.196	0.332	0.487	1.653**	0.808
	(3.321)		(1.595)		(0.683)		(2.046)	
大臣ら×政策論	1.146	0.939	0.110	0.477	2.632**	1.146	3.351*	1.873
	(1.220)		(0.231)		(2.297)		(1.789)	
Sigma	1.326***	0.015	0.673***	0.007	1.618***	0.023	2.645***	0.042
	(90.781)		(100.021)		(71.251)		(63.113)	
AIC	3.296		2.072		2.976		3.220	
Log likelihood	-8352.001		-5238.946		-7537.748		-8157.164	
N	5084		5084		5084		5084	

注：*：p <.10，**：p <.05，***：p <.01を示す。括弧内はz値を示している。年齢，性別，与党議員，野党議員，地方レベルの政治家，テレビ番組，政権交代をモデルに含めているが結果は割愛している。

対照的に、表４－１から分かるように、上層部の政治家は非争点に関する質問には問題なく回答している。政治的な知識や事実関係に関する情報を求められたり、重要人物や政治過程に対する姿勢を述べる際には、自身の考えを明らかにし、インタビュアーに向けて回答し、分かりやすく話し、質問に対して直接的な回答をしている。

4 ディベートの葛藤

これまでの研究（Feldman, et. al. 2015）で、非政治家と比較して政治家がどっちつかずな表現を多用していることが分かった。本章では、サンプル全体を内閣総理大臣、大臣と副大臣、与党議員、野党議員、地方レベルの政治家、そして非政治家の六つのグループに分類した。最初の二グループである内閣総理大臣、大臣と副大臣は、バヴェラスら（Bavelas et al. 1990）の四つの次元において、より地位の低い政治家および非政治家よりも大幅にどっちつかずな表現を用いていることが分析結果より明らかとなった。

上層部の政治家がどっちつかずな表現を用いる争点を特定するために、さらなる分析を行った。争点と非争点の間では重要な違いが見受けられた。上層部の政治家は、主に経済とエネルギー政策の二つの争点について、答えていないことが明らかとなった。また、安全保障、外交政策、ＴＰＰ、復興、政策論、国会運営の争点についても、答えていないことが明らかとなった。対照的に、非争点の質問である知識、重要な他者、政治過程に対する姿勢に対しては難なく答えられていたといえる。争点に関する質問は、非争点の質問よりも、上層部の政治家の場合はとくにコミュニケーション上の葛藤を生み出しやすいといえる。これは、非争点の質問は一般的に自由な質問（オープンエンドクエスチョン）であるため、コミュニケーション上の葛藤を生み出す確率は低くなっていると考えられる。そのため、政治家は自身の都合に合わせて回答を考えることができるといえる。

本章の分析結果では、争点によって、特定の地位にいる人々（政府の上層部の政治家）がよりどっちつかずな回答をすることが明らかとなった。これらの結果は、「どっちつかず理論」において、重要な意味を持っている。これは、どっちつかずな回答とそうではない回答に繋がる争点の内容に関して、詳細な分析を行った先駆的な研究だからである。そのため、バヴェラスら（Bavelas et al. 1990）の四つの次元に加えて、インタビュアーの質問とゲストの回答の両方の議題を特定するために、二つの質問を追加している。そのようにして得られた結果は、変わりやすく影響するどっちつかずな表現としての争点の重要性を実証し、これらの追加の尺度を将来の研究に含まれるべきことを示唆している。

理論の発展において、これらの結果は重要な意味を持つ。政府内の上層部の政治家は、どっちつかずな回答を行うことに影響をより受けやすくなるため、状況的要因の一つとしてとらえられる。どっちつかずな表現の元の理論（Bavelas et al. 1990）では、状況的要因の重要性はコミュニケーションの葛藤の状況理論（ＳＴＣＣ）の概念によって認識されていた。しかし、コミュニケーションの葛藤の状況理論は特定の質問における特定の言語と社会の文脈にのみ適用されるとされていた。それに対して、本章の分析結果は、社会的な役割と権力の違いの影響力（この場合は、政府の政治的リーダーの重要な役割）に関して、状況的要因の役割を説明するものである。

さらに、上層部の政治家がどっちつかずな表現を用いることにより影響を受けやすいというのは事実ではなく、特定の争点に関してよりどっちつかずな表現を用いる傾向にある。そのため、「どっちつかず理論」には、取り上げる議題の役割と、それが状況的要因とどのように相互作用するのかということを追加的に考慮する必要がある。すなわち、より洗練され相互に作用するような「どっちつかず理論」が求められる。

本章の課題は、どっちつかずな表現に関して質問の種類を詳細に分析していないことである。質問は、イエスかノーの質問、オルタナティブな質問、5W1Hの疑問詞を使用した質問に分類される（質問の分類については本書二九頁を参照）。これらの分類における重要な側面は、特定の形式の質問でコミュニケーション上の葛藤が発生する仕組みが示されることである。たとえば、イエスかノーの質問に対して、主に次の三つの選択肢があると考えられる。それは肯定的に答えるか、否定的に答えるか、どちらも答えず曖昧に答えるかである。質問の構造を詳細に分析すると、回答のこれらの主な形式それぞれが持つ問題は、特定の質問の争点（たとえば、経済、エネルギー政策など）に関連づけられて考えられる。この形式の質問の分析は、将来の研究において有益な系統の調査となる。

とくに、本研究は政権交代の時期に行われている。そのため、総選挙で民主党連立政権から自民党連立政権へ政権交代する際に、様々な政党の政治家の態度を追うことが可能であった。重要な貢献は、政党にかかわらず、国を治め、権力を保持する政治家は、時を問わずに同様のスタイルで回答していることである。つまり、野党議員に比べて、与党議員は常にインタビューの質問に直接的に回答せず、曖昧に話すことである。この貢献は重要であり、国を治める者はコミュニケーション上の葛藤を受けやすく、つまり、厳しい質問に直面し、回答する際にどっちつかずな表現を用いることを示している。これは、野党議員とは対照的であり、野党議員は論争の的になる質問をあまり受けず、意思決定過程においての責任も少ないため、比較的自由に発言することができる。そのため、この観点から、インタビューを受けた政府内の政治家の地位は、テレビ放送されるインタビューにおいて、レトリック表現を用いて、話す内容に影響を受けると理解される。ゆえに、どっちつかずな表現を用いる状況の違いに関して、議題の内容を分析することは重要であるといえる。

本章において、政治的な争点および高い地位に就く政治家がどっちつかずな回答に影響を及ぼすことを明らかにした。次の第5章では、質問に着目し、質問形式により、どっちつかずが引き起こされているのかを検証する。

注

（1）サンプルは、二人の内閣総理大臣、三一人の大臣と副大臣、四三人の与党議員、五七人の野党議員、一二人の地方レベルの政治家、そして四九人の非政治家によって構成されている。
（2）東京にある神社であり、一八六七年から一九五一年の間に天皇に仕えた戦死者の多くを祀っている。一九七五年から日本の内閣総理大臣と大臣が神社に参拝したため、政教分離の原則に反しているとの懸念が生じている。
（3）「トービットモデル」は、打ち切りデータに対して用いられる分析手法であり、上限や下限が定まっている際に、推計パラメータにバイアスがもたらされることを避けるために用いられる。

第5章　良い質問 vs. 悪い質問

1　良い質問とは何か

テレビ放送される政治インタビューの目的は、政治家に対して、国民が懸念する政治的な問題について質問を行うものである。これらのインタビューでは、インタビュアーが様々な分野のジャーナリスト、社会評論家、学者、研究者などに質問をして回答に反論することがある。質問を通して、インタビュアーはゲストに対して、反対したり、言い争ったり、非難したり、時には立ち向かう。しかし、これらのインタビューは、冷静な議論ではなく（DeLuca and Peeples 2002）、イメージ、感情、スタイルを強調する、特定の方法に依存した（Baym 2007）、ルールに沿った形式をとる。インタビュアーは徹底的な回答を継続して求め、ゲストは厳しい質問への回答を避けようとし、背後にいる聴衆（Heritage 1985）に対して話すため、テレビは有権者に訴えるための最適な道具となっている。政治家は、政党の計画されたメッセージや政策を伝えるために、質問を回避するための様々なテクニックを使用している（Bull et al. 1996；Feldman, et al. 2015）。

本章では、テレビ放送された政治インタビューに行われた質問の性質に焦点を当てる。そして国会議員、地方レベルの政治家、および様々な分野の専門家を含む非政治家を対象としたインタビューの質問の種類、スタイル、様式を明らかにする。一四カ月にわたって三つのインタビュー番組から収集したデータを基に、本章では質問を特定し、質問を分類する基準を設定する。次に、これまでの研究方法を用いて、インタビュアーの質問を分析するための視角を提示する。最後に、これらの質問の分類を踏まえて、インタビュー対象者の回答への影響を分析する。テレビ放送された政治インタビューを分析することは、日本で用いられる言語様式やコミュニケーションスタイルと関係がある。これらのコミュニケーションスタイルは、非論理性、無言の間合い、両義性、状況、情動などにより構成される。また、躊躇せずに意見を言う前に、控えめで間接的な発言や、配慮を行い、他の人の気分を感じ取る。これは、意見を一致させて、言い争いとなる論争を回避するためである。また、会話内の人物（インタビュアーとゲスト）との関係により変化する、立場を踏まえた人間関係の特殊なやり取りであるといえる（Feldman 2004）。こうした文化的背景を踏まえて構成されるコミュニケーションは、インタビューの参加者間でのやり取りや言語行動の特質に影響を与える。また、こうしたコミュニケーションは、テレビ放送されるインタビューの映像や内容だけではなく、国民に伝える情報の特性や範囲にも影響を与えている。

良い質問と悪い質問は、区別することが可能であると考えられる。良い質問とは、意義のある回答を引き出すものであり、視聴者にとっても面白い、興味が持てるものであると考えられる。具体的には、情報を引き出すための5W1Hの質問や、インタビュアーが再確認や踏み込みを行う質問、オルタナティブな質問である。他方で、悪い質問は、何の情報も得られず、面白さや興味を持てない回答であると考えられる。具体的には、「～についてどう思いますか」といったオープンエンドクエスチョンや前書きのある質問は、政治家が自由に答えられるため、政府や政党のアピールに活用され、面白みに欠けるものとなる。本章では、多様な質問の分類を行い、誰にどのような質問が向けられているか、その質問によりどっちつかずな回答となっているのかどうかを検証する。

2　悪貨は良貨を駆逐する

「悪貨は良貨を駆逐する」というグレシャムの法則は、名目上の価値が等しい悪い貨幣と良い貨幣が同時に流通した時、良い貨幣がなくなってしまう経済学の法則である。これを政治インタビューに置き換えれば、悪い質問と良い質問が同時に行われていたとしても、良い質問は埋もれてしまい、それ自体により、つまらなくなってしまうことを示唆している。つまり、いくら面白い質問を行っていたとしても、悪い質問の方が多ければ、視聴者は興味を失い、視聴率が下がってしまうことを意味する。国会審議で考えた場合、質問が興味深いものであったとしても、答弁が長く、つまらないものであれば、誰も国会審議を視聴しなくなるという問題である。本章では、質問の分類を踏まえて、何が良い質問であるかを検討し、その後、質問が回答に及ぼす影響を検証する。

質問の特定

本章の最初の課題は、質問を特定して、質問以外の発言と区別することである。「質問」とは、対象者から情報や意見を引き出すためのインタビュアーによる発言のことを指す。質問には疑問詞が用いられることもあれば、用いられないこともある。例として、ジャーナリストである田原総一朗と、安倍晋三内閣総理大臣とのインタビューを挙げる。議論は、米軍基地の沖縄県の辺野古への移転に焦点を当てている。安倍総理は、辺野古への移転計画に必要な埋め立てプロジェクトの、政府による正式な要請についで質問されている。

田原：世間で、というかマスコミで話題になっているのは、埋め立て申請を参議院選挙前にやるのか、あるいは後にするのか、この辺はどうですか。

安倍：いずれにせよですね、これは安全保障の問題であり、あるいは普天間の皆さんにとっては一日も早く移設をしたいという問題ですから、参議院選挙ということは念頭におかずに、前にやるということではありませんよ、念頭にはおかずに私は決めていくべきだと。

田原：なるべく早くやりたいと。

安倍：あの、しかしですね、大切なことは失われた信頼関係がありますから、この再構築をするために我々は汗をかかなければならないと思っています。

（二〇一三年三月九日「激論！クロスファイア」より）

このやり取りでは、最初の質問は疑問形であり、終わりのイントネーションが上昇している。二つ目の質問では、田原は安倍の意図を明確に正しく理解したことを確認している。米軍基地の飛行場の移転問題は、地域の住民が望むようにできるだけ慎重に解決するべきであるとしている。この発言には疑問詞は使われていないものの、安倍はこれを質問と捉えて回答している。これは宣言型の質問の例であり、イントネーションの上昇はないものの、回答を引き出すことを明確に目的としている。

インタビューの最初に行われる一部の質問は、インタビュー対象者を事前にリラックスさせることを目的とした単なる世間話がなされることがある。このソフトな質問は、実際のインタビューが始まる前の挨拶として機能する無難な質問であり、ゲストに自身のことや仕事についての自慢をさせる場合が多い。次の例は、日本維新の会の政務調査会長を務める中田宏と、島田彩夏とのインタビュー冒頭のやり取りである。

島田：中田さん、今朝の衆議院予算委員会で質問に立たれましたよね。
中田：久しぶりだったですね。
（二〇一三年二月八日「プライムニュース」より）

これらの種類の質問は挨拶とみなし、分析の対象からは外している。次に、質問の特性とパターンを特定する。

構文表現に基づいた質問の分類

ユッカー（Jucker 1986：Ch. 5）の方法論に合わせて、本研究では、インタビューの質問を構文上の表現によって二つに分類している。一つ目は前書きのある質問であり、二つ目は前書きのない質問である。

(i)前書き型の質問は、質問の中心となる前書きの内容があり、その後、直接的な形式で質問の中心となる部分が形成される。前書きのある質問は、「～についてどのように思いますか」「どのように感じますか」「あなたが言っているのは～ということですか」「あなたが示唆しているのは～ですか」「～について説明してもらえますか」「言いたいことは～ですか」「尋ねてもよいですか」といった質問が含まれる。

前書きのある質問の例として、キャスターの須田哲夫のインタビューを例示する。

須田：片山さん、質問にいきます。あのー、親子の問題、この子供や兄弟がですね、生活保護が急増している背景には、扶養義務を果たしてないということの側面、これも指摘されているんですが、これについて血縁者の扶養義務について、どう思われますか。
（二〇一二年六月三日「新報道2001」より）

(ii)前書きのない質問は、疑問詞が付くかどうかによってさらに分類される。(a)質問の三つの基本的な形式に疑問詞が含まれる場合、(1)イエスかノーの質問、(2)5W1Hの質問（What, Why, Who, When, Where, How で始まる質問）、(3)オルタナティブな質問に分けられる。疑問詞が付かない場合は、(b)宣言型の質問であり、命令や平叙文で構成される（定形動詞を含まない質問）。

(a)疑問詞が付く質問

疑問詞が付く質問の最初のカテゴリーは、イエスかノーの質問であり、通常は叙述全体の正当性に関して、「はい」または「いいえ」の回答を求めるものである（Quirk et al. 1985：52；Jucker 1986：109）。「はい」や「いいえ」や、明らかに賛成または反対の回答（「確実に」「もちろん」「まったく違う」などの言葉や表現を使用したもの）は、回答しているとみなされる。次の疑問詞が付く質問のカテゴリーは、5W1Hの質問である。疑問詞が付く質問の三つ目のカテゴリーは、オルタナティブな質問である。オルタナティブな質問は、相手に二つ以上の選択肢を選択させる選言疑問文である。ゲストが選択肢のうちいずれかを選択した場合は、回答したとみなされる。ただし、ゲストが提示された選択肢以外の追加の選択肢を提示する場合もあり、この場合も回答したとみなされる（しかし、質問に答えているかは別の問題となる）。ゲストが、インタビュアーが提示した選択肢の中から選ばない場合、他の選択肢を提示しない場合は、回答しなかったとみなされる。次の例は、田原が大阪市長の橋下徹にオルタナティブな質問を行った例である。

田原：さっきの憲法改正のことだけど、具体的に九条を変えるんですか、変えないんですか。
橋下：これはね、まず僕はね、国民投票を憲法改正の国民投票とは別に、別の形で国民投票やって、二年間大いに議論してですね、変えるのか、変えないのかっていう議論の方向性を決めないと、国会議員だけで議論してもね、やぱり無駄な議論になってしまうと思いますので。

（二〇一三年四月六日「激論！クロスファイア」より）

(b)疑問詞が付かない質問

疑問詞が付かない質問は、宣言型の質問であり、命令、定形動詞なしの質問である。宣言型の質問は、一般的に、質問のように終わりのイントネーションが上昇する。ただし、一部の宣言型の質問にはイントネーションの上昇がない場合があるが、情報を引き出すために質問として機能している。防衛大臣の森本敏との、日本国憲法についての以下のインタビューの例を挙げる。

田原：自衛権書いてないけど九条ではとにかく戦争しないと言っている、武力行使はしない、第二項で前項の目的を達成するため、陸海空軍は持たないと、なんかね、ちょっとした穴を開けて、一種のずるい憲法だと思うんですよ。

森本：ただまあ、そういうふうに読むという学説はありますけど、基本的には主権国家ですから主権国家としての自衛権を主権国家として行使することは国として当然の権利なのでそれはきちっと行使できるという考え方に立っている。

（二〇一二年六月二一日「激論！クロスファイア」より）

この例が示すように、インタビュアーの田原は、ゲストに回答するように明確に指示したわけではないが、森本は、その発言をインタビュアーの憲法への見方に対する考えを求められていると捉え、回答している。この例は、回答を引き出す疑問詞がなく、間接的な質問であり、文法上も不完全となっている。

話題の構文とその例

本章では、構文上の表現に基づいて質問を特定および分類するだけではなく、ユッカー（Jucker 1986：126）の方法論を用いて、質問と回答の間の密接な関係を明らかにする。インタビュー中に、インタビュアーはゲストの回答を評価して、対象者が質問に答えたのか、回避したのかを判断している。インタビュアーが、ゲストが十分な回答をしたと判断した場合、同じ話題を続けるか、新たな話題に移るかを選択している。これらを、それぞれ「話題の継続」と「話題の転換」と呼ぶ。回答が不十分であるとインタビュアーがみなした場合、「再確認」や「踏み込み」を行う。

(i)話題の継続

話題の継続は、インタビュアーが直前の発言を暗示し、ゲストに直前の発言を改めて、同じ話題について質問したり、広げたりすることを指す。次の、前農林水産大臣である山田正彦とのインタビューの例を確認する。民主党政権において、離党者が増加していた状況の中、二〇一二年九月の時点で、総理が頻繁に代わる状況についてキャスターの反町理とキャスターの八木亜紀子が尋ねており、同じ話題を継続させている。

反町：その一五〇（議席）減ってしまうその危険性の中でですよ、総選挙に向かっていこうとするのに反対があって、たとえば総理、今変えるといってもですね、よくある話ですよ。ずっと自民党のその頃から一年ずつ総理が変わっていきましたと、民主党政権も三年間で三人目、四年目で四人目ですかと、こういう批判も当然出てくると思うんですけれども、その点に関してはいかがですか。

山田：確かにそのような批判、出るでしょうけど、今我々は、民主党の解党的な出直しを、これをやらなきゃいけない。

反町：どこで間違ったんですか。鳩山内閣が間違ってた。

山田：鳩山内閣の時はちゃんと政治が主導で官僚主導でない政治をやってきましたよね。いくらだってやってきましたよ。

八木：先程、解党的出直しっていうのはどういう形なんでしょうか。

山田：本当にもう一回、今の民主党じゃない本来の民主党に我々は、解党的な出直しを図って、それをきちんと国民に分かりやすく訴えて、そして解散するんだったら総選挙に臨むって形だと思っています。

（二〇一二年九月五日「プライムニュース」より）

(ii)話題の転換

話題の転換では、インタビュアーは、直前の質問に関連しない、新たな議題を取り上げる。野田佳彦内閣総理大臣とのインタビューを例に挙げる。この例では、話題が電力や原子力から尖閣諸島についての話題に移っている。キャスターの須田と吉田恵が問う。

吉田：ということは、（原子力発言を）ゼロにするにはもしかしたら二〇四〇年、二〇五〇年になるかもしれない、可能性はあると。

野田：あの、目標は、これは堅持したいと思います。二〇三〇年代という目標を堅持したいと思います。

須田：やっぱり目標としては総理、ゼロという数字を入れたいですか。
野田：依存しない社会っていうのはゼロってことですよね。それを目標です。一方で、あのーいわゆる再稼働であるとかですね、新たに認めるかどうかっていうのは、これは独立性の強い、今回の規制委員会になるんです。で、そこは、政府はあまり予見をもって予断をもって言ってはいけない部分なんですね。で、そこはきちっと新しい規制委員会のもとで安全基準をしっかり作った上での判断、というのがあるということです。
須田：尖閣周辺の領海には中国政府の監視船六隻が同時に進入するという事態もつい先日ありました。野田さん、これ実行支配を強化するというお考え、たとえば港だとか、船だまりをつくるとか、いろんな案が出ていますが、いかがですか。
（二〇一二年九月一六日「新報道２００１」）

⒤再確認

再確認は、ゲストが発言した事柄について、インタビュアーが正確に再び述べることを試みる質問である。直前の回答が不十分であり、釈明や確認が必要であることを示している。次の、みんなの党の柿沢未途と、インタビュアーである平井文夫との例を確認する。平井は、柿沢への質問を繰り返して述べ、柿沢が状況を理解していることを再確認している。

須田：みんなの党の柿沢さんにお聞きしますが、維新と合流できるかどうか、これも今ニュースの焦点になっておりますが。
柿沢：この番組に出てこられたら華々しく決めたいと思っていたんですけども、まあ政策次第ですね、政策が大事です。

平井：政策次第合流もありうると。
柿沢：政策次第です。

（二〇一二年一一月二五日「新報道2001」より）

平井の質問は、以下で示すように宣言型の質問にもなっており、イントネーションの上昇がなく、文法的にも不完全である。

(iv) 踏み込み

インタビュアーは、回答の一部を明確にすることで、ゲストの意図、行動、態度などの側面を試す場合がある。日本共産党の笠井亮とのインタビューを例示する。武力によって日本を守らないのかを踏み込んで質問している。

反町：笠井さん、その安保を撤廃して、日本に米軍基地がなくなって、日本はたとえば安全保障をどうするのですか。自分の国は自分で守るようになるんですか。
笠井：それは、だから外交の力をもっとやるわけです。
反町：武力じゃ日本は守らない？
笠井：基本的にはそういうことではないですね、やっぱり日本で憲法がありますから、憲法に基づいてもっとやることがあるわけです。今申し上げたように、米軍がこれだけいて、自衛隊も二十数万人いる国で、戦争をする体制を強めている状況があるわけですから、それを切り替えてですね、外交の力を発揮してやるということをやっていけば、日本がやるんだから、中国だって、アジアの国々だって一緒に軍縮をやる。そして軍事に頼らないことをやろうじゃないかという。むしろそれをやっていくことこそが一番国を守る力になってくると思います。

（二〇一二年一一月二二日「プライムニュース」より）

質問の出所とその例

本章では、ユッカー（Jucker 1986：126）の方法論を踏まえて、インタビュアーが、必要とされる立場の中立性に反することなく、質問するための二つの方法が存在している。それは第三者の意見の引用と、説明による質問の併用である。意見の引用を行う質問は、インタビュアーがゲストの（政治的）対抗者による、実際の、または仮の批判に基づいて質問を行うか、実際の対抗者や潜在的な対抗者の発言を引用する。他者の言葉を流用することにより、インタビュアーは個人的に反論しているように思われることなく、公然と反論することができる（Holt and Clift 2007）。自民党の谷垣禎一とのインタビューの例を用いる。インタビュアーの田原が、新聞報道に基づいて質問を行っている。

田原：最大の課題が消費税の増税です。野田首相は消費税の増税に政治生命をかけると言っております。で、このことを今日は谷垣さんにお聞きしたいんですけど、その前にこれは一六日の毎日新聞なんですが、いろんな新聞が書いていますけども、何かその民主党側がね、自民党の大島さんを通して、で谷垣さんに会いたいと。これまたね再会談というのがミソなんですがね。一回目に会うんですよ。また会いたいといったところが、自民党はいろいろ検討したけれども、連休中にね、言ったけれども、結局そのどうも自民も民主も今その、会う、協議するそういう環境が整ってないということで断られたと、いうことなんですが、こういうことはあったんですか。

谷垣：それは違います。あのー、ありません。

（二〇一二年五月一九日「激論！クロスファイア」より）

説明による質問の事例では、インタビュアーは自分の理屈や意見を基にして、挑戦的な質問を行う。例として、同じく谷垣の例を挙げる。

田原：だから今日言ってほしいんですが、僕ははっきり言ってね、民主党の批判なんて国民誰でもできるから、もううんざりなんですよね。だから自民党は国会でも民主党の批判ばっかりしているけど、批判は結構だと。何やってくれんだと、自民党が政権取ったら、そこを聞きたいんですよ。

谷垣：まあそういうお声はね、たくさんありますね。ただですね、やっぱり私、このところ十数年の政治の歴史はですね、やっぱり小選挙区制度を採用して二大政党制にできる限り近づけて、そして政権交代をできるようにしようと、そのためのマニフェストであったと思うんですね。そうしたら、そのマニフェストもめちゃくちゃなものであったし、実際できない。そして与党も今衆議院の中で三〇〇議席以上持っているはずですけれども、マニフェストができなくなったことによって、どっちの方向に進んで行っていいか分からないと。それで自民党だったら何をやってくれるかというお声もありますが、要するにできれば自民党は助けろとかですね、いろんなお声があるけれども。

（二〇一一年五月一九日「激論！クロスファイア」より）

文法的に完全な質問と不完全な質問の特定

本章では文法的に完全な質問と不完全な質問を分類している。文法的に完全な質問では、文章の終わりに、イントネーションの上昇とともに不変化詞である「か」が使用されるという日本語の構文上の規則に従っている。文法的に不完全な質問では、正式さに欠け、間接的で、友好的な口調であるとみなされ、不変化詞の「か」は用いられていない。ただし、構造が不完全であるにもかかわらず、回答を引き出す質問となっている。文法的に不完全な質問の例として、民主党の五十嵐文彦の例を確認する。

八木：（税と社会保障の改革が唐突に進んだことについて）輿石さんの態度によりってことでしょうか、五十嵐さんいかがですか。

五十嵐：それは総理が政治生命かけておやりになると言っているんですから、社員は従わなきゃいけない、重役といえどもですね、そういうことだと思いますが。

反町：輿石さんってブレーキだったんですかね、考え方色々ありますよね。意外と野田さんの本心を輿石さんに託しているって見方もありますよね。

五十嵐：それはそういう見方もあり得ると思います。

反町：その意味でいうと輿石さんは決して総理に逆らっていたんじゃなくて総理の意を汲んで、ブレーキを演じていた？　その辺のところはだんだん深読みになってくるんですけども。

五十嵐：百戦錬磨ですからね、なんとも私どもには分からない。

（二〇一二年七月七日「プライムニュース」より）

インタビュアーの最後の二つの質問には不変化詞の「か」がなく、文法的に不完全であるが、それでもインタビュー対象者から回答を引き出している。

個人的な意見を求めるか、集団の見方を求めるかの質問の特定

最後の質問の分類として、(1)自身の意見、考え、信念、感情などの個人的な情報やプライベートな情報を求める質問と、(2)インタビュー対象者が所属する集団（政党や団体など）の情報、考え、観点を求める質問を区別している。つまり、ゲストへの質問のうち、個人的な観点から回答を求めるものと、社会的または政治的な集団の観点から回答を求めるものを区別している。政治家は自身が属する政党の観点を共有するように求められ、非政治家は自身のプライベートな観点を求められるというのが一般的な推測であるが、これはすべてには当てはまっていない。例として、新潟県知事である泉田裕彦に対する反町の質問が例である。泉田は、問題に対して自身の個人的な見解を明らかに求められている。

反町：それじゃあどこに。日本にたとえば日本の海上自衛隊に原子力の専門家いないですよね。
泉田：いないでしょうね。
反町：どこから持って来ればいいんですか。何かアイディアあります。今聞いてて。
泉田：ＮＲＣ（アメリカ合衆国原子力規制委員会）から持ってくる。

（二〇一二年五月八日「プライムニュース」より）

対象的に、次の例では、インタビュアーはゲストである松野頼久から、日本維新の会の代表として、立場を踏まえて、情報を求めている。

反町：あの日本維新の会というものの意思決定というかプロセス、やり方にちょっと僕分かんなくて伺いたいんですけどね、その国会議員団がいますよね。大阪には大阪で府議委員団地方議員がいますよね、その何か日本維新の会全体として、選挙区調整とか候補者選定とかする時にそれはあれですか、地方議員団と国会議員団の間に同じ立場で討議をしていくんですか。
松野：いやいや違うんですよ、国会のことは国会議員団で決めてください。

（「プライムニュース」二〇一二年一〇月三〇日）

3　良貨はどこにあるのか

本節では、良い質問といえる良貨がどこにあるのかを分析を通して検討する。国会議員（与党議員と野党議員）と地方レベルの政治家および非政治家というグループで分類し、質問の各分類とのクロス集計表を表5－1で示している。

質問の四つの種類（前書きのある質問、イエスかノーの質問、5W1Hの質問、オルタナティブな質問）は疑問詞が付くが、宣言型の質問には疑問詞が付かない。この表が明確に示すように、すべてのインタビュー対象者に対して行われた五〇八四の質問のうち、圧倒的多数（九九％）は、疑問詞が付く質問となっている。最も頻繁に使用された疑問詞を含む質問の形式は、前書きがある質問（約五八％）であり、次いでイエスかノーの質問（約三二％）、5W1Hの質問（約五％）、オルタナティブな質問（約四％）の順となっている。

この表では、インタビュー対象者のグループ（国会議員、地方レベルの政治家、非政治家など）の間や、与野党議員の間で、質問の種類の割合がほとんど変化していないことも重要な点である。グループすべての質問において、前書きのある質問は五七％から五八・四％を占め、前書きのない質問は四一・六％から四三％を占めている。これはインタビュー対象者への質問のスタイルが統一されていることを示している。つまり、政権にいる与党議員、野党議員、専門知識が異なっても、インタビュアーは大幅に質問を変化させていないといえる。ただし、オルタナティブな質問および宣言型の質問の割合は、与野党議員、地方レベルの政治家の間で若干の差があるといえる。

表5-1　各グループに対する質問の分類の数および割合

		政治家					非政治家	合　計
		国会議員			地方レベルの政治家	計		
		与党議員	野党議員	計				
1．前書きのある質問	n	1146	797	1943	236	2179	762	2941
	質問の%	39.0	27.1	66.1	8.0	74.1	25.9	100
	グループの%	58.0	58.4	58.1	58.1	58.1	57.0	57.8
2．前書きのない質問	n	831	568	1399	170	1569	574	2143
	質問の%	38.8	26.5	65.3	7.9	73.2	26.8	100
	グループの%	42.0	41.6	41.9	41.9	41.9	43.0	42.2
(1) イエスかノーの質問	n	633	444	1077	112	1189	457	1646
	質問の%	38.5	27.0	65.4	6.8	72.2	27.8	100
	グループの%	32.0	32.5	32.2	27.6	31.7	34.2	32.4
(2) 5W1Hの質問	n	98	63	161	41	202	62	264
	質問の%	37.1	23.9	61.0	15.5	76.5	23.5	100
	グループの%	5.0	4.6	4.8	10.1	5.4	4.6	5.2
(3) オルタナティブな質問	n	89	34	123	14	137	46	183
	質問の%	48.6	18.6	67.2	7.7	74.9	25.1	100
	グループの%	4.5	2.5	3.7	3.4	3.7	3.4	3.6
(4) 宣言型の質問	n	11	27	38	3	41	9	50
	質問の%	22.0	54.0	76.0	6.0	82.0	18.0	100
	グループの%	0.6	2.0	1.1	0.7	1.1	0.7	1.0
合　計	n	1977	1365	3342	406	3748	1336	5084
	質問の%	38.9	26.8	65.7	8.0	73.7	26.3	100
	グループの%	100	100	100	100	100	100	100

表5-2は、話題についての数および割合を示している。質問のうち七三%近くが話題の継続であり、約九%が話題の転換であることを示している。つまり、インタビュー対象者の回答のうち八一・四%に納得していることが示唆される。質問のうち、再確認を求めるもの（一三・五%）や、直前の質問への回答に関してインタビュー対象者に立ち向かう踏み込み（五%）として分類された割合は一八・五%であった。

納得のいく回答（話題の転換と話題の継続の組み合わせ）の割合は、政治家と非政治家ではほとんど同じである（それぞれ八一・五%と八一・四%）。これは、インタビュアーが政治家と非政治家のインタビュー対象者を、地位や経歴に関係なく同等に扱っていることを示唆している。しかし、納得のいかない回答への対応に関しては、インタビュアーは政治家と非政治家で異なった戦略を取っている。非政治家の回答後の再確認の大部分は、専門家が回答で使用した専門用語を簡単にし、視聴者により理解させようとするインタビュアーの意思が見受けられる。一方で、政治家による回答への踏み込みの大部分は、政治家の動作や態度を弁明させるためのインタビュアーの努力を示している。国会議員と地方レベルの政治家の比較では、話題の継続と踏み込みに関するインタビュアーの傾向は、ほぼ同じであることが示されている。しかし、再確認に関して、地方レベルの政治家とは対照的に、国会議員への再確認は多く（それぞれ一〇・八%と一二・七%）、話題の転換は少なくなっている（それぞれ一一・六%と八・九%）。これは、与党議員へのインタビューに特徴があるためである。

表5-3は、各グループに対する引用、文法、個人/集団の質問の数および割合を示している。まず、第三者の意見の引用（通常はマスコミ）による質問の割合は少ない（五・九%）ことが明らかとなった。そして、政治家と非政治家への質問の両方において、インタビュアー自身の説明による質問が多い（九四・一%）ことが分かった。次に、テレビ放送されたインタビューでは、文法上不完全な質問（不変化詞

表5-2　各グループに対する話題についての数および割合

		政治家					非政治家	合　計
		国会議員			地方レベルの政治家	計		
		与党議員	野党議員	計				
話題転換	n	168	128	296	47	343	105	448
	質問の%	37.5	28.6	66.1	10.5	76.6	23.4	100
	グループの%	8.5	9.4	8.9	11.6	9.2	7.9	8.8
話題継続	n	1430	990	2420	291	2711	982	3693
	質問の%	38.7	26.8	65.5	7.9	73.4	26.6	100
	グループの%	72.3	72.5	72.4	71.7	72.3	73.5	72.6
再確認	n	263	163	426	44	470	218	688
	質問の%	38.2	23.7	61.9	6.4	68.3	31.7	100
	グループの%	13.3	11.9	12.7	10.8	12.5	16.3	13.5
踏み込み	n	116	84	200	24	224	31	255
	質問の%	45.5	32.9	78.4	9.4	87.8	12.2	100
	グループの%	5.9	6.2	6.0	5.9	5.98	2.3	5.0
合　計	n	1977	1365	3342	406	3748	1336	5084
	質問の%	38.9	26.8	65.7	8.0	73.7	26.3	100
	グループの%	100	100	100	100	100	100	100

表5－3 各グループに対する引用，文法，個人／集団の質問の数および割合

		政治家					非政治家	合　計
		国会議員			地方レベルの政治家	計		
		与党議員	野党議員	計				
第三者の意見の引用	n	127	67	194	33	227	73	300
	質問の％	42.3	22.3	64.7	11.0	75.7	24.3	100
	グループの％	6.4	4.9	5.8	8.1	6.1	5.5	5.9
自身による説明	n	1850	1298	3148	373	3521	1263	4784
	質問の％	38.7	27.1	65.8	7.8	73.6	26.4	100
	グループの％	93.6	95.1	94.2	91.9	93.9	94.5	94.1
文法上完全な質問	n	1027	579	1606	201	1807	655	2462
	質問の％	41.7	23.5	65.2	8.2	73.4	26.6	100
	グループの％	51.9	42.4	48.1	49.5	48.2	49.0	48.4
文法上不完全な質問	n	950	786	1736	205	1941	681	2622
	質問の％	36.2	30.0	66.2	7.8	74.0	26.0	100
	グループの％	48.1	57.6	51.9	50.5	51.8	51.0	51.6
個人に対する質問	n	16	22	38	88	126	758	884
	質問の％	1.8	2.5	4.3	10.0	14.3	85.7	100
	グループの％	0.8	1.6	1.1	21.7	3.4	56.7	17.4
所属集団に対する質問	n	1961	1343	3304	318	3622	578	4200
	質問の％	46.7	32.0	78.7	7.6	86.2	13.8	100
	グループの％	99.2	98.4	98.9	78.3	96.6	43.3	82.6
合　計	n	1977	1365	3342	406	3748	1336	5084
	質問の％	38.9	26.8	65.7	8.0	73.7	26.3	100
	グループの％	100	100	100	100	100	100	100

表5-4　各グループに対する争点，非争点の質問の数および割合

		政治家					非政治家	合　計
		国会議員			地方レベルの政治家	計		
		与党議員	野党議員	計				
争　点	n	1224	506	1730	215	1945	808	2753
	質問の％	44.5	18.4	62.8	7.8	70.7	29.3	100
	グループの％	61.9	37.1	51.8	53.0	51.9	60.5	54.2
非争点	n	753	859	1612	191	1803	528	2331
	質問の％	32.3	36.9	69.2	8.2	77.3	22.7	100
	グループの％	38.1	62.9	48.2	47.0	48.1	39.5	45.8
合　計	n	1977	1365	3342	406	3748	1336	5084
	質問の％	38.9	26.8	65.7	8.0	73.7	26.3	100
	グループの％	100	100	100	100	100	100	100

である「か」の欠落）が五一・六％であり、文法上完全な質問よりもわずかに高い割合で見受けられている。最後に、想定内ではあるが、政治家は自身が属する集団（政党や党内派閥など）の考えや意見をより多く（政治家への質問のうち九六・六％）質問されることが分かった。一方で、議題に関連して招かれる専門家（非政治家）には、個人的な観点や経験について質問されることが多いといえる（五六・七％）。引用や文法上の完全さに関しては、政治家と非政治家への質問の割合は、ほぼ同様であるが、求められる観点（インタビュアーが個人的な観点を求めているのか、社会的または政治的な集団の観点を求めているのか）に関しては大きな違いがあるといえる。

最後に、表5-4では質問と回答の争点に焦点を当てている。方法論で示したように、争点（五〇八四の質問中二七五三問、五四・二％）と非争点（二三三一問、四五・八％）に分けられる。この表では、政治家と非政治家の両方のグループに当てられた質問の大部分が争点についてであるといえる。しかし、非政治家は争点について、政治家（質問のうち五一・九

%）よりも比較的多く（六〇・五％）質問されている。インタビュアーは、政治、経済、社会問題の特定の争点についての専門家の意見に興味があると考えられる。その一方で、インタビュアーは、非争点（他の政治家の業績の評価、政治過程など）についての政治家の考えや評価に興味を示しているといえる。より詳細に分析すると、与党議員は、野党議員よりも政治的な争点に関する質問を受けている（それぞれ六一・九％と三七・一％）。野党議員は、与党議員よりも、非争点について質問されている。地方レベルの政治家と国会議員に向けられる争点と非争点の割合には大きな差はないといえる。

最後の分析として、本章ではインタビュアーの回答に対する質問の影響に焦点を当てる。質問のスタイル、構造、性質がインタビュー対象者の回答に大きく影響を与えていると考えられる。表5－5から5－7、それぞれ国会議員、地方レベルの政治家、非政治家が質問に対してどのように回答するかを示している。

第一に重要な点は、様々なテレビ番組で、国会議員と地方レベルの政治家の両方で大きく異なった回答のパターンが見受けられることである。「新報道2001」では、内容の次元に負の係数が示されており、国会議員および地方レベルの政治家のメンバーが質問に対して、理解しやすい回答をすることを示しているが、脈絡の次元では正の係数が示されており、政治家は質問に回答していないことを示している。対照的に、「激論！クロスファイア」では、内容の次元に、正の係数が示されており、回答が明確ではなかったといえる。脈絡の次元では負の係数が示されており、質問に明確に回答をしたことを示している。くわえて、「新報道2001」では、国会レベルの政治家（表5－5）は、質問に対してインタビュアーに向けて回答（受け手の次元において負の係数）していたものの、同じ政治家が「激論！クロスファイア」で質問に回答する際は、他の人々や組織に向けて回答（受け手の次元において正の係数）している。非政治家は、「激論！クロスファイア」でのインタビューにおいて、インタビュアー（受け手の

表5-5　国会議員が4つの次元において質問に答えない要因についての　トービットモデルによる推定

	送り手		受け手		内　容		脈　絡	
	係　数	頑強な標準誤差	係　数	頑強な標準誤差	係　数	頑強な標準誤差	係　数	頑強な標準誤差
女　性	-0.202	0.252	-0.393***	0.150	0.031	0.220	-0.029	0.258
年　齢	-0.011*	0.006	-0.016***	0.003	-0.009*	0.005	0.000	0.006
新報道2001	0.122	0.159	-0.236***	0.089	-1.182***	0.146	0.390***	0.144
激論！クロスファイア	0.145	0.361	0.791***	0.198	1.862***	0.334	-0.666**	0.337
自民党政権	0.442***	0.118	0.246***	0.067	0.042	0.103	-0.113	0.115
与党議員	-0.397***	0.119	-0.005	0.069	0.321***	0.108	0.499***	0.116
知識／事実関係	0.693***	0.212	-0.614***	0.125	-1.005***	0.198	-1.495***	0.227
話題継続	-1.155***	0.165	-0.580***	0.099	-1.024***	0.141	0.335*	0.179
踏み込み	-0.981***	0.269	-0.492***	0.150	-0.812***	0.230	1.202***	0.260
再確認	-1.418****	0.227	-0.784***	0.136	-1.466***	0.199	-0.298	0.241
意見の引用	0.331	0.207	0.519***	0.111	0.253	0.189	0.068	0.205
文法上完全な質問	0.217*	0.111	0.085	0.063	0.075	0.096	0.357***	0.107
イエスかノーの質問	-0.542***	0.124	-0.611***	0.072	-0.890***	0.110	-0.648**	0.116
5W1Hの質問	-0.349	0.270	-0.534***	0.149	-0.315	0.216	-0.161	0.239
宣言型の質問	0.859*	0.471	-0.486	0.324	-0.504	0.516	-0.381	0.422
オルタナティブな質問	-0.300	0.288	-0.247	0.160	0.188	0.275	2.855***	0.429
憲　法	0.977***	0.302	0.540***	0.183	0.602**	0.282	0.612*	0.346
外　交	1.011***	0.178	0.374***	0.104	0.022	0.157	0.144	0.181
政党内政策	0.091	0.190	0.026	0.116	-0.193	0.175	0.484***	0.187
エネルギー	0.379*	0.230	0.901***	0.107	0.688***	0.197	0.354*	0.208
経　済	0.960***	0.242	0.713***	0.127	0.243	0.216	0.416*	0.231
復　興	0.270	0.269	0.388***	0.143	-0.239	0.223	0.092	0.275
国会運営	-0.225	0.219	0.347***	0.122	0.389***	0.187	0.702***	0.199
政党間の連携	-0.252	0.448	0.162	0.287	0.234	0.400	0.746*	0.406
消費税・財政	0.717*	0.382	0.890***	0.206	0.865**	0.354	0.696*	0.407
世　論	0.731*	0.395	0.424	0.281	0.965**	0.416	1.078***	0.403
政府の評価	0.400	0.476	0.848***	0.255	1.364***	0.384	0.677	0.434
切　片	2.791***	0.398	4.107***	0.231	2.909***	0.343	0.993**	0.395
Sigma	2.750	0.048	1.686	0.025	2.382	0.043	2.698	0.054
F (27, 3315)	7.89***		16.7***		13.66***		10.12***	
Log likelihood	-5164.91		-5677.53		-4862.38		-5465.78	
Pseudo R2	0.0176		0.0358		0.0375		0.0325	
N	3342		3342		3342		3342	

注：*：p <.10, **：p <.05, ***：p <.01を示す。重回帰分析においてVIFを測定[(1)]し，5以下であることを確認しており，多重共線性は発生していないとする。また，不均一分散に対応するために，頑強な標準誤差（robust standard error）を用いている。

表5-6　地方レベルの政治家が4つの次元において質問に答えない要因についてのトービットモデルによる推定

	送り手		受け手		内　容		脈　絡	
	係　数	頑強な標準誤差	係　数	頑強な標準誤差	係　数	頑強な標準誤差	係　数	頑強な標準誤差
女　性	0.735	0.649	0.894*	0.476	1.147	0.768	0.701	0.733
年　齢	0.037**	0.017	-0.009	0.011	-0.006	0.017	0.030*	0.017
新報道2001	-1.026	0.745	-0.185	0.500	-2.036**	0.818	2.471***	0.730
激論！クロスファイア	4.241**	1.849	0.161	1.556	4.932**	1.976	-7.162***	2.264
自民党政権	1.596***	0.565	0.685*	0.375	-0.472	0.615	-1.170**	0.580
知識／事実関係	0.498	0.638	-0.204	0.451	-0.949	0.713	-2.390***	0.761
話題継続	-0.768	0.479	-0.872***	0.305	-1.693***	0.528	0.417	0.529
踏み込み	0.084	0.740	-0.424	0.529	-1.747**	0.822	2.052**	0.834
再確認	-0.179	0.620	-1.365***	0.435	-2.062***	0.729	0.028	0.753
意見の引用	-0.281	0.595	0.703**	0.352	0.277	0.522	1.418**	0.570
文法上完全な質問	0.506	0.334	0.391*	0.228	0.561	0.353	-0.363	0.350
集団の意見	0.464	0.499	-1.488***	0.279	-0.812*	0.442	-0.706*	0.423
イエスかノーの質問	-0.568	0.392	-0.654***	0.250	-1.055***	0.404	-0.377	0.373
5W1H の質問	-0.411	0.609	-1.252***	0.416	-1.330**	0.612	0.398	0.532
宣言型の質問	-0.004	1.426	0.372	0.365	2.310***	0.736	1.071	1.023
オルタナティブな質問	-0.131	0.764	-0.406	0.564	-0.111	0.989	3.598***	1.295
憲　法	-0.436	0.959	1.203***	0.451	-0.121	0.878	-0.203	0.830
外　交	0.927*	0.501	0.552	0.365	-0.205	0.530	-1.100**	0.539
政党内政策	1.934**	0.917	-0.056	0.597	0.304	1.022	1.418*	0.837
エネルギー	0.935	0.664	0.838**	0.392	-0.415	0.565	1.182*	0.655
復　興	0.649	0.585	0.935**	0.386	1.137*	0.642	1.111*	0.646
切　片	-2.671**	1.345	4.181***	0.808	3.924***	1.306	0.091	1.252
Sigma	2.687	0.138	1.961	0.084	2.768	0.158	2.828	0.172
F（21, 385）	4.27***		6.39***		4.70***		3.16***	
Log likelihood	-526.33		-670.39		-560.06		-638.76	
Pseudo R2	0.0596		0.0583		0.0677		0.0553	
N	406		406		406		406	

注：*：$p < .10$，**：$p < .05$，***：$p < .01$を示す。重回帰分析において VIF を測定し，5以下であることを確認しており，多重共線性は発生していないとする。また，不均一分散に対応するために，頑強な標準誤差（robust standard error）を用いている。

表5－7　非政治家が4つの次元において質問に答えない要因についてのトービットモデルによる推定

	送り手		受け手		内　容		脈　絡	
	係　数	頑強な標準誤差	係　数	頑強な標準誤差	係　数	頑強な標準誤差	係　数	頑強な標準誤差
女　性	0.649*	0.368	0.438**	0.198	0.11	0.311	0.06	0.359
年　齢	0.009	0.012	-0.024***	0.007	0.005	0.009	0.015	0.01
激論！クロスファイア	0.736***	0.254	-0.611***	0.153	-0.379*	0.228	0.914***	0.221
自民党政権	0.466*	0.254	0.041	0.148	-0.074	0.214	-0.455**	0.23
知識／事実関係	0.621**	0.301	-1.104***	0.186	-1.004***	0.253	-1.908***	0.312
話題継続	-1.227***	0.312	-0.972***	0.173	-1.218***	0.271	-0.053	0.332
踏み込み	-1.931***	0.738	-1.294***	0.427	-0.776	0.6	1.032*	0.61
再確認	-1.654***	0.39	-1.114***	0.226	-1.199***	0.327	-1.063***	0.404
意見の引用	-0.327	0.401	0.732***	0.204	0.673**	0.298	0.221	0.334
集団の意見	0.633***	0.236	0.247*	0.133	0.279	0.192	-0.073	0.215
イエスかノーの質問	-0.173	0.217	-0.494***	0.128	-1.050***	0.185	-0.467**	0.194
オルタナティブな質問	-1.047	0.656	-0.255	0.339	0.826	0.516	2.441***	0.764
安全保障	0.875**	0.446	0.469	0.286	0.474	0.397	0.914**	0.439
憲　法	1.197**	0.578	0.901***	0.333	-0.813	0.6	-0.774	0.546
外　交	1.335***	0.291	0.598***	0.169	0.420*	0.236	0.248	0.272
政党内政策	-0.575	0.582	0.091	0.33	0.776*	0.409	0.913**	0.421
エネルギー	0.862**	0.412	-0.012	0.236	-0.017	0.318	0.214	0.36
経　済	0.620*	0.345	0.187	0.194	-0.261	0.292	0.455	0.3
TPP	-0.077	0.525	0.329	0.28	0.252	0.429	1.431***	0.449
復　興	2.666***	0.571	0.715***	0.248	-0.104	0.498	0.378	0.555
国会運営	-1.584	1.225	-0.398	0.615	0.765	0.821	1.597*	0.854
政党間の連携	0.697	0.998	1.140***	0.432	1.031	0.768	1.987*	1.033
消費税・財政	0.345	0.6	0.424	0.348	1.069*	0.561	1.942***	0.576
世　論	-4.332***	1.417	0.062	0.503	-1.309	0.842	0.144	0.857
政府の評価	1.146**	0.5	-0.009	0.34	0.507	0.442	-0.367	0.598
切　片	-0.219	0.765	4.602***	0.435	1.967***	0.592	0.228	0.689
Sigma	2.978	0.099	1.917	0.045	2.549	0.077	2.808	0.097
F（25, 1311）	4.36***		9.69***		5.69***		6.44***	
Log likelihood	-1736.54		-2192.76		-1862.33		-1925.14	
Pseudo R2	0.0319		0.0421		0.0367		0.0449	
N	1336		1336		1336		1336	

注：*：p <.10，**：p <.05，***：p <.01を示す。重回帰分析において VIF を測定し，5以下であることを確認しており，多重共線性は発生していないとする。また，不均一分散に対応するために，頑強な標準誤差（robust standard error）を用いている。

次元）に向けて、理解しやすく（内容の次元）回答していた。しかし、自身の意見を示し（送り手の次元）、質問に対して答えていなかったといえる（脈絡の次元）。

第二に、自民党政権（本研究では、自民党が政権を再び獲得した二〇一二年一二月一七日から、二〇一三年六月三〇日まで）の変数について、この期間中、国会議員と地方レベルの政治家および非政治家は、質問に回答する際に自らの意見を表明しようとはせず（送り手の次元において正の係数）、政治家（国会議員＋地方レベルの政治家）はインタビュアーに向けて回答しなかった（受け手の次元において正の係数）。しかし、地方レベルの政治家と非政治家は、聞かれた質問に対して分かりやすく回答している（内容の次元において負の係数）。

第三に、与党議員がどの程度、質問に回答したのかを評価する。与党議員における変数（表5－5）を確認する。送り手の次元で負の係数と、内容と脈絡の次元で正の係数が得られており、民主党であれ自民党であれ、与党議員は、自身の意見を表明するといえるが、与党議員の回答は分かりにくく、質問に対して明確に答えていないといえる。

第四に、表5－5から表5－7に示されたように、知識や事実関係に関する非争点の質問に対しては、分かりやすい回答を行っている（内容の次元）。知識や事実関係に関する質問では、国会議員と非政治家の両方が、インタビュアーに向けて回答し（受け手の次元）、回答の内容は分かりやすいものの（内容の次元）、自身の考えは表明しない（送り手の次元）という、同じような回答の姿勢が見受けられた。

第五に、質問の構造が、国会議員と非政治家の両方の回答に影響を与えている。話題の継続、話題の踏み込み、再確認に分類される質問に対して、国会議員（表5－5）は自身の意見を表明し、インタビュアーに向けて話し、内容が分かりやすい回答をする傾向があった。しかし、話題の継続と話題の踏み込みの場合は、脈絡の次元で、質問に答えていないといえる。非政治家（表5－7）については、話題の継続によって分かりやすい回答が得られ（内容の次元）、自身の考えを表明し（送り手の次元）、インタビュアーに向けて回答している（受け手の次元）。踏み込みの質問に対しては、非政治家は回答せず、どっちつかずな表現を用いる傾向があったものの（脈絡の次元）、自身の考えを表明し（送り手の次元）、インタビュアーに向けて回答している（受け手の次元）。再確認に対しては、非政治家はどの側面においても、どっちつかずな表現を用いることはなかった。自身の考えを表明し、インタビュアーに向けて回答し、内容は理解しやすいものであった。地方レベルの政治家（表5‐6）の回答のパターンは、より複雑である。話題の継続に対しては、インタビュアーに向けて回答し（受け手の次元）、内容は分かりやすい（内容の次元）という傾向があった。踏み込みに対しては、回答の内容は明確であったが、質問には答えていないといえる。インタビュアーが質問を再確認すると、地方レベルの政治家は分かりやすい回答をし（内容の次元）、インタビュアーに向けて回答をする傾向があった（受け手の次元）。

第六に、質問に第三者の意見の引用が含まれると、国会議員、地方レベルの政治家、非政治家はすべて、インタビュアーではなく他者に向けて回答する傾向があった（受け手の次元）。また、地方レベルの政治家は第三者の意見が引用された質問に回答せず（脈絡の次元）、非政治家の回答は分かりにくいものであった（内容の次元）。文法上完全な質問について、国会議員は自身の意見と考えをより表明し（送り手の次元）、より明確に回答（脈絡の次元）をする傾向があった。一方、地方レベルの政治家は、文法上完全な質問にインタビュアーに向けて回答する傾向があった（受け手の次元）。集団の意見が求められる質問について、地方レベルの政治家はインタビュアーではなく他者に向けて回答し（受け手の次元）、不明瞭に話し（内容の次元）、質問に直接的に回答することを避ける（脈絡の次元）傾向がある。同様に、集団の意見が求められる質問に対して、非政治家は自身の意見を表明せず（送り手の次元）、インタビュアーではなく他者に向けて回答する（受け手の次元）傾向がある。

イエスかノーの質問に対しては、すべてのインタビュー対象者はインタビュアーに向けて回答し（受け手の次元）、分かりやすく回答する（内容の次元）傾向があった。また、国会議員と非政治家は同様に質問に対して明確に答えている（脈絡の次元）。対照的に、政治家と非政治家は両方、オルタナティブな質問に明確に回答していない（脈絡の次元）。

最後に、争点に関して、憲法、エネルギー、消費税・財政の争点について質問されると、国会議員は四つの次元すべてにおいて、どっちつかずな回答をするといえる。経済政策（送り手、受け手、脈絡の次元）、国会運営（受け手、内容、脈絡の次元）、世論（送り手、内容、脈絡の次元）、外交政策（送り手、受け手の次元）、政府の評価（受け手、内容の次元）についての質問に対しては、どっちつかずな回答が用いられている。地方レベルの政治家は、復興（受け手、内容、脈絡の次元）、エネルギー（受け手、脈絡の次元）、党内政策（送り手、脈絡の次元）に対して、どっちつかずな回答を用いている。非政治家は、外交（送り手、受け手、内容の次元）、安全保障（送り手、脈絡の次元）、憲法（送り手、受け手の次元）、復興（送り手、受け手の次元）、党内政策（内容、脈絡の次元）、政党間の連携（受け手、脈絡の次元）、消費税・財政（内容、脈絡の次元）について質問されると、どっちつかずな回答をする傾向があった。これらの分析より、良い質問（良貨）は、争点に関する質問、踏み込み、文法上完全な質問、オルタナティブな質問であるといえる。他方で、知識・事実関係の質問、イエスかノーの質問は悪い質問であると考えられる。その他、多くの質問は、興味深いものとなっていないため、政治インタビュー自体がつまらないものと思われることに繋がる。

4　穏やかでつまらないインタビュー

対立か平穏か

本章の最も重要な結果は、日本のインタビュアーは政治家と非政治家の両方に対してと同様に、対立的な方法や論争的な質問で追及するのではなく、落ち着いて友好的にインタビューを行うという点である。しかし、インタビュー対象者は完全かつ明確な回答をせず、どっちつかずな表現を用いて回答しているといえる。

政治家と非政治家の両方に行われた質問の多くが前書きのある質問（約五八％）であるという事実は、インタビュー対象者が、政治的出来事や問題を柔軟に説明できる、制約のない質問を頻繁に聞かれていることを示唆している。これらの結果は、イギリスの政治家へのインタビュアーによる質問の多く（七一・五％）が、イエスかノーの質問か、宣言型の質問のいずれかであるというブル（Bull 1994）の研究結果とは対照的である。二三・二％のみがオープンエンドクエスチョンであるというブル（Bull 1994）の結果は、イギリスでテレビ放送されるインタビューが、対立的なコミュニケーションのスタイルで政治的情報を伝えていることを示している。対照的に、日本でテレビ放送されるインタビューは、インタビュー対象者への圧力を避けるために、落ち着いた穏やかなコミュニケーションのスタイルで情報を伝える傾向にあることが明らかになった。

さらに、政治家と非政治家の両方に対して、話題の転換や話題の継続の質問が多い（それぞれ八一・五％と八一・四％）ことは、インタビュアーが政治家と非政治家にかかわらず、インタビュー対象者に同じ姿勢でインタビューを行うことを示している。このことは、インタビュアーが攻撃的で、また執拗に質問することがないことも示している。インタビュアーが攻撃的であるならば、より多くの再確認や踏み込みの質問を使用して詳細に追及し、インタビュー対象者の立場を明確にするためにプレッシャーを与えたりする。そのため、日本のインタビュアーは、質問時に強引ではなく、穏やかな姿勢をとり、インタビュー対象者に直接踏み込みを行わず、社会的または政治的な活動や問題に関して、自身の観点や意見を柔軟に表現させることで議論を引き起こし、議論の話題を継続したり転換したりしながら、インタビューを進めているといえる。この和やかなインタビュー環境は、文法的に不完全（質問の不変化詞である「か」の欠落など）で、穏やかで砕けた質問の使用によってさらに説明される。形式で、敬意を表し、上下関係が意識される日本語において、このコミュニケーションのスタイルによって、インタビューの参加者間の地位の違いや、議論の堅苦しさを減らしている。テレビ放送されたインタビューの情報の流れは、政治インタビューかどうかを問わず、平穏に行われ、インタビュアーは自身の説明により質問を行い、政治的な出来事に対する自身の考えや評価をゲストと共有するということが特徴的であるといえる。

質問の特徴

本章では、インタビューでの質問の種類と、質問の方法を特定することで、これらの要素がインタビュー対象者の回答にどの程度影響を及ぼすか（インタビュー対象者の回答における、どっちつかずな四つの次元）をさらに分析した。これに関して、三つの特徴が明らかとなった。

第一に、回答時のインタビュー対象者の態度は、テレビ放送されるインタビュー番組自体の性質、インタビューの時期、ゲストの政治的な立場によって影響を受けていることである。インタビュー対象者のうち、とくに政治家は、テレビ番組によって回答の傾向が異なっている。ある番組では、インタビュアーに向けて、分かりやすい回答をするものの、質問に対して直接的に答えることは避けていたといえる。対照的に、他の番組では回答は不明瞭で、インタビュアーではなく視聴者に向けて回答するものの質問には答えていた。つまり、インタビュー対象者への質問の様式やコミュニケーションのスタイル、スタジオ自体の雰囲気が、インタビュー対象者の回答に影響を与えていると考えられる。インタビューの時期も影響しているといえる。たとえば、自民党の政権期間は、政治家および非政治家は個人的な観点で意見を表明せず、とくに政治家はインタビュアーに向けて回答をしない傾向があった。この特定の政権下の期間は、政治的制約や上層部からの指示によって、インタビュー対象者の言語行動が制約されていたと考えられる。同様に、政府での政治家の立場もまた、回答の傾向に影響を与えている。インタビュー対象者の政党が政権を持っている時期を参考にすると、与党議員は個人的な観点や意見をより表明しているが、明確に答えず、間接的な回答をする傾向があった。これは、政権を持つ与党議員が、政府内での自身の立場を利用して、インタビュアーの実際の質問にかかわらず、自身の広めたいと考える情報を伝えていることを示している。

第二に、すべてのインタビュー対象者は質問の様式に影響を受けていた。質問が再確認される場合および話題が継続される場合、インタビュー対象者は回答を簡略化する必要があると感じ、分かりやすい回答をインタビュアーに向けて回答している。インタビュー対象者が踏み込みの質問をされると、脅かされていると感じ、政治家はより分かりやすい回答をするものの、保身のために、質問に直接的に回答していない。あまりフォーマルではなく友好的なスタイル（文法的に不完全）で、引用をせずにインタビュアー自身の考えに基づいた、より個人的な様式の質問に対しては、ゲストはインタビュアーに向けて、より完全な回答をし、さらに国会議員は自身の個人的な考えを表明している。

質問の構造に関して最も重要な結果は、より回答が難しいと考えられていたクローズドエンドクエスチョンである。イエスかノーの質問（約三二％）に対しては、政治家と非政治家のメンバーは、明確に回答する傾向があった。表5-5から表5-7で示されているように、イエスかノーの質問に対して、ゲストはインタビュアーに向けて、分かりやすい回答をしている。さらに、国会議員と非政治家の両方はより完全な回答をし、国会議員は自身の考えをより表明している。対照的に、政治家と非政治家の両方はオルタナティブな質問には回答していなかった。

穏やかなイエスかノーの質問

イエスかノーの質問は、ある問題に関して、インタビュー対象者の回答を理解し、共感的な意識を発展させるために使用されており、回答しやすいものと考えられる。最初に厳しい質問をしてインタビュー対象者の名誉やプライドを損なわせるよりも、インタビュー対象者からの協力を得るために、インタビュアーはゲストの面子を潰し、顔に泥を塗ることを避けているといえる。「厳しい」かもしれない質問をする前に、最初に同意を得て、特定の話題に近づくために、丁寧に会話を進めている。次の、宮内庁の官僚である羽毛田信吾とのインタビューを確認する。

八木：侍従長と宮内庁長官はコミュニケーションを取る機会はあるんですか。
羽毛田：ありますね。
八木：どんなふうに。
羽毛田：私は次長のときから渡辺さん（は）侍従長でしたから、長官の時と二度にわたってずっと、やはり陛下の、それぞれすることは違ってもやっぱり両陛下のご意向に対してどう円滑にいくかということにお互い知恵を絞り、汗をかかなきゃいけない立場は一緒ですから、やはりそういう意味で頻繁に意思疎通を図る意味でよく会っておりましたし、それを心がけながらやっていました。
（二〇一三年一月八日「プライムニュース」より）

つまり、日本におけるイエスかノーの質問は、前述のイギリスの事例のように、追及や議論を引き起こすための道具としてではなく、思い切ってより深い話題に進む前に、慎重に反応を探ることで、インタビュー対象者の名誉と公的評価を尊重するための技術として使われている。

対照的にオルタナティブな質問は、議論を引き起こし対立させる問題（憲法やエネルギーなど）に関して、政治家の方針や行動の選択を明らかにすることを期待して用いられる。オルタナティブな質問に対して、インタビュー対象者、とくに政治家はコミュニケーション上の葛藤や、「回避―回避の葛藤」状況（Bavelas et al. 1990：246-249）に立たされることが多い。この場合は、質問に対して考えられるあらゆる回答が、ゲスト、政党、進行中の交渉、政府内でのグループの立場にとって、潜在的に負の結果に繋がる（Feldman et al. 2016）。それでも、司会者や視聴者は、ゲストに対してなんらかの回答を期待しているため、ゲストはこのような質問への回答が非常に難しくなり、どっちつかずな回答を余儀なくされているといえる。

政治インタビューで、イエスかノーの質問やオルタナティブな質問の様式を正しく使用することが、議論の枠組みを作り、インタビュー対象者や政党の信念、活動、意図の本質について、詳細な情報を得るための、インタビュアーによる戦略とみなすことができる。

本章の分析によって、すべてのグループへの質問の傾向や性質が非常に似ていると分かったが、政治家と非政治家から得られた情報の種類には重要な違いがある。政治家は、所属する政党内でのリーダーシップなどの役割によってテレビ放送されるインタビューに招待されるため、それらのグループのメンバー間で最も一般的な考えや意見を説明することを求められている。一方で、様々な分野の専門家である非政治家は、一般的に政治的、社会的、経済的な実態についての個人的な知識、見解、分析に基づいて情報や見識を共有することが求められている。政治家は一般的に個人的な考えを表明することが期待されていないため、この発見は、本章の分析結果において、特別な方法論の問題をもたらしている。それは、回答がどの程度、話者の個人的な意見、意図、考えなのかを示す送り手の次元は、今後の研究では、政治的なインタビュー対象者が、自身が代表するグループに存在する意見か、自分自身の考えのどちらを明らかにしているのかを、個別的に調査するように変更すべきであるといえる。

最後に、政治的問題や社会的問題に関して、非争点（知識／事実関係）の質問がされる場合、政治家と非政治家の両方が完全な回答をしている。さらに、国会議員と非政治家が自身の考えを表明しない場合でも、インタビュアーに向けて分かりやすく回答している。しかし、ゲストは、中核となる社会や政治の争点についての質問に対しては、様々な方法ではぐらかしながら、直接的に回答していないことが明らかとなった。国会議員は、有権者の意見が割れる争点に関しては、敏感な反応を示している（つまり、どっちつかずな回答をしている）。また、地方レベルの政治家は、有権者に影響を与える問題の質問で踏込みの質問がされると、どっちつかずな回答をしている。非政治家は、復興、政党内の政策、憲法、外交、安全保障などの広範囲にわたる争点に対して、完全に回答していなかったといえる。

政治インタビューに招かれる政治家は、コミュニケーション上の葛藤がある状況に置かれている。ゲストは、葛藤が生まれるような繊細で重要な問題に対して、自身の考えや意図を表明することを求められ、期待されているが、自分の発言によって、自分自身や、自身が属する政党の評判やイメージが傷つく恐れがあると感じる。そのため、間接的で曖昧なコミュニケーションによって、自分は問題についての知識があり、事態は収束しているということを視聴者に伝えながら、回答によってインタビュアーが最低限満足することを望んでいる。ゲストをコミュニケーション上の葛藤の状況に立たせることは、政治インタビューの目的の一つであるかもしれないが、政治家が明確で完全な回答をするかどうかは、コミュニケーションの文脈、インタビュアーが使用するコミュニケーションのスタイル、そして質問自体の構造に大いに影響を受けているといえよう。

本章では、質問形式に着目し、どっちつかずな回答を引き起こす質問を明らかにしてきた。次の第6章では、地位や名誉を意味するフェイスに焦点を当てる。質問形式を踏まえて、いかなる質問が地位や名誉を傷つけているのかを検討する。

注

(1) VIF（Variance Inflation Factor）は、多重共線性を測定する指標の一つであり、独立変数間に相関がみられる場合に、取り除くべきであるとされている。

第6章　言葉は地位を貶めるか

1　丁寧さと無礼さ

言葉のやり取りにおいて、丁寧さと無礼さのバランスは、相手との距離感を考える上で重要となる。日本の文化的な側面を考えれば、相手の地位や名誉を貶めることはせず、相手を褒め称えることが多い。これは日本語の尊敬語や謙譲語の表現を考えれば理解しやすい。しかし、政治インタビューにおいて、丁寧さを重視し、相手を褒め称えてばかりではつまらない番組となってしまう恐れがある。本章では、地位や名誉を意味するフェイスの概念に着目し、分析を行う。

人物の社会的な地位、名声、品位、名誉の側面に関連するフェイスの維持は、有権者に対して好意的な印象を構築しなければならない政治家にとって重要な問題である。なぜなら政治家は、有権者の支持に基づいて選出されているためである。インタビューされる政治家が、リーダーシップの能力を論じ、また、政治家を支える聴衆の印象をコントロールする機会となるのが、政治インタビューである。一方で、インタビューを行うジャーナリストは、回答の困難な質問を提示し、政治家の意図を再確認し、行動を批判したりする。質問は、インタビューされる側の「フェイス」に脅威を与えるように作られ、インタビューされる政治家は、自身や政党、政治のパートナーを悪く感じさせてしまうようなフェイスを傷つける回答をしてしまうリスクと常に隣り合わせである。さらに質問は、将来の行動を制約する可能性がある。そのためフェイスは、インタビューをする側とされる側の相互作用において、根本的な問題となる。インタビューをする側の質問のデザインや客観性によって、インタビューされる人のフェイスが脅かされるかどうか、また、どれほどフェイスが脅かされるかということを決定づけるのである。それゆえ、フェイスへの脅威はインタビューを形成することもあれば、壊すこともある。

以下本章では、日本で放送された番組におけるインタビュアーとインタビューされる政治家との相互作用、またインタビュアーと非政治家との相互作用のフェイスに関する側面について明らかにする。また、第2章で示した三つの番組で提示された質問の特性を検証することで、インタビューされる側のフェイスへの脅威がどの程度起こるかを明らかにし、さらに、非西欧社会において、インタビュアーの質問に関連する特性の効用を考察する。まず「フェイス」の概念について検討しよう。

2 顔に泥を塗るとは

社会的価値としてのフェイス

フェイス理論は、ゴッフマン（Goffman 1959）の考えに基づいている。ゴッフマンは、社会的相互行為は、まるで演劇の一部のようであるとしている。ゴッフマンによると、フェイスとは仮面であり、その仮面は、聴衆、社会的相互行為の多様性によって変化するとしている。そして、日常生活において、ある特定の印象を保持するため、個人は、舞台上の俳優のように、設定や服装、言葉、非言語的な行為を管理している。フェイスは、あらゆる社会的な出来事において顕著であり、あらゆる文化においても重要なものであり、その重要度は多様性を持つ（Brown and Levinson 1978, 1987=2011）。人は、やり取りを通して、他者からどのように思われるかによって、肯定的な社会的価値が形成される（Goffman 1967:

5)。この観点から考えると、フェイスは、アイデンティティをいかにうまく提示することができるかであると捉えることができる。絶え間ない相互作用において、人の社会的価値は出現し、制御されることとなる。フェイスを形成することは肯定的な自己を形成することであり、フェイスを保持することはポジティブな自己を維持することである。そして、フェイスを失うこと[1]（losing face）は、肯定的な自己を守ることに失敗したことを意味する（Holtgraves 2001）。そのためフェイスは、失われたり、維持されたり、高められたりすることが可能であるといえる。

フェイスの保持は、社会的相互行為での目標達成における第一の制約である。ブラウンとレヴィンソン（Brown and Levinson 1978）は、ポジティブフェイスを、「ある人の要望が少なくとも他者にとっても望ましいと思われるような要望」と定義している。またネガティブフェイスを「他者によって妨げられることのない要望」と定義している（Brown and Levinson 1987: 62）。ブラウンとレヴィンソン（Brown and Levinson 1987）は、命令と不平を包含した特定の人間の行動が、相互作用におけるフェイスへの脅威の特質であるとしている。

たとえば、意見の相違は、賛同しないことを示すことによるポジティブフェイスへの脅威となる。また、何か要求するという例は、行動の自由を拘束することで、ネガティブフェイスへの脅威となる。したがって、人々は、要望がフェイスを冒してしまうと感じた際には、フェイスへの脅威を減らしたり、和らげたりするための戦略が必要となる。

政治の言説において、ポジティブフェイスおよびネガティブフェイスを維持することは重要である。もし、ポジティブフェイスが他者からよくみられるために不可欠なものであるならば、議会や委員会での審議や首相への質問の際、他の政治家と議論する際（Bull and Wells 2012; Feldman 2004: 49-53）、あるいは、とくに選挙期間に政治家がそれぞれの選挙区でスピーチをしたり、投票者に支持を呼びかけたりする際（Bull and Feldman 2011；Feldman and Bull 2012）、ポジティブフェイスは政治家にとってとくに重要なものとなる。

また、ニュースインタビューの状況において、政治家は有権者に支えられているため、民主的に選出された政治家のポジティブフェイスの維持はきわめて重要である（Jucker 1986）。一方で、ネガティブフェイスはそれほど重要なものではない。インタビューに出演することに合意することで、インタビューされる政治家は、将来の行動の自由を制限するような質問に答え、潜在的なフェイスのダメージに耐えるというリスクをすでに冒してしまっているのである。たとえば、もし政治家が、自身の属する政党は他の政党との連携を行わないとすれば、仮に連携が起こった際に、フェイスを深刻に失ってしまうことになる。ゴッフマン（Goffman 1955/1967）が指摘したように、人々は、脅威の可能性からさえも自身のフェイスを守らなければならない。人々は、現在のフェイスリスクを受け入れ得ることであると認識したとしても、将来の悪影響を及ぼしかねないことに関しては、行動を起こすことを避ける。そのため政治家は、自身の将来の行動の自由の妨げや制約になってしまうような発言を避けることに細心の注意を払うようになる。

ユッカー（Jucker 1986）のフェイスの考えに基づき、ブルら（Bull et al. 1996）は、フェイスが、政治家がインタビューの質問に回答するかどうかを決定づける際に最も重要な要因であるとした。ブルら（Bull et al. 1996）は、コミュニケーションの葛藤[2]について議論しており、これがフェイスへの脅威と呼ばれるものであると理解されている。すなわち、インタビューで尋ねられる質問は、インタビューされる政治家にとって、自身や政治的な連携を悪く見せたり、将来の行動の自由を制限したりするフェイスを傷つけるような回答（face-damaging responses）のリスクと永続的に隣り合わせにいると考えられる。

さらに、ブルら（Bull et al. 1996）は、コミュニケーションの葛藤は、質問に答えるすべての方法が潜在的にフェイスを傷つけるようなものであった場合に起こると述べた。ブルら（Bull et al. 1996）の考えは、バヴェラスら（Bavelas et al. 1990）が提示した、「どっちつかず理論」の中のコミュニケーションの葛藤の状況理論に基づいている。「どっちつかず理論」では、どっちつかずな回答は、間接的なコミュニケーション、曖昧なもの、矛盾しているもの、脱線したものの形態として捉えられ、それらは、一致しないもの、はっきりしないもの、あるいはごまかしと考えられる（Bavelas et al. 1990：28）。コミュニケーションの葛藤の状況理論によれば、質問により厳しい状況が生み出される場合には、すべての回答の選択肢は潜在的に否定的な影響を与えるため、人々はその選択肢を避けることになる。

しかし、バヴェラスら（Bavelas et al. 1990）が強調したのは、どっちつかずな回答は常に状況において理解されるということである。さらにバヴェラスら（Bavelas et al. 1990）は、どっちつかずな言葉の使用が、多次元の側面、具体的には送り手、受け手、内容、および脈絡の四つの次元を持つことを概念化した。少なくとも四つの次元のうち一つの次元において、曖昧であると捉えられるあらゆるメッセージは、どっちつかずなものとされる（Bavelas et al. 1990：34）。送り手の次元は、回答が話者自身の意見であるかを意味する。送り手の述べたことが、自身の意見であると認められない場合や発言を他者を主語にした場合には、よりどっちつかずであると考えられる。内容とは、分かりやすさのことであり、不明瞭なことが述べられた場合には、よりどっちつかずであるといえる。受け手とは、インタビュアーに向けて伝えられたメッセージを意味する。相手に向けられていない場合には、よりどっちつかずなメッセージであるといえる。脈絡とは、質問に対する回答が直接的なものであることを意味する。つまり、質問に関係がない回答ほど、どっちつかずなメッセージとなる。

ブルら（Bull et al. 1996）、フェルドマンら（Feldman, et al. 2015, 2016）は、コミュニケーションの葛藤の状況理論を示した。政治家によるどっちつかずな表現は、高い割合で回避―回避の葛藤に陥る質問であり、政治家が葛藤のない質問には明確に回答している。そのため、葛藤のある質問は、どっちつかずな回答に圧力を与えるといえる。くわえて、ブルら（Bull et al. 1996）は、フェイスやフェイス管理に基づいて、コミュニケーションの葛藤の状況理論の修正を行った。フェイスへの脅威という点において、コミュニケーションの葛藤は理解されると述べている。ゴッフマン（Goffman 1955/1967）は、人々が社会的相互作用において、自分自身のフェイスを守るだけでなく、他者のフェイスを守ろうともしているという予想をした。ブルら（Bull et al. 1996）は、政治家は、政治家個人のフェイス、重要な他者を守るフェイス、所属している政党のフェイスという三つのフェイスに関わっているとした。これらの仮定に基づいて政治インタビューにおけるフェイスを脅かす質問をタイプごとに分類し、政治家が守るべき三つのフェイスを体系化し、一九九二年に行われたイギリスの選挙を対象として政党のリーダーのインタビューを分析している。フェイスモデルによって、政治インタビューにおいて、政治家とインタビューする人の両方の成果を評価する方法が提供された。政治家に対して、フェイスの概念は、質問に対する回答の傾向を予想するために用いることができた。つまり、政治家が質問に対して明確に回答するかどうかは、フェイスへの脅威によって決定されるということである。インタビュアーに対して、フェイスモデルを用いて、中立性を分析する方法が示された。先入観にとらわれた不公平なインタビューを行う人は、フェイスへの脅威を促すような質問により、インタビューされる政治家を言い逃れさせるのではなく、一貫して一つの政党のメンバーの人に尋ねる傾向があるといえる。

フェイスへの脅威の測定

日本では、対人関係を維持するために、フェイスはとくに重要なものである。また、フェイスを保持しようとする傾向が文化の中に深く根付いている（Hirokawa 1987）。フェイスという概念は、日本では、顔、面子、体面、世間体などと考えられている。これらは、業績や能力、個人の立ち位置、集団内での権力や影響力、評判、名誉や名声、品位、プライド、自尊心、自己イメージ、信頼性、そして、個人や属する集団としての肯定的な社会的なイメージという意味である（Haugh 2007）。公共の場で、人に反対すること、批判したり怒らせたりすることで、フェイスを失うことになってしまう。日本語では、面子を失う、面子が潰れる、面目を失うなどとされ、それらは、自尊心・尊敬・品位の喪失を意味する。これらは、屈辱を与えたり、恥ずかしがらせたりする結果として、話し手および聞き手の双方が感じることである。そのため、日本人は、他者のフェイスに対して敏感であり、直接的に人にダメージを与えること、拒むこと、強く主張すること、そして批判することを敬遠し、間接的なコミュニケーションの行動規範や様々なテクニックを精巧に作り上げている。このことは、以心伝心であり[3]、腹芸（お腹の中で企むこと）の精神的な側面ということである。つまり、人を困らせたり、公共の場で恥をかかせたりさせることなく、円滑な対人関係を維持するために、何も言葉に発することなく、ある人からある人へと思いが伝えられるコミュニケーションが行われるということである（Feldman 1998：45）。そのため、政治インタビューにおけるフェイスへの脅威を分析するためには、日本の文化的な文脈が含まれている。

まずフェイスへの脅威の程度を、「まったく脅威がない」から「高い脅威がある」に分類し、脅威の程度を特定する。インタビューを受ける側は、とくに個人的に、重要な他者および政党に対するフェイスが傷つけられる可能性があり、政党が重要となると考えられる（Feldman and Kinoshita 2017）。そのため、政党のフェイスに関する質問は、強いスタイルのインタビューを行う割合が高い。フェイスへの脅威に影響を与える側面について以下の質問に着目して検証を行う。

第一に、インタビューされる側の特徴について、国会議員（与党議員と野党議員を区別する）、地方レベルの政治家、非政治家が区別される。

第二に、インタビューされる側が尋ねられる質問の特質や種類について、以下のように分類される。(a)イエスかノーの質問、5W1Hの質問、オルタナティブな質問、疑問詞の付かない宣言型の質問、前書きのある質問と前書きのない質問、(b)話題の継続、話題の転換、再確認、踏み込み、(c)文法上完全な質問、文法上不完全な質問、(d)個人に向けられる質問、インタビューされる人が属する政党や他の集団に向けられる質問、によって分類される。

3 いかに泥を塗るか

次項においては、フェイスへの脅威に対する程度についての様々な例を提示している。「顔に泥を塗る」という行為にも程度があり、脅威のレベルが異なると考えられる。その後、フェイスへの脅威を規定する要因を明らかにする。いかに泥を塗るかという問題は、どのような質問を行えば脅威となるかを検討することである。結論を先取りすれば、役職に対する質問、文法上完全な質問、話題の継続、踏み込みは、顔に泥を塗る質問となると考えられる。他方で、オルタナティブな質問は良い質問であるが、フェイスへの脅威に影響を与えていないことが興味深いといえる。

分析手順

三つのテレビ番組でのインタビューはDVDレコーダーで録画している。選択されたインタビューそれぞれに対して、テープ起こしを作成した。フェルドマン（Feldman 2004）の方法に基づいて、質問と回答を区別している。インタビューの構造や回答の分析を行うために、インタビューする側の質問用、インタビューを受ける側の回答用の二つのコーディングシートを作成している。

類似した質問に答えていくために、まず、(1)テレビのインタビューでなされる質問の特質、タイプ、スタイルの検証を行った。次に、(2)質問の脅威の程度を測定した。インタビューされる側の情報を除くため、質問はインタビューする人が行った会話とみなしている。質問を分類し、特定するために①構文表現に基づいた質問の分類、②話題の構文、③質問の出所、④質問の文法的な完全性と不完全性、⑤個人的な意見か集団の意見か、⑥質問の脅威のレベルという六つの方法を確認する。

第一に、テレビのインタビューで投げかけられた質問の特質、タイプ、スタイルが、(a)質問の分類、(b)話題の構文、(c)質問の文法的な完全性と不完全性、(d)個人的な意見か集団の意見かに分けられる。

質問の分類に関して、前書きのある質問と前書きのない質問は、ユッカー（Jucker 1986）によって分類されている。①前書きのある質問は「〜についてどのように思いますか」「どのように感じますか」「あなたが言っているのは〜ということですか」「あなたが示唆しているのは〜ですか」「〜について説明してもらえますか」「言いたいことは〜ですか」「尋ねてもよいですか」といった質問が含まれる。②前書きのない質問は、主節を伴わないものである。前書きのない質問は疑問詞が含まれているかどうかで、さらに分類される。この質問形態の原則として(1)イエスかノーの質問、(2)5W1Hの質問、(3)オルタナティブな質問という二つの選択肢を与える質問に分けられる。疑問詞が付かない質問は、平叙文や命令文を含んだものである（つまり付加疑問文や不変化詞の「でしょう」「ね」「よ」などが口語体の話し言葉の文の最後に現れるもののような、定動詞が欠けているものである）。

合計五〇八四問の質問の分析を行っている。二九四一問（五七・八％）の質問は、前書きのある質問であり、二一四三問（四二・二％）の質問は前書きのない質問であった。これらをさらに分類すると、イエスかノーの質問は、全体の質問のうち一六四六問（三二・四％）、5W1Hの質問は二六四問（五・二％）、オルタナティブな質問は、一八三問（三・六％）、そして、宣言型の質問は五〇問（一％）となっている。質問をテレビ番組ごとに分類すると、「プライムニュース」では三八六八問（七六・一％）、「新報道2001」では九五七問（一八・八％）、そして「激論！クロスファイア」では二五九問（五・一％）となっている。

話題の構文について、ここでは、質問と回答の話題に焦点を当てる。インタビューの間、インタビュアーは、ゲストの回答が質問に答えているか、あるいは言葉を濁されたかどうかを評価し、さらなる質問を行う。インタビュアーが、回答が十分であると考えれば、同じ話題を深めたり、新しい話題へと移ったりする。これらをそれぞれ、話題の継続、話題の転換という。インタビュアーが、不十分な回答であると感じた場合、再確認や踏み込みを行う。とくに話題の継続は、インタビュアーが、ゲストの発言を再確認したり、話を広げたりすることができるように、前述の発言での些細な事柄を取り上げるような状況のことである（本研究では、三六九三問、七二・六％の質問がこのカテゴリーに分類されている）。

話題の転換は、インタビュアーが、前に述べられた回答に関連するものよりも、むしろ議論における一般的な話題の中から、新しい話題に関するものを取り上げることである（四四八問、八・八％）。再確認は、インタビュアーが、ゲストの立場に関して、前述の回答では不十分であり、回答を明瞭にし、あるいはより展開させる必要があるという含みをもたせながら、再公式化し、正確に再度述べることである（六八八問、一三・五％）。最後に、踏み込みは、インタビューを受ける側の意図、行動、態度の側面を探っていくという目標のもと、インタビューを行う側が、答えからの示唆や仮説を明示的に述べることで、回答に挑んでいくことである（二五五問、五・〇％）。

質問の文法的な完全性と不完全性について、文法的に完結している質問と文法的には完結していない質問とを区別している。文法的な条件をすべて満たしている質問では、日本語の統語的なルールである、質問のための不変化詞「か」を、文末につけイントネーションを上げなければならないというものに従っている（本研究においては二四六二問、四八・四%）。これらの質問は、聞き手により強い要求であることを示し、相互作用の印象を決定づける。文法的に不完全な質問（二六二二問、五一・六%）は、砕けたように、あまり直接的ではなく、親しみやすい会話となり、日本語の不変化詞「か」がないという完結していない構造にもかかわらず、質問とみなされ会話の順番が渡される（Feldman and Kinoshita 2017）。

個人的な意見か集団の意見かについて、インタビューを受け手から明示的に⑴自分自身の意見や考え、信念、感情などの個人的な、プライベートな情報を探ろうとする質問（八八四問、一七・四%）と、⑵集団やインタビューのゲストが属している政党のような集団の情報や考えや見方を求めるような質問（四二〇〇問、八二・六%）を区別している。言い換えれば、本研究では、インタビュアーが投げかけた質問を、個人の見解か、あるいは政党や他の集団としての見解かというインタビュアーが求めている観点に基づいて区別している。一般的な仮説としては、よくインタビューに招待される、その党を率いている、あるいは、加入している政党の代表として出演する政治家は、政党としての見解を示すことが求められる。一方で、非政治家は、個々人としての見解を求められる。しかし、常にこの想定が当てはまるわけではない。

第二に、質問の脅威のレベルの評価を行う。本章ではインタビュアーの質問の強さと特質というインタビュアーの多様性が見られうる二つの側面から、質問の評価を行っている。質問は、ゲストに投げかけられた脅威のレベルに従って、意味内容に基づいてコード化された。「まったく脅威がない」から「高い脅威がある」であり、このタイプの質問への回答が難しい傾向にあるという仮定に基づけば、これらの質問には、どっちつかずな回答がなされるということになる（Bavelas et al. 1990）。強い質問が高い割合で用いられることは、難しいインタビュータイプの構成要素となり、インタビューを受ける人を回避的にさせる。既に述べているが、用いたコーディングシートには二つの設問が記されている。

第一に、それぞれの質問を脅威と強さの点から、六点尺度で(1)「まったく脅威がない」から(6)「高い脅威がある」までで作られている。「まったく脅威がない」質問は、必ずしもフェイスを脅かすわけではない。強い質問、「高い脅威がある」質問は、それぞれのいかなる回答をした場合であっても、名誉が傷つけられる、フェイスを脅かすものと定義される。

第二に、脅威が向けられる主体は何であるかについての設問がある。選択肢として(a)インタビューを受ける側の個人のフェイス、(b)政党のフェイス、(c)政府のフェイス（政権、閣僚）、(d)インタビューを受ける人が所属している集団のフェイス、(e)その他である。

「まったく脅威がない」例

「まったく脅威がない」質問の例として、田原総一朗から民主党の元内閣官房長官の仙谷由人へのインタビューが挙げられる。仙谷は、悪影響が及ぼされるということに恐れず、十分に返答している。

田原：なるほど。でね、つまり僕は原発の問題は大事だけどね、一方原発で、貿易赤字はどんどん増える。こういうことをね、新聞もテレビも言わないんですね。ね、仙谷さん。

仙谷：はい。あんまり言いません。

（二〇一二年六月二日「激論！クロスファイア」より）

同様の例として、吉田恵の自民党政務調査会長である茂木敏充へのインタビューを挙げる。

吉田：あの自民党のその案（年金一元化の法案）というのはいつ頃出されるんですか。

茂木：基本的にですね、作ってありますんで、あとは国会の審議の中で、基本的な考え方、先ほど申し上げたようなですね、それから同時にそれに従って、それぞれの法案、審議が始まっていませんので、審議が実際に始まった段階から出していきたい。総合こども園、我々は認定こども園と言っているんですね、それぞれその社会主義的に全国にですね、一律に総合こども園を作るんではなくて、それぞれの幼稚園にしても保育園にしても、それにしたいと、移行したいというところが移行できるような制度に柔軟にしていった方がいいと、こんなふうに考えていますね。

（二〇一二年五月一三日「新報道二〇〇一」より）

「やや脅威がある」例

「やや脅威がある」質問は、自民党の副会長である大島理森とのインタビューにおいて、インタビュアーである田原が、新聞の報道に関する見解を引用している。

田原：政界再編と伊吹さんおっしゃった、今新聞が一番歓迎している政界再編のは、何かというと安倍さんが自民党から出ていく、で維新の会と組む、いろんな新聞書いています。これは賛成？

大島：まず安倍さんがそこに行って云々ということは、私はないと思います。

（二〇一二年八月二五日「激論！クロスファイア」より）

田原の質問は、政界再編成を大島が支持するかどうかについて尋ねたものであり、将来の行動についての脅威を含んだものである。進めていくべき最も良い方向性を明らかにすることは大島にとって不可能であり、メディアや他の政治の専門家が以前の発言や態度を変えたことを強調して議論を戻す可能性があるため、自民党の副会長である大島自身が特定の将来の方向性を述べることにはリスクを伴う。政治家が、想定に関する質問には答えたくないと述べることで、このような「やや脅威がある」質問への逃げ道ができる。前記の例では、ニュースメディアで取り上げられているにもかかわらず、大島は、首相は、このような政治的な転換には賛同しないと考えられると述べ、この質問を払いのけたといえる。

「中程度に脅威がある」例

一方で、以下の三つの例は、高いレベルの脅威を説明するものである。初めの抜粋は、須田哲夫と自民党の総務会長である野田聖子のインタビューで見られた、「中程度の脅威」を示すものである（第2章でも紹介）。

須田：候補者の選定を含めたですね、参院選まで、これもやっぱり仕事、大きな仕事を抱えていますね。ねじれ解消に向けてどうですか。

野田：たくさんの課題を抱える中、やはりなにはともあれ経済の再生を最優先課題として取り組むべきだと思っています。

（二〇一三年一月六日「新報道2001」より）

自民党の総務会長として、野田は、国会に関連する重要事項の決定を担当している。法案を可決するために他の議員と常に交渉をし、選挙での勝利を目指す所属する政党の方略や戦術に精通しているため、ねじれ国会が野田の主要な関心の一つであることは明らかであった。野田は、この質問を脅威に感じたのかもしれない。それは、ねじれ国会をどのように解消するかという野田の考えを明らかにした場合、交渉をしている相手や、協力している公明党まで危険にさらし（野田の属する政党やパートナーのフェイスに傷をつけることになる）、批判を招きかねないからである。自民党に属するメンバーでさえ、野田の発言に不快感を抱くかもしれない（野田自身のフェイスを傷つけている）。このようなことを考慮して野田は前記のように回答をしている。

野田の回答は、とても明瞭で、理解しやすいものであったが、これはおそらく野田が脅威（政党や野田自身に対する脅威）に感じたため、ねじれ国会にどのように取り組んでいくのかという質問を無視し、景気回復に関する他の議論へと焦点を移したといえる。このことは、脅威のある質問に対処したことを示している。

「強い脅威がある」質問については、以下の抜粋で説明する。これは、日本維新の会に所属する松浪健太がインタビューを受けた際に、強いフェイスへの脅威が現れ、質問への回答を拒んだものである。松浪は、反町理から党の選挙戦略について尋ねられ、明示的に回答することを拒んでいる。

反町：みんなの党からそちらに行った比例参議院の比例選挙区のその三人というのは維新から衆議院に出るということはまだ言明してませんよね。
松浪：まあ選挙区事情が色々あるのでですね、僕が今ちょっとここで言うのは差し控えますけど。
（二〇一二年一一月七日「プライムニュース」より）

松浪が回答を断ったのは、情報不足と関連している可能性がある。松浪は、情報を持っていたかもしれないが、知らない場合、「知りません」「よくわかりません」としか言うことができなかった。しかし、松浪は党内で指導していく立場にあり、次の選挙に向けて党の戦略を上手く伝えるべきであり、十分な知識を持っていなかったことは、松浪自身のフェイスを傷つけることになる。このように考えれば、質問は、松浪個人のフェイスを脅かすように作成され、印象を悪くするような、フェイスへの脅威を伴う回答をするリスクを背負っているといえる。反対に、もし彼が、肯定的に回答をすれば、松浪は同僚議員から詳しい選挙戦略を述べたことに対して批判を受けたであろうし、このことで政党の顔に傷をつけたであろう。この状況において、どちらの回答をしても、松浪個人や政党の社会的な立場を傷つけるため、フェイスへの脅威として質問を受け取り、ほのめかすように述べることを選んだといえる。この事柄について、インタビュアーと知識を共有したいとは思っていなかったといえる。

「強い脅威がある」例

他の例として、ゲストに、強いフェイスへの脅威がある質問が、防衛大臣の小野寺五典へのインタビューでみられた。このインタビューが行われたのは、日本政府が、数カ月前に中国の江衛Ⅱ型フリゲートがヘリコプターと海上自衛隊の火器管制レーダーを照射したと述べた数日後である。中国国営メディアは、フリゲートが通常の訓練に参加したと答えた。小野寺はこの問題について、コメントするように求められた。

須田：まず、小野寺大臣、あの、今回のレーダー照射につきましては、中国共産党主導のものなのか、いや、軍主導なのか、暴走なのか、という見方が割れているんですが、小野寺大臣はどう思いますか。

小野寺：まぁ、私どもとしましては、まぁ背景とか目的とかということよりも、今あの、私ども、防衛省そしてまた、自衛隊員、しっかり我が国の領土・領空・領海を守るために行動しておりますので、そういう時に、今回のような事案が発生してしまうと、これはあの大変な大きな問題に発展してしまいます。また、自衛隊員のこれ、安全にも関わる問題ですから、そこをきっちり対応していただきたいというのが私どもの役目です。むしろ今言ったお話は、あの外務省とか、あるいは官邸全体で検討する話かと思っております。

（二〇一三年二月一〇日「新報道2001」より）

この質問には、強いフェイスへの脅威が見られる。レーダーの事件が、なんらかの理由で中国の政治の権力者によって引き起こされたことなのか、あるいは、計画性のない軍の出来事かどうかということに関して、小野寺は、個人としての見解を示そうとはしていない。もし、中国共産党主導であると小野寺が述べれば、外務省役人が日本とすでに緊迫した関係にある中国との関係を悪化させたと批判しかねない。仮に、小野寺が日本海の制御外の何かであるということを言った場合、そのことに関して非難されるだろう。このような状況下において、両方の回答はともに問題があり（複数の人へのフェイスへの脅威がある）、批判されかねないため、小野寺大臣は形式的に日本を守る自衛隊員の役割について述べることに留め、この問題が官邸によって再調査されるべきであることを主張した。言い換えれば、小野寺は言葉を濁したのである。

分析結果

図6－1は、脅威の度合いや対象に従って、フェイスへの脅威について明らかにしている。「まったく脅威がない」に分類される質問は、五三一問（質問の一〇・四％）あり、四五五三の質問（八九・六％）は、異なる度合いの強さが示されている。最も頻繁に用いられタイプは、レベル2の「どちらかといえば脅威がある」質問であり、二二四一問（四四・一％）であった。質問の全体のうち一〇・六％にのみ「強い脅威がある」という質問が現れた（レベル5とレベル6をそれぞれ見ていくと、四二〇の質問の八・三％、一一七の質問の二・三％であった）。この結果は図の中では、レベル5とレベル6を統合して示している。この図から分かることは、政治インタビューで尋ねられる質問には、ゲストへかなりの脅威を与えるも

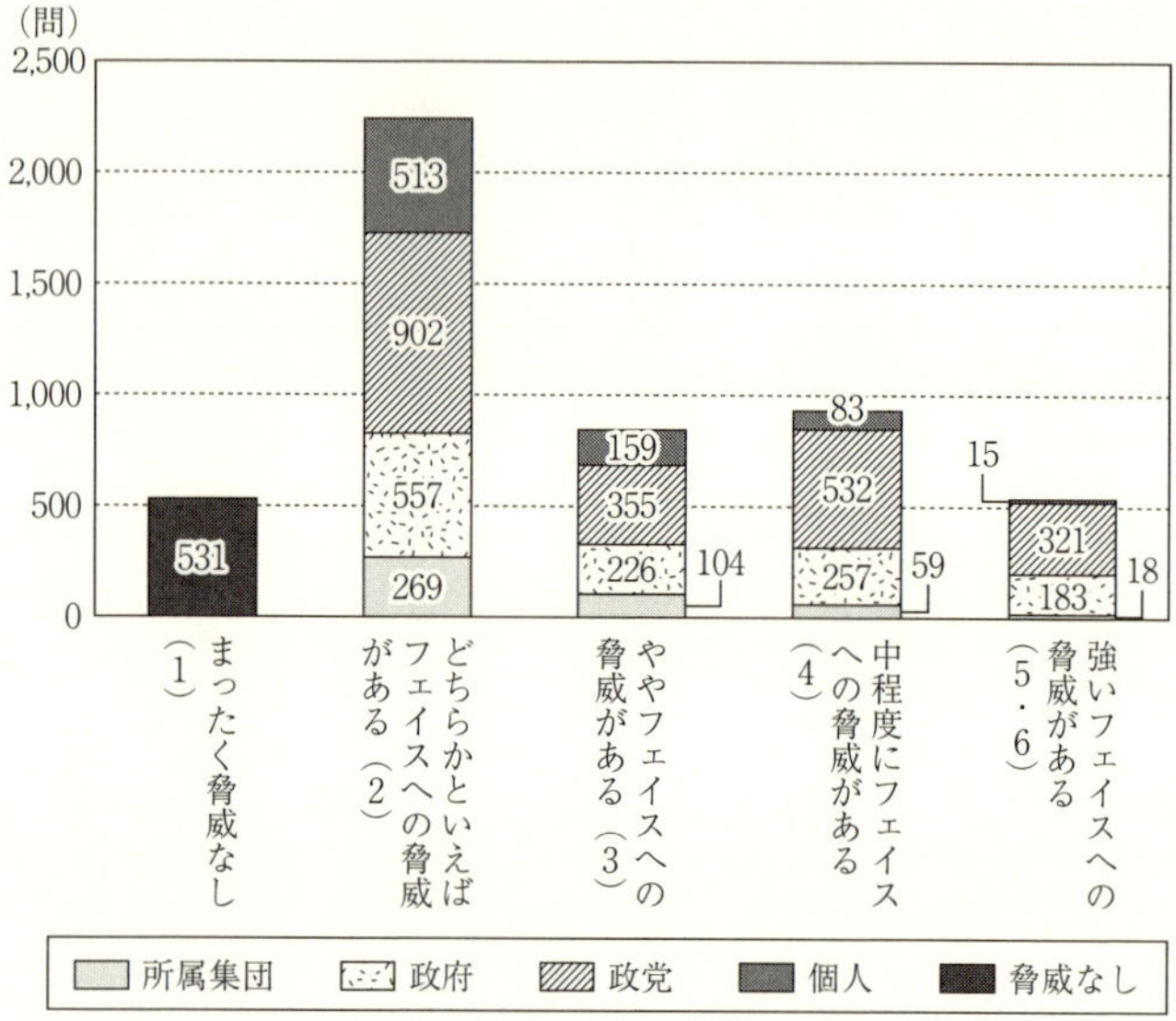

図6－1　フェイスに対する脅威の方向と程度

注：六点尺度で測定し，２以上の場合，サブカテゴリーより，フェイスの脅威がどこに向けられているかを選択している。また，「強いフェイスへの脅威がある」にはレベル５とレベル６を合わせている。

のは含まれていないということである。さらに、全レベルの尺度から分かることは、脅威となっていた質問のほとんどは、インタビューを受ける人に抗議したり、攻撃したり、批判したりすることや、意見・考え・行動に対して難色を示すよりもむしろ、政党（たとえば、政治的約束と活動指針の矛盾に対するもの、政党の命令に関する内密の交渉に関するもの、そしてリーダーに対しての説明を求めるもの）や政府（たとえば、役人の接触を批判するもの、政策決定過程に難色を示すもの、公共政策に抗議するもの）、インタビューを受ける個人（とくに非政治家）が傘下にある集団（政府機関や労働組合）へ脅威を与えるものであったといえる。

六点尺度によって、フェイスへ

の脅威を検証し、インタビューを受けるゲスト（国会議員、地方レベルの政治家、非政治家）に関連する特徴と質問のタイプとの関連性、フェイスへの脅威が予想される。インタビューを受けた人の質問の脅威のレベルがどれほど質問の分類と関連しているか、順序ロジットモデルによる推定を行っている。表6－1と表6－2は、その結果を示している。表6－1は、すべてのデータを用いて、フェイスへの脅威が規定される要因を明らかにしている。表6－2は、与党議員、野党議員、地方レベルの政治家、および非政治家のフェイスへの脅威の規定要因についての分析結果である。

すべてのサンプルに関する分析結果から、ほとんどの質問の分類において有意であることが明らかに

表6－1　フェイスへの脅威の規定要因についての順序ロジットモデルによる推定（全サンプル）

	係　数	頑強な標準誤差
女　性	−0.255**	0.116
年　齢	0.006**	0.003
新報道2001	−0.224**	0.113
激論！クロスファイア	1.448***	0.078
与党議員	0.720***	0.091
野党議員	0.899***	0.094
地方レベルの政治家	0.508***	0.12
役職に対する質問	0.486***	0.097
文法上完全な質問	0.315***	0.056
話題転換	0.050	0.117
話題継続	0.493***	0.095
踏み込み	2.187***	0.149
イエスかノーの質問	−0.292***	0.062
5W1Hの質問	−0.021	0.122
宣言型の質問	0.201	0.324
オルタナティブな質問	0.129	0.137
/cut point 1	−0.300	0.191
/cut point 2	2.281	0.194
/cut point 3	3.118	0.196
/cut point 4	4.560	0.199
n	5084	
Wald chi2	977.540	
log likelihood	−6807.02	
Pseudo R2	0.072	

注：*：p＜.10，**：p＜.05，***：p＜.01を示す。従属変数は1から5点尺度で測定されたフェイスへの脅威の程度である。また，不均一分散に対応するために，頑健な標準誤差を用いている。

表6－2　各グループのフェイスへの脅威を規定する要因
（順序ロジットモデルによる推定）

	与党議員		野党議員		地方レベルの政治家		非政治家	
	係　数	頑強な標準誤差	係　数	頑強な標準誤差	係　数	頑強な標準誤差	係　数	頑強な標準誤差
女　性	-4.060*	0.218	-0.110	0.171	—	—	-0.127	0.243
年　齢	-0.005	0.004	0.005	0.005	0.012	0.010	0.007	0.005
新報道2001	0.080	0.169	-0.696***	0.187	-1.020	0.893	-0.287	0.278
激論！クロスファイア	2.540***	0.141	0.954***	0.131	1.381***	0.325	1.098***	0.157
役職に対する質問	2.804***	0.708	1.386***	0.450	0.541**	0.228	0.307***	0.110
文法上完全な質問	0.365***	0.089	0.234**	0.103	-0.096	0.201	0.146***	0.114
話題転換	-0.096	0.196	0.272	0.22	0.319	0.451	-0.02	0.226
話題継続	0.444***	0.160	0.553***	0.181	0.967**	0.396	0.471***	0.170
踏み込み	2.425***	0.255	2.403***	0.267	1.530***	0.515	2.260***	0.350
イエスかノーの質問	-0.290***	0.101	-0.095	0.112	-0.279	0.236	-0.504***	0.128
5W1Hの質問	-0.036	0.187	0.275	0.267	-0.005	0.342	-0.165	0.216
宣言型の質問	0.429	0.732	0.191	0.428	0.305	0.876	0.239	0.917
オルタナティブな質問	-0.008	0.196	0.195	0.336	0.689	0.431	0.164	0.284
/cut point 1	0.703	0.769	-0.816	0.598	-0.048	0.774	-0.357	0.340
/cut point 2	3.304	0.771	2.318	0.601	2.263	0.790	2.056	0.350
/cut point 3	4.172	0.772	2.998	0.603	3.141	0.796	3.133	0.358
/cut point 4	5.724	0.776	4.508	0.610	4.440	0.793	4.524	0.372
n	1977		1365		406		1336	
Wald chi2	433.03***		188.47***		66.23***		140.72***	
log likelihood	-2625.87		-1821.15		-562.81		-1697.4	
Pseudo R2	0.0884		0.0497		0.0601		0.0414	

注：＊：p <.10，＊＊：p <.05，＊＊＊：p <.01を示す。従属変数は1から5点尺度で測定されたフェイスへの脅威の程度である。また，不均一分散に対応するために，頑健な標準誤差を用いている。

なった。この結果は、他の集団に関しても一貫性がある（表6－2）。表6－1から、国会議員と地方レベルの政治家へのフェイスへの脅威は、参照カテゴリーである非政治家へのフェイスへの脅威よりも高いことが分かる。政治家は、自身のフェイスや所属する政党のフェイスを脅かす厳しい質問がより頻繁に尋ねられるといえる。国会議員の方が、地方レベルの政治家よりも、強いフェイスへの脅威を受けている。政治的な権力をコントロールしている与党議員よりも、野党議員の人の方がフェイスへの脅威がより高い質問を、より頻繁に受けるといえる。ただし、係数の違いは約〇・七と約〇・九とそれぞれ小さいものであるため、同レベルの脅威とも考えられる。

表6－1に示された二つのテレビ番組は、参照カテゴリーである「プライムニュース」に対する違いを反映している。「激論！クロスファイア」は、フェイスを脅かす質問がより尋ねられている。他方で、「新報道2001」では、インタビューを受ける人に対してより物腰柔らかな態度が見られたといえる。これは、論理的で説得力のある質問を行うことでよく知られている田原総一朗が、徹底的に質問をしているという事実を反映している（Feldman, et al. 2015）。この点については、表6－2が示しているように、番組に招かれたゲストに対する、田原やその同僚のインタビューを行うスタジオでの態度とほぼ一貫している。つまり、厳しい質問が政治家にも非政治家にも投げかけられたということである。

第一に、質問に関しては、インタビューを受ける側である政治家や非政治家に対して所属している集団（たとえば、政党、政府）に関する意見や考えを明示的に求められる質問（四二〇〇問、八二・六％）は、インタビューを受ける人の信念や感情などの個人的な、プライベートな情報を探るもの（八八四問、一七・四％）よりもフェイスを脅かすといえる。言い換えれば、個人的な視点から答えられるものか、あるいは所属集団からの視点からの回答を期待されているかどうかが、質問の強さに影響を与えているのである。

第二に、地方レベルの政治家を除いて（二〇一問、八・二％）と、文法上の完全な質問は、国会議員と非政治家に対するフェイスに対する脅威を増加させている。正式な方法でのコミュニケーションを行うこと（「か」を用いる）に関しては、このことが、インタビュアーとインタビューを受けるゲストの距離を表すと考えられ、より複雑な質問であるほどより形式的に改まり、フェイスへの脅威を伴う質問となるといえる。

第三に、話題に関して、話題の継続や踏み込みは、フェイスを脅かす質問であるといえる。とくに、インタビュアーがある特定の話題に関する質問を繰り返して質問する場合、および踏み込みは、より一層フェイスを脅かすこととなる。一方で、イエスかノーの質問は、フェイスへの脅威の程度を減少させるといえる。これは、会話の協調原則が反映されており、合意を積み重ねることで、円滑な議論を形成するための配慮であると考えられる。

最後に、男性で年齢が高い場合、女性や若い人、経験の浅い政治家や非政治家よりも、フェイスが脅かされるといえる。

4　インタビュアーは無礼であるべきか

国会議員へのプレッシャー

本章の分析結果より、日本の政治インタビューでなされる質問の脅威のレベルが明らかになった。インタビューで尋ねられたほとんどの質問が、「強いフェイスへの脅威がある」質問（図6-1）ではなかったことから、相手と敵対し、挑戦的な態度、あるいは攻撃的で、批判的に、インタビューを受ける人にプレッシャーを与えるような質問を行うよりもむしろ、インタビュアーのアプローチは、比較的、穏やかなコミュニケーションのスタイルで行われたということが分かる。たとえインタビュアーが厳しい質問を行ったとしても、それらの多くは、インタビューを受ける個人に対してというよりも、政党、政府、労働団体などの集団に対するフェイスを脅かすものであったといえる。

日本における他のメディアと併せて、テレビ放送は、言論や報道の自由が保障された環境で機能しており、法的な政府の規制やコントロールはなく、テレビのインタビュー番組を抑制するような構造的あるいは経済的な要因は存在していない。番組内で、インタビューを受ける人のフェイスを悪化させるものを公然と制限しているのは、社会的、文化的な規範であるといえる。このことは、日本が人間関係において、常に公共の場で、相手の人に対してきまりを悪くさせたり、フェイスを傷つけたりすることを防ごうとする配慮を反映している証である（Nakatsugawa and Takai 2013）。テレビ番組でのインタビューにおいて、インタビュアーであるジャーナリストが、ゲストの政党や社会的地位や立場、名誉や名声に対して配慮をしたり、気を配ったりすることは、社会的規範の産物であるといえる。たとえ、インタビュアーが脅威のない質問を行った場合であっても、インタビューを受けるゲストは、質問に回答することが難しく、不十分で、明白な答えをせずに、言葉を濁す場合がある。

本章において重要である点は、インタビュアーの性格やインタビューの質問、そして質問を行う際の方法が、インタビューを受けるゲストのフェイスに影響を及ぼすことが明らかになったことである。要約すれば、インタビューを受けるゲストの公的な地位や説明責任の程度によって、国会議員および地方レベルの政治家は、政党や自己のフェイスへの脅威となる質問をより多く受けていたといえる。国会議員および地方レベルの政治家への質問は、専門家などの非政治家に対する質問よりも厳しいものである。国会議員の特定の質問の性質や論調（役職に対する質問、文法的に完全である質問、話題の継続、インタビューを受ける人の意図や行動に関して踏込む質問）が、フェイスへの脅威に関連していた。

他方で、イエスかノーの質問は、フェイスへの脅威の程度を減少させていることが明らかになった。このタイプの質問は、付加的に情報を追及する前に、特定の問題に対するインタビューを受ける側の反応を理解し、共感的気づきを促進させたりするためによく用いられている。難しい質問を投げかけたり、インタビューを受ける側のフェイスを傷つけたりするよりも、インタビュアーは、はじめにゲストと協調していることを示そうとしたといえる。そのため、日本においてイエスかノーの質問は、他国の事例に見られるように、深掘りしたり、議論を誘発したりするためのツールとして用いられるというよりも、内容の真相へと行く前に、同意を示すことを通して、インタビュアーの公的評価を示すことを目的とするテクニックとして用いられている。このため、イエスかノーの質問に直面した場合、与党議員と非政治家の二つのグループの人々は、それらの質問は簡単であると認識し、はっきりと回答をする傾向があった（Feldman and Kinoshita 2017）。

結果を全体的に見ると、フェイスへの脅威の概念を理解するためには、インタビューを受ける側の特徴（誰であるのか、政界においてどのような役割を果たしているのか）や尋ねられた質問の種類や特質などの複数の要因を調べる必要がある。先行研究では、このように統合的な側面からは分析されていない。つまり、本研究では、多様な状況における、インタビュアーとゲストの相互作用に焦点を当てたといえる。

最後に、フェイスへの脅威は、インタビューを受けるゲストのどっちつかずな回答に影響を与えている。本章では、フェイスへの脅威に関連する複数の特徴を明らかにしてきた。このことにより、インタビューを受ける人の所属する政治的な集団に関連する質問、文法上完全な質問、話題の継続や踏み込みを行う質問が、インタビューを受けるゲストのフェイスを脅かすことに繋がっている。この側面に関して、本章の目的を超えているが、同じデータを用いて行ったこれまでの研究において、複数の要素が、どっちつかずな表現が用いられることと関連していることが明らかにされている（Feldman et al. 2015,

2016)。話題の継続や踏み込みの場面では、国会議員は、質問に答えることを控える傾向にある。また、地方レベルの政治家や非政治家は、踏み込みがなされた場合、直接的には質問には答えないといえる。質問が、あまり正式的な方法ではなく親しみのある方法（文法上不完全な質問）で尋ねられた場合、インタビューを受ける人はより完全な回答を行い、国会議員は自分の意見を述べるといえる。

日本の社会規範

日本において、インタビューに返答する際に、どっちつかずな表現を使うことは、インタビュアーであるジャーナリストとの関係が強い。インタビューを受けるゲストが、質問に答えないことに気づいた時でさえも、インタビュアーは、「あなたは、質問に答えていません」などと言って、何度も尋ね続けることはしない。実際、インタビュアーが、インタビューを受ける人が質問に答えていないと明示的なコメントをすることは、最もフェイスを脅かす質問とみなされるかもしれない。なぜなら、インタビューを受ける人が質問に答えることを拒んだという事実に焦点を当てているためである。しかし、五〇〇以上のサンプルの中には、このようなものや類似したものは見られなかった。

しかし、もしインタビュアーが回答されなかった質問を再度尋ねないとしたら、これらのインタビュー番組のジャーナリストの観点は何になるのだろうか。たしかに、回答されなかった質問をそのままにしてしまうと、リーダーから現実の回答を得るというジャーナリストの責務を完全に果たしたことにはならない。しかし、おそらく、日本において、インタビュアーは、インタビューを受ける人々に対して、失礼で、攻撃的な態度であるとみなされることを避けたいという気持ちを持つ。その背景には、社会文化的な規範や価値が存在するからである。このようなジャーナリストと、政治的あるいは他の情報源の関係性に影響を与える価値観は、政治インタビューを研究する人に対して、新しい見方を示唆している。

本章では、フェイスへの脅威がいかなる質問により高められるのかを明らかにしてきた。次の第7章では、質問形式のうち、オルタナティブな質問に着目し、二者択一の質問に対して、政治家がどのように対処するのかを検討する。

注

（1）面目が潰れる、面目が立たないと表現される。
（2）コミュニケーションの葛藤の例として、答えたくないものであっても何らかの回答が期待される場面がある。
（3）文字通り、心と心のコミュニケーションや暗黙の了解ということを意味する。

第7章　選択できない政治家たち

1　永田町の流儀

政治インタビューでは、視聴者に分かりやすく、時事問題を解説するとともに、政治家や専門家などをゲストに招き、質問によって、政治家の説明責任を追及する。テレビの政治討論番組では、インタビュアーとインタビューされる側の政治家、視聴者の三者の関係が重要となる。代議制民主主義の点から、有権者が政治家を選挙によって選出し、マスメディアは有権者の代わりに、報道・政治インタビューを行うことによって、番犬機能（watchdog function）を果たす（木下 二〇一五 a）。また、有権者が選挙によって政治と関わることは、有権者個々人の能力を高めるため、有権者を教育する機能があるとされる（Mill 1991）。そのため、政治インタビューを行うキャスターには、ゲストを質問によって追及するコミュニケーション戦略が求められる。それと同時に、有権者は次の選挙でより良い判断を下すために、政治インタビューを視聴する必要がある。

キャスターが行う質問のコミュニケーション戦略には、情報収集を目的に行うもの、相手を追及するために行うもの、相手の行動を牽制するものとに分けられる（Franklin and Norton 1993）。本章では、相手を追及し説明責任を求めるものに着目して、オルタナティブな質問が有する効果を明らかにすることを目的とする。とくに、コミュニケーション戦略を考えるにあたって重要となるのが、質問形式である。

情報収集を目的に質問を行う場合は、いつ（When）、どこで（Where）、誰と（Who）、何を（What）、なぜ（Why）、どのように（How）といった5W1Hの質問形式で行われる。他方で、相手を追及する場合、「あなたの立場は、賛成ですか」「あなたは、こうしましたか」といったように、明確に答えることを求めるクローズドエンドクエスチョン（Closed Ended Questions）で行われる。一般的に、テレビインタビュー番組のキャスターは、情報を入手する質問と併用して、ゲストを追及するクローズドエンドクエスチョンを用いて、ゲストを困惑させようとする。

出演者である政治家は、永田町の流儀[1]に従い世論を二分するような質問に対しては、支持者を失いたくないために、どっちつかずな回答を行う。また、自分の発言によって、責任が発生し、なんらかの行動を伴う場合、発言を控えることがある。テレビ討論番組に出演する政治家は、自分の選挙での再選に向けた動機に加えて、自分の所属している政党や政府の行動を正当化し、支援を訴えることを試みる。テレビ討論番組への出演は、世論に対してアピールを行う絶好の機会であるといえる。これに対して、テレビ局およびキャスターは、テレビの視聴率を上げるために、その時々の重要なテーマ・社会問題を取り上げ、ゲストを困惑させる質問を行い、番組を面白くするように心掛けている。そこで用いられる追及の手段の一つとして、オルタナティブな質問が重要となる。オルタナティブな質問は、キャスターがなんらかの問題に対して、選択肢をいくつか提示し、選択肢の中から回答を強制するものである。しかし、ゲストである政治家にとっては、いずれの選択肢も回答すれば、好ましくない影響をもたらす場合があり、政治家は回答を拒否する、あるいはごまかすことによって明確な回答を回避することがしばしば見受けられる。

本章では、政治家がオルタナティブな質問をされた場合に、いかなる回答を行うかを、質的および量的に明らかにすることを試みる。オルタナティブな質問とは、二者択一を迫る質問であり、追及の効果を持つと考えられる。オルタナティブな質問は戦略的に用いられているのか、またオルタナティブな質問に対する回避パターンを明らかにする。

2 選択肢のジレンマ

選択するということ

オルタナティブ（Alternative）とは、二者択一、代替案、代わりうるものを意味しており、オルタナティブな質問（Alternative Questions）とは、選択疑問文と呼ばれる質問形式であり、「これは鉛筆ですか、それともシャープペンシルですか」といった形式を取る。ここでは二者択一を例示したが、オルタナティブな質問は選択肢が二つであるとは限らず、三つ以上の選択肢が提示されることもある。政治家は提示された選択肢の中から、基本的には選択することが求められるが、選択肢にないものを回答することもあり得る。

選択とは、自分の置かれた状況を自分の力で変えることであるとされる（アイエンガー 二〇一〇：二三）。選択は、自己決定と関係しており、自分で状況を判断し、選び取っていくことから、満足感や健康状態に影響を与えている。人は選択をする時に、集団のためにする場合と、個人のためにする場合があり、個人主義的な文化圏に属するか、集団主義的な文化圏に属するかによって変わりうる。日本は集団主義的な文化圏に属しており、自己を家族や職場、国など、自分の属する集団との関係で捉える。日本が集団主義的な文化圏に属しているとされるのは、歴史的に狩猟採集社会では互いの面倒を見ることが全員の生存確率を高めたことと、儒教の教えより人を思いやることに由来している。人は重要な選択を行う局面に直面した場合、決断を先送りすることがあり、それが政治インタビューに現れるといえる。

選択に関わる心理学的要因

選択を行う場合には、心理学的要因が影響を与えている。本章では、政治インタビューのオルタナティブな質問とその回答に焦点を当てるが、その背後には心理学的な要因があると考えられる。選択を左右するものとして、ヒューリスティック、フレーミング、確認バイアスが挙げられる。ヒューリスティックは経験則と呼ばれており、複雑で不確実な選択を行う場合に、過去の経験に基づいて行うものである。豊富な経験と知識から、リスクを減らし、満足のいく選択を行うために用いられる。ヒューリスティックは意識的に用いられることもあれば、潜在意識で働き、とっさの判断にも用いられる（アイエンガー 二〇一〇：一五一）。ただし、ヒューリスティックによって、判断を誤ることも起こり得る。

フレーミングとは、特定の枠組みで物事を捉えることである。情報がどのように提示されるかによって選択に対する見方や判断が変わる。番組やキャスターが自分に有利になるように質問を提示することがある。他方で、ゲストの政治家にとっては、所属している政党の信念や考えなど特定の見方をフレームとして形成していることがある。フレーミングの例として、便益よりもコストを強調する方法で選択肢が提示された場合、判断結果にバイアスがかかりやすくなる（アイエンガー 二〇一〇：一五四）。

確認バイアスとは、人が特定の選好を持っており、その選好を正当化するための情報を多く集めるために、選択に偏りが生じることである。データや一連の理由に裏付けられた選択をするのは分別があるといえるが、選択を行う上で誤りを犯すリスクが高まる（アイエンガー 二〇一〇：一五七）。

これらのヒューリスティック、フレーミング、確認バイアスは、政治コミュニケーションでは頻繁に見られるものであるが、必ずしも明示的に現れるわけではない。とくに政党に所属している政治家は、常日頃より政策論議を党内で行っており、政党を代表して、質問に対して回答することがある。政治家は、責任を伴うような言質を取られることを回避するため、「善処する」「検討する」といった現在進行していることもあれば、「この問題については、こうすべきである」というべき論であること、理想であることを回答する、あるいは行動や責任を伴わない回答を行うことがある。こういった政治家特有の表現は、ヒューリスティックやフレーミングに基づく回答であると考えられる。

質問の類型

本節では質問の類型に関する先行研究をレビューし、オルタナティブな質問が5W1Hの質問と類似しているが区別されている質問形式であることを確認する。質問の類型に関しては、クワークら（Quirk et al. 1985）やユッカー（Jucker 1986）の類型がある。クワークら（Quirk et al. 1985）は、大きく疑問符が付く質問と、疑問符が付かない質問に区別している。疑問符が付く質問には、イエスかノーで迫る質問（Yes-no Questions）、5W1Hの質問（Wh-questions）があり、他方で疑問符が付かない質問には、宣言型の質問（Declarative Questions）があるとしている。

ユッカー（Jucker 1986）は、前書きのある質問（Prefaced-questions）と前書きのない質問（Non-prefaced-questions）に分類している。前書きのある質問は、意見を伺う質問、意味合いを求める質問、詳しい説明を求める質問、話し手の脅威を取り除く質問に分けられる。他方で、前書きのない質問は、イエスかノーで迫る質問、5W1Hの質問、宣言型の質問に分類している。

これらの質問の分類を踏まえて、ブル（Bull 1994）は、質問を(1)イエスかノーの質問、(2)5W1Hの質問、(3)オルタナティブな質問、(4)宣言型の質問に分類している。5W1Hの質問は、いつ（When）、どこで（Where）、誰と（Who）、何を（What）、なぜ（Why）、どのように（How）であるが、どちら（Which）が含まれることもある。Which の質問の場合、二つの選択肢から選択を迫るものであるが、三つ以上の選択肢が示されることもあり、これをオルタナティブな質問として区別している。オルタナティブな質問（Alternative Questions）は、選言的な質問（Disjunctive Questions）と呼ばれることもある。

本章では、オルタナティブな質問に着目して、オルタナティブな質問が追及としての効果を有するのかを定性的・定量的に明らかにする。次に、追及した効果を確かめるために、回答が明確に答えられたかどうかに関するどっちつかず理論とそれに関する実証研究をレビューする。

「どっちつかず理論」はバヴェラスら（Bavelas et al. 1988, 1990）によって提示された理論であり、質問に対して、回答が答えていないことに着目するものである。「どっちつかず理論」は、送り手、受け手、内容および脈絡の四つの次元から構成される。送り手は自分の意見が表明されているか、受け手はインタビュアーに向けられているか、内容は言いたいことが分かるか、そして、脈絡は質問に対して答えているか、である。これらの四要素のうち一つでも答えていなければ、どっちつかずな回答になるとされる。

テレビの政治インタビューでは、政治家が自身の党や役職を代表して答えるために、純粋に自分の意見を述べるとは限らない。インタビュアーに向けられるというよりも、テレビの視聴者に向けて話すことがある。また、政治家は多くの主張を伝えようとする、あるいは専門用語が含まれており、言いたいことが分かりづらくなることがある。そして、責任を取りたくないため、明確に質問に答えないことがある。それがどっちつかずな回答として現れるのが「どっちつかず理論」である。

このどっちつかずな回答がなぜ引き起こされるかについては、状況やフェイスに対する脅威など様々な要因が提示されている。インタビューの場の状況によって、どっちつかずが引き起こされることが知られており、コミュニケーションの葛藤の状況理論（STCC：Situational Theory of Communicative Conflict）と呼ばれる。この理論では、インタビューの質問の内容やその場の状況によって、回答が左右され、どっちつかずな回答がなされると考えられる。

フェイスに対する脅威とは、名誉や威信、名声といったインタビューされる人の社会的人格が重要な概念であると考える。フェイスの概念は、ゴッフマン（Goffman 1971=2002）によって指摘され、ブラウンとレヴィンソン（Brown and Levinson 1987）によって確立されたものである。フェイスへの脅威（Face Threatening Act）がコミュニケーションにおいて、どっちつかずを引き起こすことが、ブルら（Bull et al. 1996）によって指摘されている。このフェイスの概念は、(1)政治家個人のフェイス、(2)政党のフェイス、(3)重要な他者を守るフェイスに分類されており、フェイス理論として捉えられている。

「どっちつかず理論」に関する研究は、これらのコミュニケーションの葛藤の状況理論とフェイス理論を精緻化する流れで研究がなされてきたといえる。状況理論を精緻化するものとして、質問の分類を行う構文解析（Syntax Analysis）の形で進められてきた（Quirk et al. 1985 ; Jucker 1986）。ブルやユッカーは、質問の分類を行い、質問の形態がどっちつかずを引き起こすとしている（Jucker 1986 ; Bull 1994）。また、フェルドマン（Feldman 2004）によると、日本の政治家が本音と建て前を使い分けており、日本の政治家は九・九％しか明確に回答していないとしている。フェルドマンら（Feldman et al. 2015）では、日本の政治討論番組において、国会議員、地方レベル政治家、非政治家によってどっちつかずの程度に差があることを示している。

その他、質問に答えない非答のカテゴリーについては、ブルとメイヤー（Bull and Mayer 1993）がマーガレット・サッチャーとニール・キノックを取り上げ、一一の分類を行っている。非答の一一分類は、質問を無視する、質問を認識するが答えない、質問に対し質問で返す、質問を攻撃する、インタビュアーを攻撃する、回答を拒否する、政治的な処理をする、不十分な回答で済ませる、前の質問の回答を繰り返す、出された質問に対してすでに回答済みであることを述べる、謝るというものである。

これらの研究で明らかになっていることは、質問の分類によってどっちつかずな回答がなされること、およびどっちつかずな回答がなされる場合の理由である。質問の分類では、ブルにおいて、質問が⑴イエスかノーの質問、⑵5W1Hの質問、⑶オルタナティブな質問、⑷宣言型の質問に分類されているが、定性的な分析が中心であり（Bull 1994）、それぞれがどっちつかずな回答にどれほどの影響を与えるかについては明らかにされていない。また、オルタナティブな質問は、ブル（Bull 1994）によって、二つ以上の選択肢が示されることが指摘されているが、それ以上の分析がなされていない。そこで本章では、オルタナティブな質問に焦点を当て、オルタナティブな質問が有する追及としての効果を検証する。くわえて、定性的かつ定量的に戦略的にオルタナティブな質問を用いているのか、オルタナティブな質問に対してどっちつかずな回答をしているかを分析することにより、オルタナティブな質問が果たす役割についても考察する。

3　どちらの案が良いか

分析枠組み

分析枠組みは、次の三つの点である。第一に、オルタナティブな質問が、他の質問の分類（イエスかノーの質問、5W1Hの質問、宣言型）と比べて、どっちつかずな回答を導き出しているかどうかである。これについては、定量的に平均値を比較するt検定によって検証を行う。

第二に、戦略的にオルタナティブな質問がなされているかどうかについては、踏み込みとして捉えられるかどうかによって検証する。話題に関して、話題が転換するか、継続するか、踏み込みであるか、再確認であるかが分類される（Jucker 1986）。予想としては、オルタナティブな質問は追及として用いられており、踏み込みの割合が多くなる。

第三に、オルタナティブな質問に対する回答が明確に答えられていない場合は、いかなる選択肢を選んでいるかを明らかにする。明確に答える場合は、示される選択肢AあるいはBを選択することになる。他方で、明確に答えていない場合は、様々なパターンをとり得る。多様なパターンを把握することで、いかに回答を回避しているかが理解可能となる。一見すると答えているように見えて、明確に答えていない回答のパターンは、一種の政治的レトリック（修辞法）であると捉えられる。政治的レトリックは、相手を説得するための話術であり、政治家特有のものであるといえる。ここではオルタナティブな質問に対する回避パターンを明らかにすることで、政治的レトリックを解明するとともに、有権者の判断に資することを目的としている。

データセット

用いるデータは、一九四人分（政治家一四五人、非政治家四九人）の政治インタビューを用いる。第2章で取り上げた三番組のものである。これらの番組から毎週三人程度、与党議員、野党議員、地方レベル政治家、非政治家のバランスが取れるように選択し、キャスターとのやり取りをテープ起こしした。分析手順やサンプルについては、フェルドマンら（Feldman et al. 2015）に準じている。分析の単位は、質問と回答のやり取りのセットであり、話者交替（Turn-taking）を基準とし、サンプル数は五〇八四となっている。また、オルタナティブな質問は一八三問であり、全体の三・六二％となっている。ブルの研究では、オルタナティブな質問は、一〇四五問のうち二二問の二・一％となっているため（Bull 1994）、日本の政治インタビューの方がやや割合としては高いが、それほど大きな差がないものといえる。

4　いかに選択肢を選ばないか

オルタナティブな質問による追及の効果

オルタナティブな質問による追及の効果を把握するため、回答がどっちつかずになっているかどうかで判断する。具体的には、オルタナティブな質問とそれ以外の質問によって、回答の送り手の次元、受け手の次元、内容、および脈絡の平均値が異なっているかどうかである。予想として、オルタナティブな質問は追及の効果があるため、平均値が高いと考えられる。ただし、自分の意見を述べているかという送り手、およびインタビュアーに向けられているかという受け手については、追及の効果があるとは考えていない。なぜならば、自分の意見を述べることやインタビュアーに向けることは、安全保障や外交といった話題の内容や、大臣や副大臣というゲストの役職に依存すると考えられるためである。

次に、オルタナティブな質問かどうかに区別し、平均値の比較を行う。検定方法としては、等分散を仮定しないウェルチのt検定を用いる。表7-1はオルタナティブな質問の効果を示す分析結果を示している。

分析の結果、有意な結果が得られたのは内容および脈絡である。平均値は、内容に関してはオルタナティブな質問が約二・五一であり、オルタナティブ以外の質問は二・一〇となっており、〇・四一の差が見受けられる（t=3.10, p＜.01, df =190. 51）。脈絡に関してはオルタナティブな質問が約四・〇六であるのに対して、オルタナティブ以外の質問は約二・三四となっており、一・七二の差が見受けられる（t=9.67, p＜.01, df =187. 74）。

この結果より、送り手および受け手については、オルタナティブな質問の追及効果がないといえる一

表７－１　回答の平均値の比較

		度　数	平均値	標準偏差	平均値の標準誤差
送り手	オルタナティブな質問	183	2.055	1.489	0.110
	オルタナティブ以外の質問	4901	2.191	1.500	0.021
受け手	オルタナティブな質問	183	2.836	1.416	0.105
	オルタナティブ以外の質問	4901	2.841	1.414	0.020
内　容	オルタナティブな質問	183	2.508**	1.754	0.130
	オルタナティブ以外の質問	4901	2.102	1.380	0.020
脈　絡	オルタナティブな質問	183	4.055**	2.383	0.176
	オルタナティブ以外の質問	4901	2.339	1.543	0.022

注：**：$p < .01$を示す。

方で、内容および脈絡については、オルタナティブな質問の追及効果が現れているといえる。

オルタナティブな質問の戦略性

オルタナティブな質問が戦略性を持っているかどうかについては、同じ話題で追及しているかどうかを確かめることによって検証することができる。ユッカー（Jucker 1986）では、話題が転換するか、継続するか、踏み込みであるか、再確認であるかの分類がなされている。そこで、戦略的にオルタナティブな質問を用いているといえるためには、オルタナティブな質問が「踏み込み」である割合が、他の分類と比べて高いかどうかで判断することができる。そこで、オルタナティブな質問であるかと話題に関するクロス集計表を作成し、カイ二乗検定を行うこととする。

クロス集計表より、話題に関して、追及を行う踏み込みの割合は、全体で五・〇％であり、オルタナティブな質問の踏み込みは一〇・九％、オルタナティブ以外の質問の踏み込みは四・八％と差があることが分かる（表７－２）。モンテカルロ法[2]を用いてカイ二乗検定を行った結果、$\chi^2=15.997$, $df=3$, $p < .01$ となっており、有意な結果が得られて

表7－2　オルタナティブな質問と話題に関するクロス集計表

	話題転換	話題継続	踏み込み	再確認	合　計
オルタナティブな質問	10	131	20	22	183
	5.5%	71.6%	10.9%	12.0%	100.0%
	2.2%	3.5%	7.8%	3.2%	3.6%
オルタナティブ以外の質問	438	3562	235	666	4901
	8.9%	72.7%	4.8%	13.6%	100.0%
	97.8%	96.5%	92.2%	96.8%	96.4%
合　計	448	3693	255	688	5084
	8.8%	72.6%	5.0%	13.5%	100.0%
	100.0%	100.0%	100.0%	100.0%	100.0%

いる。つまり、オルタナティブな質問かどうかによって話題の分類に差があるといえる。

オルタナティブな質問に答えないパターン

オルタナティブな質問は、インタビュアーが選択肢を提示し、回答を迫るものである。論理的には、二者択一であることが想定されるため、どちらかの選択肢を選ばざるを得ない。しかし、政治家は、どちらかの選択肢を選ぶことによって、特定の有権者の支持を失う可能性がある。そのため、明確な回答を避けると考えられる。その際に、どのように回答し、回避しているかを知ることで、政治的レトリックに対して視聴者は厳しい目で番組を視聴することが可能となる。ここでは、答えない場合のパターンを示した後、定性的に確認する。

まず、七つの答えないパターンを検討する。そのパターンは、①AとB両方の選択肢をよいとする場合、②両方よいとして別の案を提示する場合、③AとB両方の案を否定する場合、④両方の案を否定した上で別の案を提示する場合、⑤AとBどちらの案にも触れず答えない場合、⑥AまたはBをよいとして別の案を加える場合、⑦その他である。

質問に対して答えているかについての脈絡の次元に関して

は、答えている割合は三二・八％であり、オルタナティブな質問一八三問のうち一二三問の六七・二％が答えていないことが分かる。

図７－１は、オルタナティブな質問に対する回答の回避パターンを示している。最も多いのが、⑤AとBどちらの案にも触れず答えない場合であり、答えていないもののうち、三九・八％を占めている。次いで、順に④両方の案を否定した上で別の案を提示する場合の一八・七％、⑥AまたはBをよいとして別の案を加える場合の一三・八％、①AとB両方の選択肢をよいとする場合の一三・〇％である。

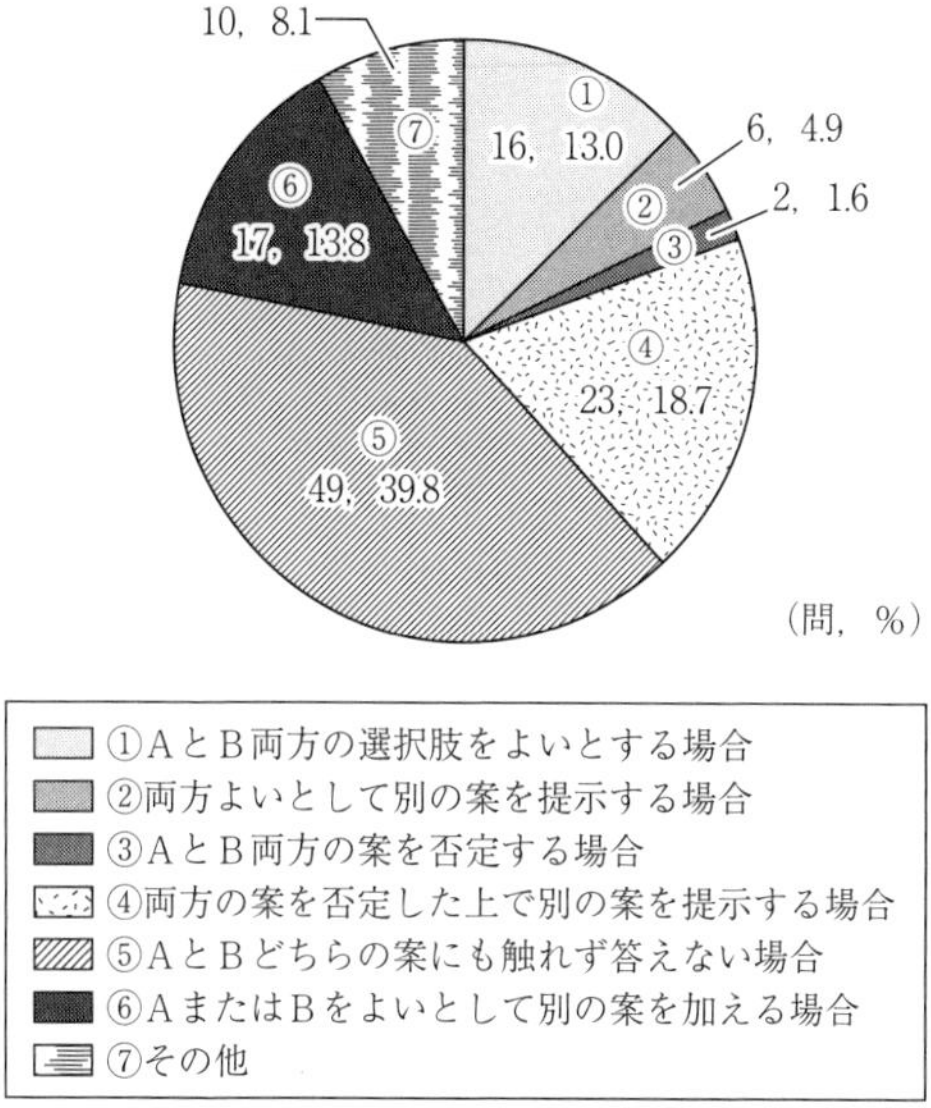

図７－１　オルタナティブな質問に対する回答の回避パターン

政治インタビューにおいて、回避パターンとして最も多いのが、提示された案に触れずに答えない場合であるというのは、視聴者にとって重要なことである。政治家は、明確な回答を避け、論点をすり替えていることに注意しなければならないことを意味している。次に、具体的な事例を二つ挙げて考察する。第一の例は、オルタナティブな質問に対して論点をずらす政治的レトリックを用いており、第二の例は政党への批判を回避するために、党内の政治家を擁護するという政治的レトリックが用いられている。提示された案に触れずに答えない場合であっても、用いられる回避方法に違いがあることを事例より確認する。

第一の例は、二〇一二年五月一日放送の「プライムニュース」で、自民党衆議院議員の中谷元に、反町理キャスターが尋ねている場面である。

反町：自民党の消費税に関しては、引き上げということを方針としては持っているわけでしてね、その自民党が今後消費税に関して、その民主党の中の引き上げ派との連携を目指していくのか、民主党が割れるのを優先して、もっと分かりやすく言っちゃうと、消費税と選挙どっちを優先するのかという大方針なんですけど、中谷さんどういうふうにお考えなんですか。

中谷：まぁ自民党は既に公約で、一〇％ということは必要だと言っていますが、問題は何に使われるかということで、党としては考え方を出していくということで、これから社会保障に対してこういう部分にこう使いますということを主張しますので、まぁ国民の皆さんに何に使っていくのかと。で、民主党に言いたいのはそういう定率の年金とかですね、そういうのをやるなら消費税を本当に八％とか一〇％とかで大丈夫というところから聞いていきたいと思いますね。

（二〇一二年五月一日「プライムニュース」より）

この例では、消費税と選挙のどちらを優先するのかという選択肢を提示し、回答を求めている。これに対して中谷は、どちらを優先するかについてはまったく回答しておらず、消費税増税した後に、何に使うのかを国民に判断してもらいたいという点と、当時与党であった民主党の姿勢を批判している。どちらかを選択して明確な回答をすれば、責任を伴うことになるため、選択せずに答えず、視聴者に対するアピールを行い、論点をずらして答えた例であるといえる。

もう一つ、提示された案に触れずに答えない場合の第二の事例を確認する。二〇一三年一月一六日放送の「プライムニュース」で、当時少子化担当大臣であった森雅子に、女性の活躍について八木亜紀子キャスターが尋ねている場面である。

八木：（高市早苗の主張する女性の指導的地位の数値目標には慎重的な立場か、野田聖子の主張する強制的に女性が活躍する場所を確保するという意見について）森大臣は、どちらの考えに近いんでしょうか。

森：はい、あの、大変難しい質問ありがとうございます。両方のお姉さま大好きです。でー、あのわたくしはですね、あのー本当に、野田聖子先輩も高市早苗先輩も今までの本当にこの男性社会の中で指導的地位に就かれて活躍されてきたということで、大変尊敬しております。で、わたくしこの問題ですね、担当にさせていただいて、高市先生のお話をお伺いますと、過渡的な措置としては、賛成であるということを、仰っておられます。（二〇一三年一月一六日「プライムニュース」より）

女性の活躍に関して、数値目標に慎重的な立場を採るか、強制的に活躍する場所を確保するという立場のどちらが良いか、森大臣の選好がオルタナティブな質問によって尋ねられている。この質問に対して、森大臣は、過渡的な措置としては高市も賛成しているということを述べているにとどまっており、自身の考えは述べていない。この回答には、顕著に政治家特有の回答が現れていると考えられる。たとえば、高市および野田の両方の名前を挙げ、好意を持っていることを示している。政治家は、自身が所属する政党の同僚議員を批判することを回避する。なぜならば、同僚議員を批判した場合、当該政治家を支援する有権者から批判を受けることに繋がりかねないためである。また、同じ政党の議員の意見が割れていることが明らかとなれば、野党および世論にも追及されることになり、悪い印象を与えることとなってしまう。そのため、森は自民党内で意見が割れていないことを弁護し、自分の選好を明らかにしなかったものといえる。この例も、どちらの案にも触れずに答えない例であるといえ、政治的レトリックが現れているといえる。

5　追及の効果

本章では、政治インタビューにおける質問に着目し、オルタナティブな質問が追及としての効果を有するのかを定性的・定量的に明らかにしてきた。オルタナティブな質問の効果、戦略性、答えない回答のパターンという分析枠組みより分析を行った。その結果、オルタナティブな質問は追及の効果があり、回答が内容および脈絡に関して答えないことが明らかとなった。また、戦略性に関しては、話題を掘り下げて追及する割合が、やや高いことが明らかとなった。ただし、話題に関して、ほとんど話題の継続であるため、踏み込むというよりも同じ話題で議論を進めているという特徴が、日本の政治討論番組にあるといえる。これは、政治インタビューが政治家を追及する手段として明確に位置づけられていないことの現れであり、問題は局およびキャスターにあるといえる。そして、オルタナティブな質問に対する答えない回答のパターンより、どちらの案にも触れずに答えない場合が三九・八％と最も多いことを明らかにした。

本章の分析上の課題として、三点指摘しておく。第一に、オルタナティブの追及の効果を明らかにしたが、与党議員、野党議員、地方レベルの政治家、非政治家の区別ができていない。フェルドマンら(Feldman et al. 2015)では、回答者の属性を区別しているが、本章では、属性によって分けることができていない。そのため、属性やその他の影響をコントロールした上で、オルタナティブな質問の効果を明らかにすることが求められる。第二に、オルタナティブな質問の戦略性の捉え方が一側面であるため、問題があるといえる。同じ話題での追及が戦略性を持つかということについては疑義が生まれる可能性がある。政治インタビューでの戦略性とは、情報を入手する質問や、追及する質問、行動を制約する質問のバランスや配置が重要になると考えられる。そのため、戦略性を把握するためには、どのような流れで議論を展開するかを広く検証することが求められる。第三に、回答の回避パターンを政治的レトリックとして捉えたが、政治的レトリックを分析する枠組みが欠如しているといえる。回避パターンを明らかにすることで、視聴者が答えていないことを自覚できるという点があるが、どれはどパターンに意味があるかは明らかではない。

最後に、オルタナティブな質問が果たす役割について考察する。オルタナティブな質問が果たす役割としては、第一に追及としての役割があるといえる。熟議による民主主義を考える上で、質問での追及によって、争点を明確化することが求められている。政治インタビューにおいて、与野党の政治家に対して、オルタナティブな質問をすることが、論点および選好を明らかにする効果がある。ただし、回答を回避する場合が多く見受けられるため、視聴者は、政治家特有の表現に留意する必要があるといえる。

第二に、視聴者に対する教育効果があると考えられる。第一の役割から派生するものであるが、選択肢が提示されるため、視聴者自身も考えることが促されるといえる。そこで、どちらかの選択肢の方が好ましいと考えれば、その政党の立ち位置と一致するかどうかを考えることになる。有権者は投票を行う際に、特定の争点に関する政党の近接性および方向性を考慮することが指摘されている（Merrill and Grofman 1999）。政治家の選好が回答で示された場合、政党を支持するかどうかの判断材料となり得る。他方で、回答が回避された場合、当該政治家を批判する要因となる。また、回避される回答は、議論が煮詰まっていないことを示すものであり、重要な論点であるといえる。

政治インタビューは、コミュニケーションの中でも、特異な側面を捉えるものである。それは、通常のコミュニケーションでは、現れにくい独特の表現や言い回し、回避の話術が用いられるためである。そのため、質問に対して答えないことに着目する「どっちつかず理論」があり、その要因が説明されてきた。本章では、オルタナティブな質問に着目したが、オルタナティブな質問以外の質問形式も重要である。政治インタビューは、視聴者が背後に存在するため、インタビュアーとインタビューされる側の政治家、視聴者の三者の関係が重要となる。とくに民主主義を考える上では、有権者が本人であり、政治家が代理人であるという関係を重視しなければならない。政治家を選ぶのは有権者であるため、有権者がより良い判断を下すために、政治インタビューが行われる必要があるといえるだろう。そして、我々はそれを自覚して、政治討論番組を視聴していくことが求められる。

次の第8章では、争点、質問形式、フェイスへの脅威という三つの要因が関係していることを事例から検討する。

注

(1) 永田町という表現は、国会議事堂が永田町にあるため、国会議員が活動する場として用いられる。永田町の流儀という場合、政治家には政治家のやり方、方法があることを意味している。これに対して、霞ヶ関は、中央省庁が集中していることから、官僚を指す言葉として用いられる。

(2) 「モンテカルロ法」は、乱数を用いてシミュレーションを行う手法である。ここでは、オルタナティブな質問の度数が少なく、バランスが取れていないクロス表となっているため、正確な有意性を計算するために用いている。

第8章　奥歯にモノが挟まったような言い方

1　事例からの検討

本章の目的は、政治家とインタビュアーのコミュニケーションにおける相互作用の実態をケース・スタディにより明らかにすることにある。政治討論番組は、視聴者に分かりやすく政治状況を伝えるとともに、マスコミが政治家に対して直接質問することによって、政府や政党を追及することに意義があるといえる。

一九九〇年代以降、テレビの討論番組で政治が動くというように指摘されるほど、テレビは政治に対して強大な力を有していた（蒲島他 二〇〇七）。それは一九九〇年代においては、日曜日の朝から、フジテレビの「報道2001」、NHKの「日曜討論」、テレビ朝日の「サンデープロジェクト」と政治家がゲストとして呼ばれる討論番組が連続した時間帯に放送され、政治的コミットメントを示さなければならない状況に追い詰められていたからである。しかし今日において、政治討論番組の重要性は一九九〇年代と比較して、弱まっているといえる。それはインタビュアーが政治家を追い詰めてまで、政治的約束を獲得しなくなったこと、政治家がインタビュアーの質問を回避して回答するようになったこと、また政治過程の外の領域で決定されることが減ったことが考えられる。とくに最後のことに関しては、これまでの政策決定過程においては、国対政治や与野党との折衝が重要な役割であったが、今日においては、国会で可決する法案は事前に絞り込まれ、議論の紛糾するような法案に関しては、提出がなされないようになっている。そうしたことから、内閣は成立見込みの低い法案は出さず、可決される法案のみを提出するため、政治討論番組で扱うトピックが論争とならなくなったといえる。

しかし、そうはいっても、テレビ局は番組で扱うトピックやゲストを自由に選定し、議題設定権を持っているとされ、少なからずテレビの政治報道は影響力を持っていると考えられる。今日、テレビが衰退しているといえども、固定した視聴者層が存在し、その役割を未だ失ってはいない。むしろ、テレビの討論番組は地上波放送から衛星放送（ＢＳ）に移行した番組も存在し、異なる視聴者層を取り込んだとも考えられる。たとえばＢＳフジの「プライムニュース」は月曜日から金曜日の二〇時から二一時五五分に放送しており、多くの政治家をゲストとして招待している。またＢＳ朝日の「激論！クロスファイア」は土曜日の一〇時から一〇時五五分に放送しており、田原総一朗が司会を務めている。こうした番組は、一つのトピックをじっくりと取り扱うため、異なる視聴者層を対象にしていることが考えられる。

そこで本章においては、テレビの政治討論番組がインタビューを行う過程において、出演する政治家に対して、いかなる質問を行い、どのような回答を得ているのかを明らかにする。その際、司会者はどのような争点に着目し、出演する政治家はその質問に対していかに答えているのか、質問を回避しているのかを明らかにする。この政治インタビューの動態を明らかにすることで、政治討論番組が持つ意義、視聴者に与える効果が明らかになるのではないだろうか。また、本章は「どっちつかず理論」（Equivocation Theory）を定量的に精緻化したフェルドマンら（Feldman et al. 2015）の研究に対して、定性的な研究より、「どっちつかず理論」に与える要因を検証することを目的としている。

2　マスメディアの影響力

マスメディアに関する研究

マスメディアの影響力について、影響力は限定的であるとする見方と強力であるという見方が存在している。マスメディアの影響力が限定的であるとする見方は、限定効果説と呼ばれ、マスメディアとの接触よりも、対人同士のコミュニケーションの方が影響力を与えていると考える。この考えは、ラザーズフェルドら（Lazarsfeld et. al. 1944）によって示され、マスメディアからの情報伝達にはオピニオンリーダーが存在し、二段階フローモデル（Two-Step Flow of Communication Model）となっていることに基づく。第一段階において、マスメディアの報道が世論を牽引する人々に伝えられる。このオピニオンリーダーたちが、さらに国民に伝えることによって、マスメディアの影響力は大きなものとなる。その他、自分自身には影響を与えないが、マスメディアを視聴している自分以外の第三者には影響を及ぼすと人々が認知することで、間接的に影響力を及ぼすという第三者効果（The Third-Person Effect）も限定効果説に位置づけられるといえる（Davison 1983）。

他方で、これらの限定効果説に対して、直接、マスメディアが人々に対して影響を及ぼすと考える立場は強力効果説と呼ばれる。強力効果説は、ノイマンの提示した沈黙の螺旋理論（The Theory of Spiral of Silence）に基づく（Noelle-Neumann 1984）。沈黙の螺旋理論とは、自分の立場が少数派であると感じた場合、孤立することを避けるため、立場の明言をせず多数派の意見に合わせることをいう。その多数派意見はマスメディアによってつくられると考えられるため、メディアが大きな影響力を持っていると位置づけられる。また、マコームズとショウ（McCombs and Shaw 1972）により、議題設定権という概念が提示されて以降、数多くの研究がなされることとなった。議題設定権は、マスメディアが取り上げる争点・トピックが強調されるほど、受け手側もその争点・トピックがより重要なものであると認識するものである。

日本における政治に関するマスメディアの影響力

日本における政治に関するマスメディア、とりわけテレビの影響力に関する研究は、有権者に焦点が当てられるものと、テレビや新聞などのマスメディア自体に焦点が当てられるものに分けられる。有権者に焦点が当てられたものとしては、谷口（二〇〇二）、飽戸・服部（二〇〇八）、稲増・池田（二〇〇九）および谷口（二〇一二）がある。他方で、テレビ政治自体に焦点が当てられる研究は、十分な蓄積があるとはいえず、歴史的な研究が中心となっているものの（河野 一九九八；谷藤 二〇〇三、二〇〇五；星・逢坂 二〇〇六；逢坂 二〇一四）、一部として政治討論番組を扱っているものが見受けられる（岡井他 二〇〇二；常木 二〇〇六；Furo 2001）[1]。

谷藤（二〇〇三）では、テレビ政治の歴史を踏まえ、一九九〇年代以降、マルチチャンネル化が進行し、メディア間で競争が進んだ過程において、「政治が個人的な物語りへ置き換えられ（個人化）、劇的に表現され（劇化）、単純化され（対比化と二元化）て提示されるようになった」ことを指摘している。喩えとして、政策をめぐる対立は小泉対抵抗勢力などと二元化され、小泉対亀井という個人の物語に置き換えられて表現されるとしている。さらに、テレビ政治が発達したことにより、エンターテインメント性が増加し、かつ政治情報は日常化し、多くの情報の中に埋没していることを指摘している。その結果、テレビ政治がもたらしたものは、政治的知識や政治参加の衰退であるとしている。

河野（一九九八）は、一九九三年七月および一九九六年一〇月の衆議院選挙の公示期間を対象に、「筑紫哲也ニュース23（TBS）」と「ニュースステーション（テレビ朝日）」の二番組についての内容分析を行っている。内容分析の結果より、一九九六年の報道の方が各政党に対するイメージ刺激は少なくなっており、一九九三年の報道に関しては自民党と社会党に対するマイナス報道が多かったこと、それとは逆に新党さきがけ、新生党、および日本新党といった新政党に対してはプラス報道が多くなされていたことを明らかにしている。

谷口（二〇〇二）は、政治番組の内容分析を行った上で、否定的報道の多い番組を視聴することが、政治的シニシズムを増加させることを実証している。具体的には二〇〇〇年の総選挙について焦点を当て、「ニュース10（NHK）」と「ニュースステーション」の報道内容を争点型、戦略型、および選管型フレームに分類し、その上で、コメントの方向性が肯定的か、否定的か、混合か、ストレート記述的かに分類している。その結果、「ニュースステーション」は与野党対立を強調した戦略フレーム（七六・三％）が多い一方で、否定的文脈付け（二七・一％）が基調となっていることを指摘している。(2)

稲増・池田（二〇〇九）では、二〇〇七年の参議院選挙時に放送された民放三一番組のテキストデータを用いてクラスター分析より、ハードニュースとソフトニュースに分類している。(3)その上で、ハードニュースが選挙への関心を高めることおよび、政治知識が低い人々に対してはソフトニュースが選挙への関心を高めることを実証している。

谷口（二〇一二）では、ソフトニュースに焦点を当て、三つの分析を行っている。第一は、二〇〇七年の参議院選挙の前後三回にわたって行われたパネル調査を用いて、自分の選挙区における自民党候補を伝統的ニュースでより多く見た可能性が高い人ほど、選挙で当該自民党候補に票を投じることが実証されている。第二は、二〇〇七年参議院選挙候補者および非改選議員全員を対象にしたメディアへの出演頻度に関するアンケート調査を用いて、伝統的ニュースとソフトニュースを合わせた、メディア露出が多いほど個人志向票を集めやすいこと、およびソフトニュース出演志向に関しても、ソフトニュースに出演する方が個人票を集めやすいことを実証している。第三に、インターネットを用いた調査実験を通じて、政策争点まで立ち入ってディスカッションが行われる映像の方が、何も視聴しないグループ、娯楽性の高い映像を視聴したグループよりも好感度が高くなることを示している。

これらのテレビと有権者の関係を示す研究が蓄積されている一方で、政治討論番組に関する研究は少ない。岡井ら（二〇〇二）では、政治討論番組である「日曜討論」と「サンデープロジェクト」に焦点を当て、二〇〇一年参議院選挙の内容分析を行っている。発言比率およびカメラショットの時間を計測し、「日曜討論」では与野党の発言のバランスを考慮している一方で、「サンデープロジェクト」では野党の発言比率が高くなっていること、小泉首相出演時はNHK討論番組での自民党の発言比率を増加させることを示している。また、カメラショットの分析においては、「日曜討論」では与野党の公平性が担保されているものの、「サンデープロジェクト」では野党に対するショットの方が与党を上回っていることを示している。他方で、複合的なカメラショットに関しては、発言している野党出演者の背後から与党出演者を撮るというカメラアングルが「日曜討論」および「サンデープロジェクト」の両番組に共通して見られたとしており、野党に対して不利な映像構成となっていることを指摘している。

また、常木（二〇〇六）では、二〇〇五年五月一六日放送の「日曜討論」と「サンデープロジェクト」を取り上げ、「他者の発言中への割り込み」「自分の意見を言う」「あいづち」に関して、「サンデープロジェクト」が「日曜討論」を上回っていることを確認している。その上で、「他者の発言中への割り込み」等に対して、それぞれの印象評定を行っている。因子分析の結果を踏まえ、「サンデープロジェクト」においては、「討論を親しみ易く、楽しい、活発化させるなどの好印象を与えている一方で、攻撃的、感情的、苛立たしさ、迎合的といったやや否定的な印象も与えている」と結論づけられている。

これらの先行研究より、テレビ政治と有権者の関係では、ハードニュースは有権者に対して、肯定的な影響を与える一方で、ソフトニュースに関しては娯楽性があるため、肯定的な影響を与えるが否定的な影響も与えかねないということが明らかになっている。また、政治討論番組に関しては、カメラショットでは野党が不利に扱われること、「サンデープロジェクト」では視聴者が面白く感じるために「攻撃的」や「感情的」などの感情を刺激するように制作されていることが明らかとなっている。政治討論番組を対象とする上で、様々な分析枠組みが提示されており、テレビ局によって相違があることが明らかとされている。ただし、これらの先行研究において、十分に扱われていない点は、政治討論番組ではいかなる流れで、議論が進められていき、どのような質問がなされているかである。そして、どのような回答が得られているかについても、十分に明らかにされていないといえる。ここでは、テレビの政治討論番組を事例として扱うことで、これらを明らかにする。その前段階として、テレビの政治討論番組がどれほどの影響力を持っているかについて、過去の事例より触れておく。テレビの政治討論番組に出演し、発言することによって、それが新聞やニュースによって取り上げられることがしばしば起こるからである。

事例からみるテレビ政治の影響力

テレビ政治がマスメディアや有権者に対して影響力を与えることは、二つの事例によりうかがい知ることができる。事例からは、必ずしもテレビ出演のみが原因であるとはいえないものの大きな影響を与えたことが推察される。一つは、一九九八年の橋本龍太郎首相がテレビに出演した際の発言によって参議院選挙で自民党は議席数を減らし（五九議席から四四議席）、橋本内閣は退陣に追い込まれたことである（田原 二〇〇六：蒲島他 二〇〇七：逢坂 二〇一四）。もう一つは、二〇一四年七月一一日発売の写真週刊誌『フライデー』に「安倍官邸がNHKを土下座させた」とする記事が掲載されたことである。

一九九八年七月五日、橋本首相は「サンデープロジェクト」に出演した。七月三日の熊本市での記者会見の内容が「首相は所得課税の恒久減税実施を検討する方針を表明した」と報じられたことに対して、橋本首相は「私は恒久減税とは一言も言っていない。恒久的な税制改革になるでしょうと申し上げた」とし、恒久減税はマスコミの解釈であったと釈明した[4]。司会者田原が具体的な見直し策を求めても、「分からない。中立になるかもしれない」とはぐらかす場面も見られた。さらに田原が「下げるか下げないか、はっきりすべきだ」と迫ると、「そういう言い方が税制の議論をおかしくしてしまう」と回答し、明言を避けた。この橋本首相のテレビ出演時のコメントは新聞各紙で取り上げられ（『朝日新聞』一九九八年七月六日、『毎日新聞』一九九八年七月六日、『読売新聞』一九九八年七月八日）、首相が迷走しているというイメージが作り出されたといえる。そうして有権者の支持率が低下し、参議院選挙において議席数を減らしたといえる。

もう一つの事例は『フライデー』による記事である。同年七月三日に放送されたNHKの「クローズアップ現代」に、菅義偉官房長官がゲストとして出演した。そこでは集団的自衛権の行使容認について質問がなされ「他国の戦争に巻き込まれるのでは」といった質問がなされた。首相官邸側がクレームを入れた理由として、「国谷キャスターの質問が鋭かったうえ、国谷さんが菅さんの発言をさえぎって『しかしですね』『本当にそうでしょうか』と食い下がった」ことが要因ではないかとされている（『フライデー』二〇一四年七月一一日）。これに対して、菅官房長官は七月一一日の記者会見で、「首相官邸側がクレームを付けたとする週刊誌報道について、事実と全く違う。ひどい記事だ」と批判し、抗議するかどうかについては、効果があるかを含めて考えたい旨を述べている[5]。この事例は、官邸がNHKに対して影響力を行使したとみられるが、NHKによるインタビューの影響力が現れた事例であると捉えることも可能である。つまりキャスターの追及によって、官邸側は明確に答えることができず、事前に想定していた内容よりも踏み込んで質問されたために、表面化したといえる。キャスターの質問によって内閣に不利な世論が形成されると困るという内閣の思惑が背景にあると考えられる。

3　争点、質問、名誉の複合的視点

分析枠組み

ここでは、分析枠組みとして次の三点を設定する。第一は議題設定機能についてである。番組を構成するテレビ局がいかなる質問を投げかけるかによって議題設定がなされる。議題設定がなされることで、視聴者は争点の優先順位をつけることとなる。ここで扱う議題設定権は、政治討論番組において司会者が行う質問の争点である。

第二はフェイスに対する脅威である。ここでのフェイスは名誉や名声を指している。政治インタビューにおいて、司会者がゲストのフェイスに対する脅威を与えることが知られている（Bull et al. 1996；Bull and Elliott 1998；Bull 2008）。フェイスへの脅威はゴッフマン（Goffman 1971=2002）によって指摘され、ブラウンとレヴィンソン（Brown and Levinson 1987）によって確立された概念である。

第三は話者交替（Turn-taking）に着目し、質問がクローズドエンドクエスチョン（Closed Ended Questions）か、あるいはオープンエンドクエスチョン（Open Ended Questions）かによって、回答が異なることを明らかにする。質問の形式については、意味に基づく分類や、5W（When, Where, Who, What, Why）による分類、イエスかノーの質問、語尾・イントネーションによる分類等に分けられる（Jucker 1986；Yokota 1994；Tanaka 2004）。

これら三つの分析枠組みがそれぞれ回答に影響を与えていると考えられる。とくに議題設定機能に関しては、テレビ局側が、現実に存在しているあらゆる問題を考慮した上で、経済や安全保障、憲法といった個別の争点に関する質問をすることが考えられる。このテレビ局によって提示される争点が、無意識によって、視聴者の「何が問題であるのか」という政策の優先順位として捉えられることとなる。とりわけテレビ局は、論争となる議題について政治家に対して問うことが多くなっており、これは議論が対立するほど視聴者にとって面白い番組となることを意識して制作されているものと考えられる。

この三つの分析枠組みを設定するのは、質問に対して答えないという「どっちつかず理論」へ応用するためである（Bavelas et al. 1988, 1990 ; Bull 1998 ; Feldman 2004 ; Feldman et al. 2015）。「どっちつかず理論」は、質問に対して明確に答えないことに着目した研究である。バヴェラスら（Bavelas et al. 1988）によると、答えない要素として、送り手、受け手、内容および脈絡の四つの次元があるとされている。送り手は自分の意見を述べないこと、受け手はインタビュアーに回答が向けられないこと、内容は回答が理解できないこと、そして脈絡は質問に対して明確に答えないことである。ここでは、この四次元のうち脈絡に焦点を当て、議論を進めていく。脈絡に主点を当てるのは、質問に対して答えないことにこそ、研究の意義が強く存在すると考えられるからである。たとえば、送り手である自分の意見を述べないことの要因を明らかにするよりも、なぜ質問に答えないかを明らかにする方が意義があるといえる。それは質問に答えない箇所にこそ、重要な議題が存在し、論争となる可能性があるからである。

データと分析手順

本章では、二〇一三年三月九日放送「激論！クロスファイア（ＢＳ朝日）」を録画した上で、そのやり取りをすべてテープ起こししたテキストデータを用いる。三月九日放送の出演者は安倍晋三（第九六代内閣総理大臣）であり、番組のキャスターは田原総一朗および村上祐子（アナウンサー）である。また、解説のため、朝日新聞オピニオン編集長の星浩がゲストとして呼ばれている。同番組では、編集を加えることなく放送されており、三月九日の放送は生放送で番組が制作されていた。田原は二〇一一年の「今、テレビが変わっている！」と題するインタビューの中で、「番組内で谷垣さん（二〇一一年五月二八日放送済）に何かを確約させるかさせないかはどうでもいい。彼らの論理を追い詰めていって、彼らが途中でひよっていると分かればそれでいいんです。そこで『ひよるな』というのは殺すということです。僕は殺す気はないですよ」と述べている。(6) ここでいう「ひよる」というのは、質問により追及していった結果、出演している政治家が回答に窮するものが出てくればよいという意味であり、視聴者が一つのテーマについてじっくりと話を聞き、どういうところに問題があるのかを理解できればよいという意味が含まれていると考えられる。

分析の手順として、第一に、議題設定機能に関して、質問の内容がいかなる争点に属するかについての分類を行った。第二に、フェイスに対する脅威があるかどうかのコーディングを行った。これはフェイスに対する脅威がある質問の場合、回答がどっちつかずになることが予想されるためである。他方で、脅威が見受けられない質問である場合、回答は明確に答えられると考えられる。

第三に、質問の形式に関する分類として、クローズドエンドクエスチョンかオープンエンドクエスチョンに分類を行った。クローズドエンドクエスチョンの場合、イエスかノーという二択を迫るため、質問に対して、どちらかを選択しなければならない。質問に対して、回答が確約できないものである場合、どっちつかずな答えとなることが考えられる。先ほどの事例でみた恒久減税に関して、「下げるか下げないか、はっきりすべきだ」とする質問はクローズドエンドクエスチョンであり、こういった質問に対しては、確約することが難しく明確に答えることができないと考えられる。ただし、クローズドエンドクエスチョンであったとしても、質問の語尾に「〜ですよね」、あるいは「〜でしょう」といった形式を取る場合、会話を円滑に進めるための質問であるため明確に答えられることとなる。他方で、オープンエンドクエスチョンの場合、「〜についてはどう思いますか」、あるいは「どのように対応されますか」といった形式を取るため、回答はいかようにも答えることができ、この場合は、クローズドエンドクエスチョンと比べ、比較的答えやすいものであると考えられる。

4　三要因の交絡

議題設定機能

図8-1は質問の争点の流れを示している。左側より番組が開始し、右に行くにつれて番組内における質問が進むことを示している。安倍首相に向けられた質問は三二問であり、経済から議論が始まり、消費税／財政、厚生労働（雇用）、TPP（Trans-Pacific Partnership：環太平洋戦略的経済連携協定）の問題について質問した後、トピックが安全保障、憲法、外交へ移っていることが分かる。最も多く質問がされた争点は経済の八問であり、次いで安全保障および憲法がそれぞれ七問ずつ質問がなされている。番組前半に経済の質問がなされており、視聴者の関心を高めた後、テレビ局が重視する安全保障や憲法といった中心となる争点へ議題が移ったと考えられる。このように議題が移るのはテレビ局による関心の強さが現れている他、番組に招待するゲストの役職（大臣や幹事長など政府要職と政党内の役職）に依存するところが大きいと考えられる。つまり、テレビ局は関心の高いテーマと番組に招くゲストを選択し、それに応じた議題に関する質問をインタビューで行っているといえる。

番組の最初は為替と株価の話から入り、マーケットが反応していることを提示している。その後、ア

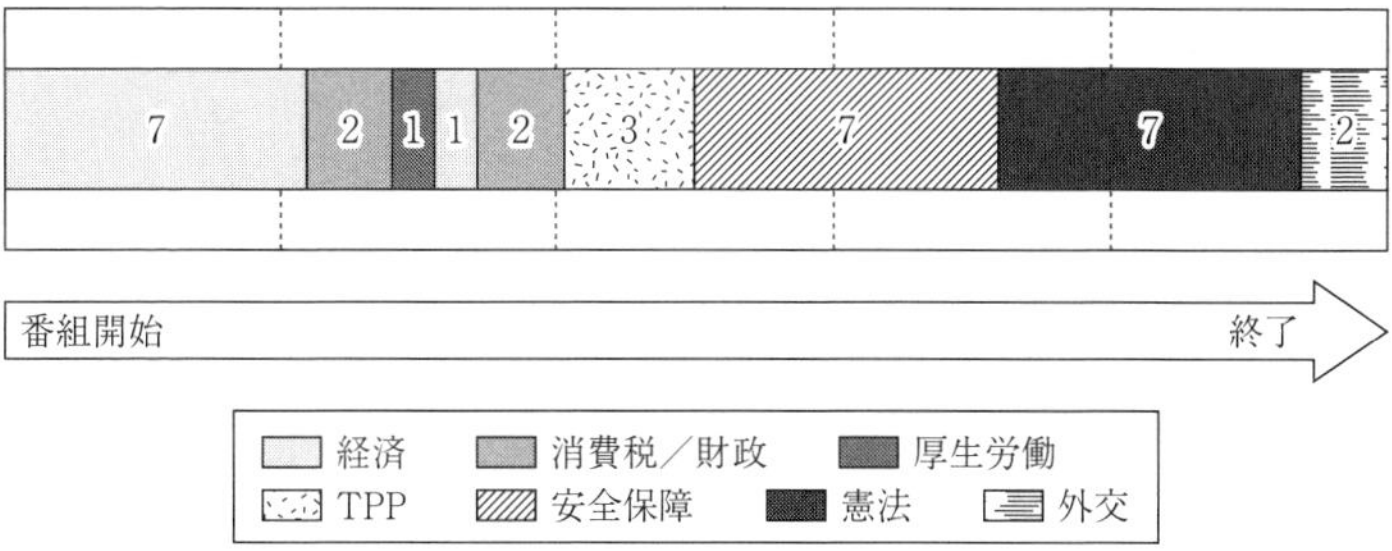

図8－1　質問の争点の流れ

注：2013年3月9日放送「激論！クロスファイア」より作成。

ベノミクスの話に言及し、円安がもたらす懸念を尋ねている。その後、財政政策の話から、財政運営の話に転じ、一七問目より突如安全保障へ大きく争点が展開している。そこで、話が大きく変わった転換点である一七問目の質問を取り上げる。

議題が転換した例

田原：時間がないんで、次行きたいんだけど、普天間問題です。普天間問題は大問題で、実は民主党の時に鳩山さんが実は自民党の時にほとんど決まっていた辺野古がね、それを「最低でも県外」なんて言って、最終的には沖縄をまったく裏切る形で辺野古に決めちゃったと。沖縄の県民は大反対していると。今やね、知事も反対と言う中で、さあ一体、安倍さんはアメリカで、日米首脳会議で普天間飛行場の移設、そして嘉手納以南の土地返還を早期に進めると。この移設というのは辺野古だと思うんですが、問題はその辺野古を実際に進める時に、つまり埋め立て申請をしなくてはならない、公有水面の、埋め立て申請を。さあ政府がいつ頃するかが今一番の課題になっている、これはどう考えていらっしゃる？

安倍：あの、まずはっきりしているのは、お話をしていただいたように、普天間飛行場を絶対に固定化してはならない。これの早期移設をしなければいけません。これはオバマ大統領とお互いに認識を一致しました。でもう一つは嘉手納以南の基地、土地の日本への返還、これ全然スケジュールも決まっていませんからスケジュールも決めてくださいと言った。そこで、まずは辺野古への、鳩山当時の民主党代表がですね、「最低でも県外」と言って大きく変わってしまいましたから、政府と国と、沖縄県との間で信頼関係がありませんから、まずはこの信頼関係を構築したいと私は思っています。ですから先般も沖縄に行きまして仲井眞知事と色んなお話をさせていただいた。山本一太担当大臣も何回も足を運んでいます。そうした信頼関係を構築する上においてですね、様々な事をご相談させていただきたいと思っています。

（二〇一三年三月九日「激論！クロスファイア」より）

ここでは、突如「時間がないんで、次行きたいんだけど」との発言があるように、普天間基地移設の問題に争点が大きく転換していることが分かる。これは、テレビ局および司会者である田原総一朗があらかじめ質問を準備していたことが考えられる。そして、話題が大きく転換したため、田原はどういう問題が現実に存在しており、これまで何が起こってきたのかを端的に説明している。そして、埋め立て申請が課題になっていることを提示した上で、この問題をどのように考えているか質問している。

この質問に対して、安倍は、重要な問題であることを述べた上で、信頼関係の構築が必要であることを述べている。そして、仲井眞知事と話をしたことや、当時の沖縄及び北方対策担当大臣である山本一太議員が何度も沖縄に訪れていることに触れている。この質問によって、議題がＴＰＰから安全保障へ大きく転換されたといえる。この後、安全保障に関して、クローズドエンドクエスチョンを用いてさらに追及を行っている。そのため続く一八問目の例をみることとする。

安全保障の例

田原：世間で、というかマスコミで話題になっているのは、埋め立て申請を参議院選挙前にやるのか、あるいは後にするのか、この辺はどうですか。

安倍：いずれにせよですね、これは安全保障の問題であり、あるいは普天間の皆さんにとっては一日も早く移設をしたいという問題ですから、参議院選挙ということは念頭におかずに、前にやるということではありませんよ。念頭にはおかずに私は決めていくべきだと。

（二〇一三年三月九日「激論！クロスファイア」より）

この例は、安全保障に関して、クローズドエンドクエスチョンにより質問を行っていることが分かる。質問の内容は、普天間基地移設に際して埋め立て申請を参議院選挙前に行うのか、それとも参議院選挙後に行うのかを尋ねている。これに対して、安倍は参議院選挙を念頭におかずに決めていくと回答しており、参院選前に行うのかどうかを明らかにしていない。そのため、この質問に対しては、明確に答えられていないことが分かる。

この質問に対して、安倍が明確に答えることができなかったのは、安全保障に関する議題であり、クローズドエンドクエスチョンだったためであるといえる。とくに普天間基地移設に関しては、沖縄に住む地元住民に加え、アメリカとの関係や国内の世論の動向が重要となっており、高度に政治的な議題であったことが影響しているといえる。

フェイスへの脅威

本節においては、内閣総理大臣に対するフェイスへの脅威の程度を明らかにし、それに対する答えの違いを明確にする。内閣総理大臣は、行政のトップであり、有権者から選ばれた政治家であるため、強い説明責任が求められることになる（ナイブレイド 二〇一二）。そのため、内閣総理大臣は、質問によって多くの場合、フェイスへの脅威が存在することとなる。フェイスへの脅威はブルら（Bull et al. 1996）において、(1)政治家個人のフェイス、(2)政党のフェイス、(3)重要な他者を守るフェイスの三つに区別されている。(7)

以下では、フェイスに対して脅威がない質問と脅威がある質問の例を取り上げ、それぞれの違いをみることとする。フェイスへの脅威がない質問は、一九問目の安全保障に関する質問であり、沖縄との「信頼関係回復のために汗をかかなければならない」と言った発言に対して、田原が具体的にどういうことか尋ねている場面である。

フェイスへの脅威がない質問

田原：汗をかくというのはどういうことですか。

安倍：国としての方針を丁寧に説明をしていくということなんですね。まずは信頼関係というのは、民主党政権はですね、沖縄のみなさんに「決めてください」と言ったんです。みなさんに「決めてください」と言えば、「これは嫌ですよ」と言いますよね。じゃあ「そうなんですか」と言って他に持っていったら他もみんな困りますよ、ということで立ち往生して、米側との関係が悪くなって、また元に戻ってきたわけですね。戻ってきたら非常に不信感があった。そこはですね、たとえば安全保障の問題においては、これは国が責任をもって決定させていただく、というその中においてですね、我々はこういう方針だからお願いしますよという説明を正直にちゃんとする必要があると思います。

（二〇一三年三月九日「激論！クロスファイア」より）

「汗をかくとはどういうことですか」という質問に対して、明確に「国としての方針を丁寧に説明」することであると述べている。この質問はオープンエンドクエスチョンであり、答え方には様々な幅を持たせることが可能である。ただし、フェイスへの脅威がまったくないわけではないことがうかがえる。答え方によっては、「汗をかく」の具体的内容が政府の立場を悪くすることに繋がりかねない可能性を秘めているためである。このようにフェイスへの脅威は、まったくないと考えられるものから、大いに脅威があるものまでの程度が存在していると考えられる。そしてこの質問では、フェイスへの脅威はないものの、答え方によっては有権者の支持を失うため、可能性として有していることが分かる。これと対比し、フェイスへの脅威があるものとして、六問目の為替に関する質問を取り上げる。

フェイスへの脅威がある質問

村上：円高、円安の話がありましたけれども、円安で輸出が増えても、でも先程お話があったように円高の輸入価格というのは上がりますよね。相殺は経済効果がトントンになってしまう、難しいと思うんですけれども、一ドルじゃあずばりいくらくらいからが安心で、いくらくらいが危険なのか、安倍さんのお考えを聞かせてください。

安倍：あの、そこで私がズバリと言えればね、皆さんも分かりやすいと思うんでしょうけれども私は政府の長として、いわば為替数字については申し上げられないんです。それは是非エコノミストを呼んでですね、聞いていただきたいと思うんですが。

（二〇一三年三月九日「激論！クロスファイア」より）

この質問は、デフレ脱却のために財政投入することに対して、批判的な人が多いことを田原が指摘した後、村上アナウンサーが、安倍個人の見解を尋ねるために、一ドルいくらくらいがよいかを質問している。ここで安倍個人の見解を尋ねるためと言及したのは、「安倍さんのお考えを聞かせてください」との発言があったためである。もし、総理大臣としての意見を聞きたい場合は、総理大臣としてのお考えを聞かせてくださいと尋ねるはずである。しかし、ここであえて「安倍さん」と個人名を出したことには、総理大臣ではなく、個人としての見解ならば答えてくれるのではないかという考えがあったためであると思われる。しかし安倍は、「政府の長」として申し上げられないと回答している。これは、政府のトップである内閣総理大臣が為替相場に関して発言すれば、市場が混乱することを予期して発言を控えたものであると考えられる。たとえ個人的な発言として適正な相場を述べたとしても、市場は政府・日銀に為替介入の意図があると受け取ることとなってしまうのである。こうした面を懸念し、安倍は発言を控えたものであるといえる。それゆえ、内閣総理大臣であるからこそ、フェイスに対する脅威がある質問であるといえる。

クローズドエンドクエスチョン

次に、オープンエンドクエスチョンかクローズドエンドクエスチョンかによって、回答が答え難くなることを明らかにする。既にこれまでの例で見ているように、司会者はずばりと聞きたい事柄に関しては、クローズドエンドクエスチョンを用いている。

オープンエンドクエスチョンの例

田原：よろしくお願いします、さて今アベノミクスは、もう世界中で通用する言葉になってダボスの会議でもアベノミクスが大テーマになって論じられたそうです、安倍さんが選挙の途中で日銀に対して見解というか、おっしゃった、それまでは円はだいたい七七、七八円だった、円高ですね、それが何と九五円、それから、これを受けて平均株価がなんとついに一万円突破、これも八八〇〇円ぐらいだったんですが一万二八〇〇円と、好調というより、マーケットが好調というより、見事に反応しているんですけれども、安倍さん、どうですか、これ？

安倍：あの、もちろん、この大胆な金融緩和とともにアメリカの経済も好調だということもあるんだろうと思いますが、もちろん我々はこの円安を目的とはしてないんですが、しかし、行き過ぎた円高は是正しなければいけないと考えていました。その中で、デフレを脱却するためにですね、三本の矢の政策、その中の大胆な金融緩和を行うことによってですね、エール大学の浜田先生が仰ったようにその影響が出てくるのはそれは為替と株価だと。それが今出てきたわけですね。これによって段々インフレ期待が膨らんでくるんですね、で、それによってデフレマインド、これ一四年間続いてきましたから、デフレマインドを変える。これが言ってみれば決定的なんですよ。日本銀行今までも金融緩和政策を行ってきたと言った、

(田原：デフレ不況だったんですね)

安倍：デフレマインドを変えることはできなくて、デフレ予測が続けばですね、現金持っている方がいいんですから、お金を使わない、従業員の給料増やそうとしないし、設備投資もしないし、現金持ってたほうがいいんですから、ですからそれを変える、変えるというのが一番大変なんですね。ですからそれを、変えるためには、やはり大胆な金融緩和をちゃんとやる。インフレ目標を持ってそれに向けてですね、大胆なことを日本銀行はちゃんとやってきますよ、と言って、あ、そうかなと思い始めて、そしてこの株価と為替に変化が出てくることによってですね、もちろん輸出産業が調子が良くなってきますから、そこでいよいよ、これは段々インフレに世の中変わっていくな、と

思えばですね、今のうちに物を買っておいた方がいいということになってきますから、ここでいわば経済が、だんだん、動かなかった経済の歯車が回り始めているということだと思います。

（二〇一三年三月九日「激論！クロスファイア」より）

ここでは、最初の経済に関する質問を取り上げている。とくに話題が始まる、あるいは話題が転換する質問は、会話が円滑に進むように答えやすい質問をしているため、オープンエンドクエスチョンとなっていることが多い。このような質問の場合、回答する政治家は、自分の考えや、現在行っている政策を話すことができ、有権者に対してアピールする機会となっているといえる。答えやすい質問から徐々に答えにくい質問に移り、政治家の立場や政府・政党の見解を聞き出していくことに、政治インタビューの意義があるといえる。

こうしたオープンエンドクエスチョンに対して、クローズドエンドクエスチョンでは、世論が尋ねたいことを司会者が代わりに尋ねることで、世論に対して応えるという機能も担っている。次の例はTPPの交渉に関する一六問目の例である。

クローズドエンドクエスチョンの例

田原：つまり後発組は今まで決まった事を交渉に参加するんだから、それも変える可能性もあり？

安倍：そこはですね、今の段階では、私はなんとも申し上げられませんが、どういうものが決まっているか、そこで若干奥歯にモノが挟まったような言い方をするのはですね、それはこういう情報を取るのはですね、すでに入っている国々の二国間の交渉なんかの状況をですね、当事国から情報を取ってくるんですね。そうすると、その国としては守秘義務がかかっていますから、でその二国間のやり取りを私たちがとってきて、この国はこう言ってるよと言ったら、もうこれはまったく明日から情報が取れなくなってしまいますから、今はこういうお話しかできないということです。

（二〇一三年三月九日「激論！クロスファイア」より。傍点筆者）

ここで、田原はＴＰＰに後から参加交渉を行う後発組は、今まで交渉参加国の間で決まったことを前提として交渉に参加するため、その前提となるルール自体から変更する可能性があるのかどうかを尋ねている。つまり後から交渉参加する場合、自国に不利なルールを受容せざるを得ないのか、すでに決まっているルールを変えることも含めて交渉できるのかを尋ねている。これに対して、安倍総理は現段階では申し上げられないと回答を拒否した上で、なぜ、答えられないかの説明を行っている。ＴＰＰに関しては、交渉途中であり、情報を開示することで、さらなる情報を入手することが難しくなるため、としている。ここにおいても、政府としてのフェイスへの脅威が存在するため、明確に答えられないものといえる。

ただし、クローズドエンドクエスチョンであっても、会話を円滑に進めるための、「〜でしょう」「つまり〜ということですか」といった場合は、答えやすい質問となっている。例外として、自民党の憲法改正案に関する二八問目を取り上げる。ここでは、自民党の憲法改正案の第九条第一項について触れ、国連軍に参加することは可能にするものに改正することを述べている。こうしたやりとりの後、田原は確認する意味を込めて、第九条第一項はほとんど変わらないことを質問している。

クローズドエンドクエスチョンであるが、答えやすい例

田原：基本的に九条の第一項は変えないと。

安倍：九条の一項についてはほとんど九九％変わってないですね。

（二〇一三年三月九日「激論！クロスファイア」より）

この質問に対して、国連軍への参加という変更のみであり、第九条第一項は変わっていないことを、双方の間で確認しており、合意が取れているといえる。こうした会話の中における合意の積み重ねが、円滑なやり取りに繋がるため、クローズドエンドクエスチョンであっても、答えにくい質問ではないものが存在していることが分かる。ただし、フェイスへの脅威から考えた場合、確認のためになされる質問については、フェイスへの脅威が存在せず、答えやすい質問であるといえる。

最後に回答についてまとめると、フェイスへの脅威がある質問は三二問のうち一四ケースあり、そのうち一〇ケースは曖昧に回答されていることが分かった。同様にクローズドエンドクエスチョンは三二問のうち一九ケースあり、一二ケースは曖昧に回答されていた。そして、フェイスへの脅威がありかつクローズドエンドクエスチョンは八ケースあり、七ケースは曖昧に回答されていた。唯一明確に答えていたのは、「緊急経済対策で完全失業率が一％下がることは可能であるか」という問いに対して、「十分に可能だろうと思っている」と答えた例である。この例は政府として、完全失業率を一％下げることをコミットメントした例外的なケースであると考えられる。

このように議題、フェイスへの脅威、質問の形式としてクローズドエンドクエスチョンかどうかが、質問に対して明確に回答できるかどうかに影響を与えていることが、事例よりいくぶんかは明らかになったものといえる。

5　苦し紛れの逃げ口上

本章では、二〇一三年三月九日に放送された「激論！クロスファイア」を用いて、テレビの政治討論番組が、いかなる議題によって進行し、どのような質問と回答がなされているのかを事例によって明らかにしてきた。この分析によって明らかになったことは以下の三点である。第一に、政治討論番組において、議題はテレビ局および司会者が設定するため、唐突に質問の議題が大きく転換する点が存在することである。第二に、質問にはフェイスへの脅威が存在する場合があり、脅威には程度の違いが存在していることである。第三に、議題、フェイスへの脅威およびクローズドエンドクエスチョンかどうかという質問の形式によって、明確に答えられるかが変わりうることが明らかとなったのではないだろうか。ただし、クローズドエンドクエスチョンであったとしても、会話を円滑に進めるためには答えやすい質問が存在している。その場合は、フェイスへの脅威は少ないと考えられるため、これら議題、フェイスへの脅威および質問形式という三つの要素を考慮して、答えにくいものであるかどうかが予測できることとなる。

本章での課題として、以下の三点を指摘しておく。第一に、事例研究であるがゆえに、明確な因果的推論は十分に行うことができていない。つまり、どこまで一般化が可能であるかについては限界がある。また、本章で紹介した質問と回答は、議題、フェイスへの脅威、およびクローズドエンドクエスチョンの分かりやすい例を選択的に引用しており、すべての例を見た場合、程度の差が存在するため、理解しにくいものも存在している。第二に、こうした政治討論番組を有権者が視聴した場合、どのような影響が与えられるのかについては分かってはいない。ハードニュースに関しては、選挙への関心を高めるといったポジティブな影響が指摘されているが（稲増・池田 二〇〇九）、はたして政治討論番組がハードニュースに位置づけられるかは定かではない。第三に、司会者およびキャスターのコメントが否定的内容か肯定的内容かについては、明らかにできていない。何をもってして否定的であると定義できるかについては、問題のあるところであり、分類したとしても、番組間の比較ではないため、意義が少ないと考えたためである。

最後に、第一節で設定した「政治討論番組の意義」について言及しておく。政治討論番組では政治家に対して、インタビューを行うことを通じて、権力を監視する番犬機能があり、政治家は尋ねられたことに対して答える説明責任が存在している。また、テレビ番組（マスメディア）である以上、視聴者に対して分かりやすく争点を整理し、争点の優先順位をつける議題設定機能が存在している。議題が大きく転換された箇所では、司会者である田原がこれまでの経緯を分かりやすく説明していることから、この機能がうかがえる。そして、質問の争点・議題、フェイスに対する脅威、および質問形式（クローズドエンドクエスチョンかどうか）という要因が重なり合い、曖昧な回答を引き起こしており、それが監視機能に繋がるといえる。

政策的含意として、明確な回答が得られない質問にこそ、民主主義を考える上での重要性が秘められているといえるのではないだろうか。とりわけTPPの質問に関しては「前提となっているルールの変更も含めて参加交渉に臨む」等の前向きな回答がなされてもよい質問であったといえる。しかし、政府として情報の開示には慎重であり、「若干奥歯にモノが挟まったような言い方をするのは」と述べ、答えない理由について説明するのは、政府として安倍総理が言質をとられないようにしている姿勢の現れであるといえる。このように、明確に答えない質問より、政府が何を行っているのか、それは民主主義を考える上で、適切な行動であるのかを有権者は絶えず監視していくことが求められるといえる。そうした意味において、政治討論番組は、有権者の疑問を司会者・キャスターが代わりに質問し、政治家が答えるという意義が存在している。答えられた回答に対して納得するかどうかは、司会者・キャスターに委ねられる部分が大きいが、それを視聴する有権者にも政治家が説明責任を果たしているかどうかの判断が求められているといえる。そうした有権者の適切な判断に基づき、投票がなされることによって、より良い民主主義は形成されていくといえる。

本章では、事例より争点、質問形式、フェイスへの脅威という三要因が関係していることを明らかにしてきた。これまでの分析を踏まえて、次の第9章では、インタビュアーが採るべき質問の戦略を明らかにする。くわえて、情報収集、円滑化、追及という三つの要因に加えて、フェイスへの脅威がどっちつかずに影響を与えているというモデルを検討する。

注

(1)　フロ（Furo 2001）の研究においては、一九九五年および一九九六年に放送された二回の「サンデープロジェクト」より、文法、イントネーションおよび意味によって話者交代が起こることが示されている。

(2)　ニュースのフレームの割合は、「ニュースステーション」の選管型が八・五％、争点型が一五・三％、戦略型が七六・三％であったのに対し、「ニュース10」では選管型が四・二％、争点型が四〇・三％、戦略型が五五・六％であったとしている。また否定的か肯定的かのコンテクストでは、「ニュースステーション」は肯定的一〇・二％、否定的二七・一％、混合一六・九％、ストレート記述四五・八％であったのに対し、「ニュース10」では肯定的一・四％、否定的および混合〇％、ストレート記述九八・六％であったことを指摘している。

(3)　ソフトニュースに関しては、バウム（Baum 2003）による、アメリカの外交政策に関するソフトニュースを扱った先駆的実証研究が存在している。バウム（Baum 2003）はタブロイドニュースや昼のトーク番組等より指標を作成し、ソフトニュースを視聴することが外交問題に関する注意へ向かうことを示している。そのため、娯楽番組の視聴により、有権者が外交政策の意見を持つことで、政府の政策を誤らせる可能性があることが指摘されている。さらに、ソフトニュースには政治参加へ向かう効果があるとされる（Baum and Jamison 2006）。

（4）「財源・規模、不透明なまま――橋本首相の税制改革発言、目立つ歯切れ悪さ」『毎日新聞』一九九八年七月六日。

（5）時事通信社「週刊誌報道『事実と違う』＝菅長官」二〇一四年七月一一日。
http://www.jiji.com/jc/zc?k=201407/2014071100374（二〇一四年一一月二一日閲覧）

（6）XBRAND「今、テレビが変わっている！」二〇一一年七月一二日記事。
http://xbrand.yahoo.co.jp/category/entertainment/7027/5. html（二〇一五年一月二〇日閲覧）

（7）ブルら（Bull et al. 1996）では、⑴政治家個人のフェイス、⑵政党のフェイス、⑶重要な他者を守るフェイスは一九のサブカテゴリーに分類される。⑴1、個人の資質について、否定的な主張や印象を引き出す。2、発言の機会が与えられた時、自分自身の良いイメージを表現することに失敗する。3、信用を失う。信用できない発言をした時、政治家個人が疑われることで、フェイスが脅かされる。4、過去の主張、政策等を否定する。5、将来における個人的課題、義務が発生する主張を避ける。将来の自由な行動を制限する主張を政治家は避けようとする。例：選挙で負けたら、代表を辞任しますか。6、個人あるいは政党の信念、主張、狙い、信条等の課題を生み出す、あるいは明らかにする。政治家は特定の政策について、見方や意見を求められた時、行動することが期待される。7、自分自身の社会的人格についての否定的主張や印象をつくる、あるいは確かめられる。⑵8、政党あるいは、政策、行動、主張、狙い、信条等についての否定的主張あるいは印象をつくられる、あるいは確かめられる。9、発言の機会が与えられた時、政党の良いイメージを表現することに失敗する。10、将来における政党の課題、義務を避ける。11、政党の政策、主張、行動、狙い、信条などの否定をする。12、国家の状況の否定的評価がつくられる、あるいは確かめられる。(3)13、有権者の支持を得ない。例：国民投票をしないという発言。14、世論の重要な支持者層を得ない。世論が二分される争点について、政治家は実在する有権者の一部を害するリスクから逃れる。15、同僚、同じ政党の仲間の支持を得ない。16、自身の政党の下位グループの支持を得ない。17、他の人々や組織の肯定的支持を得ない。18、友好国の支持を得ない。政治家は自国と財政的、経済的、軍事的に繋がりのある国家を害しない。19、他者の否定的な評価を得る。政治家は賞賛されず、批判されることで、否定的な評価がなされることを避ける。

第9章　質問の戦略性

1　情報収集か追及か

政治インタビューにおいて、キャスターはいかなる戦略を採るべきか。政治インタビューでは、視聴者に分かりやすく内容を伝えるとともに、視聴率のために質問によって、興味深い回答をゲストから引き出すことが求められる。興味深い回答が何を示すかについては、一定の答えがあるわけではないが、質問の目的に照らし、新しい情報を得る、行動を制約する、批判することが求められるといえる。これらの目的を達するために、いかなる質問をどのように配置すればよいかが問題となるが、言語という不確定な要素が多い状況では、キャスターの力量に委ねられる部分が大きいのが現状であるといえる。この質問の戦略性は、キャスターだけの問題ではなく、国会で質疑を行う国会議員にも求められるものであり、さらに言えば一般的なあらゆる会議の質疑において必要とされるものであるといえる。そのため、一般的な会話において、相手から情報を引き出す、相手を追及するといった目的のために、事前に道筋をつけて、舞台を整えることが質問するキャスターには求められるといえる。

質問の戦略性を考察する方法としては、演繹的に必要な要素を検討する方法がある一方で、帰納的に実際の事例から考察する方法がある。本章においては、演繹的な戦略性の重要性を考察しつつも、実際のデータを用いて帰納的に追及する方法を検討することを試みたい。

質問をする際に重要となるのが、情報を入手するか、相手を追及するかという大きな二つの目的であるといえる。この目的を達するために、情報を入手する質問は、いつ、どこで、誰と、何を、なぜ、どのように行うのか、行ったのかを尋ねる5W1H（What, Why, Who, When, Where, How）の質問である。5W1Hの質問は、端的に情報を入手することが可能となる。この質問は、話題の始まりと同時に行うことも可能であるが、重要な情報を最初に述べる回答者がいるとは考えにくいため、インタビューするキャスターとゲストの間で、心理的な距離を詰めることが求められるといえる。そのため、序盤においては、比較的答えやすい質問を行い、相手との合意を重ねることによって、親しい関係を築くことが求められるといえる。他方で、政治インタビューではなく、国会における質疑の場合は、政府与党対野党であれば、敵対関係が前提としてあるため、序盤においてはこれまでに相手が述べたことを確認し、その時、なぜそうしたのか、あるいはどのようにしてその行動が決められたのかを尋ねることになる。このように政治インタビューと国会質疑においては、質問の戦略性において差異が生じている。

次に、相手を追及する場合の質問は、端的に困らせる質問である。とくに相手の地位や名誉を傷つける可能性がある質問は、フェイスに対する脅威として捉えられ、追及することに寄与する。たとえば、政治インタビューであれば、過去の主張と矛盾することを追及する場合である。フェイスに対する脅威に関して、国会質疑の例を一つ挙げておく。二〇一五年六月五日の衆議院「我が国及び国際社会の平和安全法制に関する特別委員会」において、辻元清美委員は中谷元大臣に対して、中谷大臣の著書を引用した上で、矛盾を追及している。辻元委員は、「大臣は、政治家として解釈のテクニックでだましたくない、そして、自分が閣僚として行使できないと言った以上は、本当はできるとは言えませんと。信念ですよ、大臣の。そうすると、この時はこう思っていたけれども、信念をお変えになったということですか」と質疑を行い、中谷大臣の政治家としての名誉を傷つける質疑を行ったといえる。中谷大臣は明確に信念を変えたと明言することはせず、「私は、この今回の法案は憲法の範囲内であるという認識に至ったわけでございます」と説明している。このように相手を困らせることを目的に、フェイスへの脅威がある質問を行うことによって、相手を追及することが可能となる。

研究の目的は、相手から情報を入手する、相手を追及するという目的を達するために、どのように質問を配置するかを明らかにすることである。質問の分類が多岐にわたるため、帰納的に応答分析を通して、情報収集する質問および追及する質問の検討を行う。質問の分類とは、(1)話題を転換すべきか、継続すべきか、(2)自分の意見で質問するか、第三者の意見を踏まえて質問するか、(3)文法上完全な形式をとるべきかどうか、(4)ゲストの個人に対する質問をするか、役職に対する質問をすべきか、(5)５Ｗ１Ｈの質問をすべきか、それ以外の形式の質問をすべきか、(6)争点に対する質問をすべきかどうかということである。

質問の分類に関して、応答分析を行う理由は、多様な分類を統合することにより、会話における大きな概念へ引き上げるためである。フェイスへの脅威は、相手に対する名誉をどの程度傷つけるかという概念であるが、質問の分類は、発話の形態に着目したものであり、分析する際のレベルが大きく異なっている。この質問の分類を統合することにより、会話分析の枠組みが定まっていくと考えられる。

本章では、質問の分類について多重応答分析を行うことで情報の集約を試みる。また、質問と回答を統合的に分析することを通して、追及機能と会話の円滑化機能の検証を行う。これらの分析を踏まえた上で、質問の戦略性について考察する。

2　対人コミュニケーション

政治インタビュー

政治インタビューは、テレビ局が作成する少人数における討論番組を指し、対人コミュニケーションと位置づけられる。そこで、コミュニケーション論から幅広く文献をレビューすることで、政治インタビューの全体像を明らかにする。

対人コミュニケーションは、「二者間あるいは少人数の人々の間で交わされる情報の交換過程」であると定義される（深田 一九九八）。コミュニケーションを行う理由として、⑴情報や知識を得ること、⑵楽しむこと、⑶相手に情報や知識を伝えること、⑷相手に影響を与えること、⑸相手との対人関係を形成、発展、維持すること、⑹課題を解決することが特徴として挙げられる（深田 一九九八）。

ハイダー（一九七八：二六一～二七四）は、三者関係の好意か非好意かを単位として、三者の積が正になる場合および三つの関係のうち一つが正の場合を均衡状態とする認知的均衡理論を提示している。たとえば、政治家P、キャスターO、有権者Qの三者を想定した場合、PはOに好意を抱いていない（－）一方で、Qに好意を抱いている（＋）。Oは、Qに好意を抱いている（＋）と仮定する。この場合の三者の積が（－）となり、認知的不均衡状態にあると考える。認知的不均衡状態では緊張感が高まり、その状態を改善するために、（－）を（＋）に変える方向に心理的な力が作用すると考えるものである。

政治インタビューでは、話し手と聞き手の二者における相互行為であると考えられ、社会学のゴッフマン（Goffman 1971, 1981）によって、名誉や威信を示すフェイスの概念と、会話において立場が変わるというフッティング（Footing, Footing Shift）の枠組みが提示されている。名誉を守るために、フェイスを保持するという概念は、ブラウンとレヴィンソン（Brown and Levinson 1978）により、フェイスへの脅威行動（FTA：Face Threatening Act）として整理されている。フェイスへの脅威行動は、オンレコードであるか、オフレコードであるかに分類され、さらにオンレコードの場合に補償行為をするかどうかによって区別される。オンレコードとは、誰が見ても同意するような、はっきりと特定できる意図がある場合を指す。一方で、オフレコードは、はっきりと特定できる意図以上のものがあり、態度をはっきりさせたとみなされない場合の発言を指す。そして、相手の顔を立てる補償行為を行う場合に、他者によく思われたいポジティブフェイスと、踏み込まれたくないというネガティブフェイスに分けられるとされる。本田（Honda 2007）では、日本の討論番組を対象に、ブラウンとレヴィンソン（Brown and Levinson 1978）のフェイスへの脅威行動の戦略の精緻化を行っている。オフレコードのサブカテゴリーとして、非明示（Untargeted）があることを指摘している。

ゴッフマン（Goffman 1981）では、会話の枠組みが提示されており、話し手と聞き手はそれぞれ立場があり、会話の中で、その関係性は、登場人物（Animator）、作者（Author）、発声体（Principal of What is Said）という立場が変わることを示している。登場人物は一連の言葉を発する人であり、作者は信念を表明する人であり、発声体は発言を通して見方、立場を示すものである。自然な会話は多彩で、多元的な埋め込みがなされており、話し手は次々とこの立場を変化させているとされる（坂本 一九九二）。政治インタビューに関して、インタビュアーは議論のある主張を行う際に、立場を変える（Footing Shift）ことにより、中立性を確保しているとされる（Clayman 1992）。たとえばキャスターは、事実に関する主張を行うことによって中立性を保っている。

これを政治インタビューとして考えれば、テレビ局は視聴率を上げる目的を持つ一方で、政治家は有権者の支持を確保しようという目的を持つ。また、有権者は、代表者である政治家が適切な行動を採っているかを監視する役割を負う。政治インタビューでは、視聴者が背後にいることから、背後にいる聴衆(Overhearing Audience)の存在が指摘されている(Heritage 1985)。

本田(二〇〇四)は、テレビ討論における司会者の役割を四点指摘している。それは⑴ターン分配：ターンと発言権の参加者への分配、⑵発言促進・発言保護：「聞き手」であることの表明、自己の発言権放棄、現行話者の発言促進・発言権保護、⑶次のターン獲得準備とターン交代シグナル：自己のターン確保・ターン分配役遂行、⑷パラフレージング：参加者の見解の要約、解説と議論の展開、参加者と視聴者の理解促進の四点である。その上で、司会者は特定の立場から見解を提示することがあるが、見解伝達者として中立性を保っていることを指摘している。[1]

本田(一九九九)は、テレビ討論番組における話者交替(Turn-taking)システムの下で、対人関係的配慮を示す行為が、社会的文化的コンテクストにより生み出されることを指摘している。くわえて対立意見が表明される場合、⑴非明示的になされること、⑵見せかけの同意、⑶緩和マーカー、⑷司会者の介入、⑸第三者の仲介が伴うことを指摘している(Honda 2002)。また、グレートバッチ(Greatbatch 1992)は話者交替システムがあることにより、ニュースインタビューのゲストの回答が限定されることを指摘しており、対立した主張がなされた場合に、一般的には少し回答が遅れることを指摘している。またキャスターは、ゲスト間の対立が生じた際に、第三政党に質問をすることで対立を自然と緩和できることや、話し手と聞き手の間で解決の出口が交渉されることを指摘している(Greatbatch 1992)。

政治の言語の分析は、現在、国家における政治家が職業として政治を独占しており、そうした政治を民主主義的立場から監視していくために、きわめて重要であるとされる(板場 二〇〇九)。先行研究においても、キャスターの役割については本田(二〇〇四)において指摘されているが、政治キャスターがいかなる戦略を採るべきかについての研究は見受けられない。

質問の分類

質問の分類は、キャスターの選択肢であり、いかに政治インタビューを組み立てるかを考える上で重要となる。多様な質問の分類があるため、ここでは先行研究を整理する。質問の類型に関しては、クワークら（Quirk et al. 1985）やユッカー（Jucker 1986）の類型がある。クワークら（Quirk et al. 1985）は、大きく疑問符が付く質問と疑問符が付かない質問に区別している。疑問符が付く質問には、イエスかノーの質問（Yes-no Questions）、5W1Hの質問（Wh-questions）があり、他方で疑問符が付かない質問には、宣言型の質問（Declarative Questions）があるとしている。

ユッカー（Jucker 1986）は、前書きのある質問（Prefaced-questions）と前書きのない質問（Non-prefaced-questions）に分類している。前書きのある質問は、意見を伺う質問、意味合いを求める質問、詳しい説明を求める質問、話し手の脅威を取り除く質問に分けられる。他方で、前書きのない質問は、イエスかノーの質問、5W1Hの質問、宣言型の質問に分類している。

これらの質問の分類を踏まえて、ブル（Bull 1994, 2009）は、質問を①イエスかノーの質問、②5W1Hの質問、③オルタナティブな質問、④宣言型の質問に分類している。5W1Hの質問は、いつ（When）、どこで（Where）、誰と（Who）、何を（What）、なぜ（Why）、どのように（How）であるが、どちら（Which）が含まれることもある。Which の質問の場合、二つの選択肢から選択を迫るものであるが、三つ以上の選択肢が示されることもあり、これをオルタナティブな質問として区別している。オルタナティブな質問（Alternative Questions）は、選言的な質問（Disjunctive Questions）と呼ばれることもある。

その他、質問の分類として、ユッカー（Jucker 1986）は、話題に関して①転換、②継続、③踏み込み、④再確認かを区別している。また、質問の出所に関して、①自分の意見か、②第三者の批判意見の引用かを区別している。フェルドマン（Feldman 2016b）は、質問の文法に関して、①文法上完全であるか、②文法上不完全であるかを区別している他、ゲストの役職に関して①個人に対する質問であるか、②役職に対する質問であるか、質問の内容に関して①知識／事実関係に対する確認であるか、②人事／重要な他者、③重要な他者（政党）、④政治過程、⑤個別の具体的な争点、⑥政治的な約束に関しての質問であるかを区別している。本章では、これらの質問の分類を踏まえて、質問の目的を明らかにする。

3　情報収集や円滑化があっても追及はないのか

本章で用いるデータは、一九四人分（政治家一四五人、非政治家四九人）の政治インタビューを用いる。分析対象は、二〇一二年五月から二〇一三年六月までであり、対象とする政治討論番組は、BSフジの「プライムニュース」、フジテレビの「新報道2001」、およびBS朝日の「激論！クロスファイア」の三番組である。この番組から毎週三人程度、与党議員、野党議員、地方レベル政治家、非政治家のバランスが取れるように選択し、キャスターとのやり取りをテープ起こしした。分析手順やサンプルについては、フェルドマンら（Feldman et al. 2015）に準じている。分析の単位は、質問と回答のやり取りのセットであり、話者交替を基準とし、サンプル数は五〇八四となっている。

分析の手順としては、政治討論番組のインタビュアーとゲストのやり取りを質問と回答に分け、質問と回答について、それぞれ独自のコーディングシートを用いて、二名の大学生にコーディングを依頼した。質問の分類については、ユッカー（Jucker 1986）と同様に分類し、コーディングが一致するかを確認している。

多重応答分析の結果と解釈

ユッカー（Jucker 1986）やフェルドマン（Feldman 2016a）の研究を踏まえて、(1)話題に関して、①転換、②継続、③踏み込み、④再確認、(2)質問の出所に関して、①自分の意見、②第三者の意見、(3)質問の文法に関して、①文法上完全、②文法上不完全、(4)ゲストの役職に関して、①個人に対する質問、②役職に対する質問、(5)質問の形式に関して、①前書きのある質問、②イエスかノーの質問、③５Ｗ１Ｈの質問、④宣言型の質問、⑤オルタナティブな質問、(6)質問の内容に関して、①知識／事実関係に対する確認、②人事／重要な他者、③重要な他者政党、④政治過程、⑤争点、⑥政治的な約束、(7)ゲストの性別に関して、①男性に対する質問、②女性に対する質問に分類することが可能である。

こうした質問の分類は、それぞれ独立した分類であるが、意味内容や構文、文法など、結び付きやすい形態が存在していると考えられる。それぞれの質問の分類は、名義尺度であるため、多重応答分析(Multiple Correspondence Analysis）によりそれぞれ分割表を作成することができ、そこから列と行の対応関係を等質的なカテゴリーとして集約することが可能である。ここでは、質問の分類を多重応答分析により集約し、質問の目的を帰納的に明らかにする。

多重応答分析の結果、情報を収集する第一次元と会話を円滑化する第二次元の質問の分類が集約された（表９－１）。第一次元の固有値は一・四五九であり、寄与率は二〇・八四％、信頼性を示すクロンバッハのαは〇・三六七である。第二次元の固有値は一・二四三であり、寄与率は一七・七五％、クロンバッハのαは〇・二二八である。この二つの次元によって三八・五九％を説明できているが、クロンバッハのαはそれほど高い値とはいえない。

第一次元には正の符号で、話題の転換、第三者の意見、文法上完全な質問、前書きのある質問、５Ｗ１Ｈの質問、女性に対する質問が現れている。一方で、負の符号で、再確認、文法上不完全、イエスか

表9-1　質問の度数と多重応答分析の結果

	度　数	第一次元	第二次元
話題転換	448	1.244	0.443
話題継続	3693	0.092	−0.067
踏み込み	255	−0.195	−1.742
再確認	688	−1.230	0.717
自分の意見	4784	−0.119	−0.023
第三者の意見	300	1.890	0.370
文法上完全	2462	0.541	0.163
文法上不完全	2622	−0.508	−0.153
個人に対する質問	884	−0.111	1.270
役職に対する質問	4200	0.023	−0.267
前書きのある質問	2941	0.440	0.054
YES, No の質問	1646	−0.840	0.065
5W1H の質問	264	0.528	0.142
宣言型の質問	50	−1.023	−1.548
オルタナティブな質問	183	0.004	−1.229
知識／事実関係に対する確認	537	−1.312	1.119
人事／重要な他者	382	0.029	−0.150
重要な他者政党	742	0.085	−0.111
政治過程	547	−0.199	−1.486
争　点	2753	0.274	0.198
政治的な約束	123	−0.129	−1.574
男性に対する質問	4768	−0.031	−0.078
女性に対する質問	316	0.473	1.171

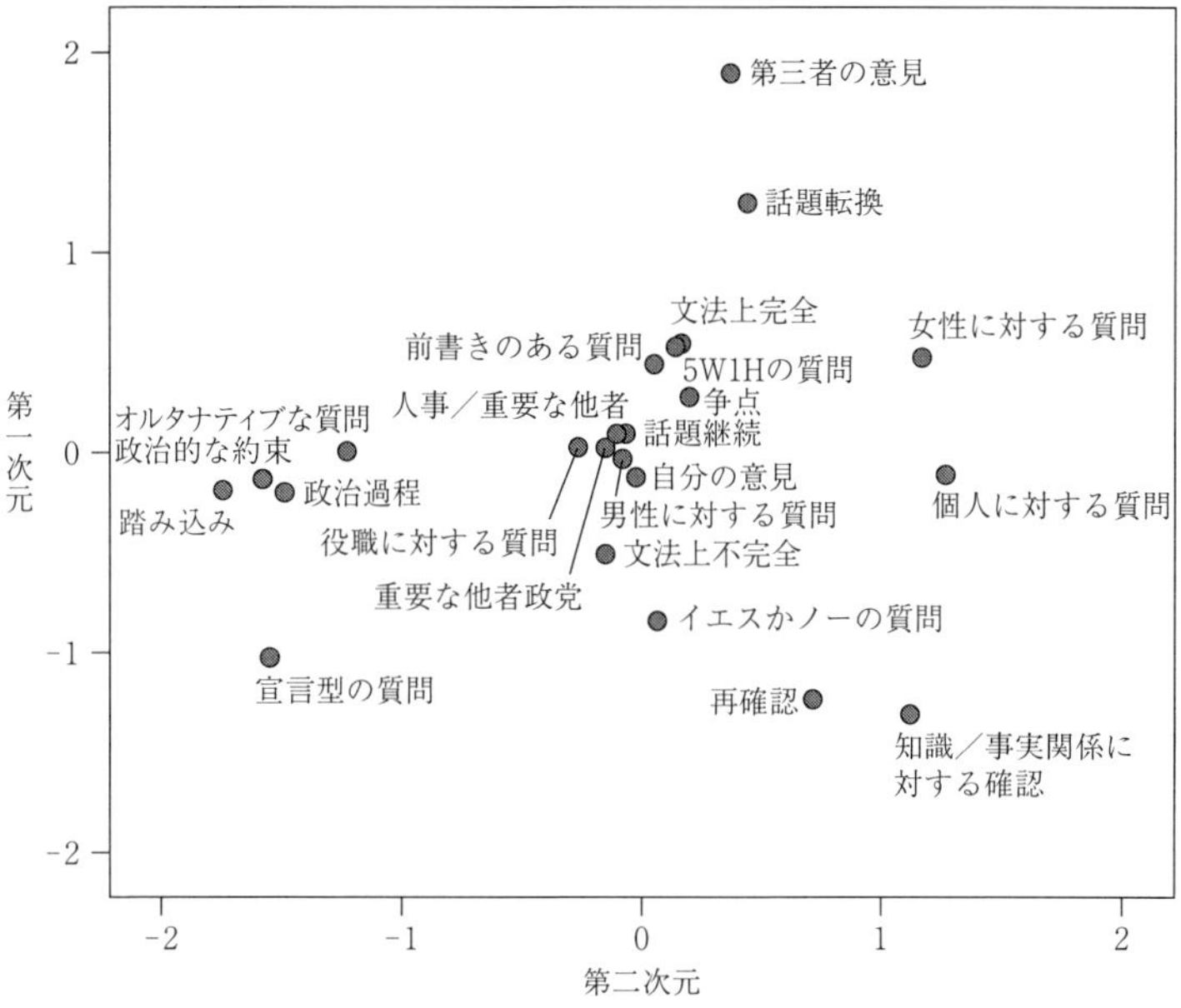

図9-1　多重応答分析のプロット

ノーの質問、宣言型の質問、知識／事実関係に対する確認が現れている。この第一次元は、一定の距離感を保ち、第三者の意見を踏まえた意見や考えを尋ねるため、答えにくい、情報を収集する質問であるといえる。

第二次元には正の符号で、再確認、個人に対する質問、知識／事実関係に対する確認、女性に対する質問が現れている。他方、負の符号で、踏み込み、宣言型の質問、オルタナティブな質問、政治過程、政治的な約束が現れている。この第二次元には、再確認や知識／事実関係に対する確認が入っており、加えてオルタナティブな質問が負の符号で現れていることから、答えやすい質問として集約されているといえる。

これらの質問を図にプロットしたものが図9-1である。この図の第一次元および第二次元のプラス、マイナスには、政治インタビューの情報収集および追及という機能に照らし、質問の戦略性に関わる本質が現れていると考えられる。つまり、第一次元がプラスであれば、情報収集や有権者の意見を代弁するという政治インタビューの機能を果たしているといえる。それは第三者の意見を踏まえており、文法上完全な質問や5W1Hの質問が現れていることからうかがえる。他方で、第一次元がマイナスであれば、イエスかノーの質問や再確認、知識/事実関係に対する確認が現れていることから、会話の円滑化が重視されているといえる。第一次元は、情報収集・有権者の代弁を行うものであるといえる。

一方で、第二次元がプラスであれば、政治的な会話ではなく、個人に対する世間話であり、確認をする質問であるといえる。これはインタビュアーがゲストに歩み寄り、心理的な距離感を近づけるものといえる。この質問は、会話の冒頭やインタビューの途中であっても見受けられるものであり、親密さを形成するのに役立つ質問であるといえる。反対に、第二次元がマイナスであれば追及する質問となる。それは、オルタナティブな質問、政治的な約束、踏み込み、政治過程が現れているためである。つまり、政治インタビューにおいて、追及する方法としては、二者択一を迫り、政治的な約束を取り付ける質問が政治家によっては、答えにくい質問であるといえる。つまり、政治インタビューの機能に照らし、追及をする場合は第二次元のマイナス、情報収集をする場合は第一次元のプラスに現れた質問がそれぞれ採用されるべきであると、帰納的に考えられる。

順序ロジット分析の結果と解釈

政治インタビューにおいては、質問と回答の一連（Question-response Sequences）が重要となる。それは質問と回答は一体のものであり、相互作用があると考えられるためである。そこで、多重応答分析で得られた質問の二次元が回答に影響を及ぼすことを検証する。

仮説1：第一次元は情報収集の機能を果たしているため、送り手、受け手、内容、および脈絡に対して、正の影響を与える。

仮説2：第二次元は円滑化の機能を果たしているため、送り手、受け手、内容、および脈絡に対して、負の影響を与える。

仮説3：オルタナティブな質問は、送り手、受け手、内容、および脈絡に対して、正の影響を与える。

仮説1は、情報収集を行う第一次元が、答えない方向に働くと予想するものである。情報収集の場合は、追及する質問よりも、答えやすいものの、政治インタビューにおいては、ゲストである政治家は政党を代表して質問に答えるため、いつ、どこで、誰とのような5W1Hの質問や、世論を代弁する第三者の意見に対しては、慎重になりやすく、答えないと考えられる。それは政党の方針が決まっていない段階で政治家が、政党の政策を方向づけられることを避けるために、新たな情報を開示したがらないと考えられる。

仮説2は、会話における円滑化機能を果たしているため、質問に対して答える方向に働くと予想できる。仮説3は、追及する機能を表す質問をオルタナティブな質問であると捉え、オルタナティブな質問による効果を直接的に検証するものであり、オルタナティブな質問は、どっちつかずな回答（送り手、受け手、内容、脈絡）に影響を与えると予想する。

本章におけるモデルを特定化する。従属変数は、どっちつかず概念を操作化した送り手、受け手、内容、および脈絡という四つの次元である。送り手は自分の意見を言う「1」から自分の意見を言わない「5」と五段階にしている。受け手は、キャスターに向けられる「1」からキャスター以外に向けられる「5」の五段階である。内容は、回答者の話す内容がはっきりとしている「1」からはっきりとして

表9-2　記述統計量

	サンプル数	平均値	標準偏差	最小値	最大値
送り手	5084	2.1648	1.4517	1	5
受け手	5084	2.8393	1.4113	1	5
内　容	5084	2.1003	1.3573	1	5
脈　絡	5084	2.3350	1.4786	1	5
第一次元	5084	0.0005	1.0005	-2.88	3.35
第二次元	5084	-0.0003	1.0002	-4.26	2.98
フェイスへの脅威	5084	2.7677	1.2352	1	6
新報道2001	5084	0.0509	0.2199	0	1
激論！クロスファイア	5084	0.1882	0.3909	0	1
与党議員	5084	0.3889	0.4875	0	1
野党議員	5084	0.2685	0.4432	0	1
地方レベル政治家	5084	0.0799	0.2711	0	1

いない「5」の五段階である。脈絡は、質問に対して明確に答えている「1」から明確に答えていない「5」の五段階である。

独立変数は、質問の形式を集約した二つの次元、オルタナティブな質問、フェイスへの脅威、番組（「プライムニュース」を基準として、「新報道2001」「激論！クロスファイア」を1としている）、与党議員、野党議員、地方レベル政治家という属性（非政治家を基準としている）を含めている（表9-2）。

表9-3は、どっちつかずに関する四つの次元を従属変数とした順序ロジットモデルによる推定結果を示している。第一に、質問の第一次元は、送り手、受け手、内容、脈絡のいずれに対してもプラスで有意な係数が得られており、仮説1は支持される結果であるといえる。第一次元は情報収集の機能を果たしていることから、どっちつかずに影響を及ぼしていると考えられる。第二に、第二次元は円滑化の機能を果たしているため、送り手、受け手、内容、および脈絡に対して、負の影響を与えると予想したが、実際は脈絡においてのみ負で有意な係数が得られて

表９－３　どっちつかずに関する４つの次元を従属変数とした順序ロジットモデルによる推定結果

	送り手		受け手		内　容		脈　絡	
	係数	頑強な標準誤差	係数	頑強な標準誤差	係数	頑強な標準誤差	係数	頑強な標準誤差
第一次元	0.188***	0.028	0.455***	0.027	0.443***	0.029	0.286***	0.027
第二次元	0.043	0.034	-0.002	0.032	-0.044	0.034	-0.243***	0.033
オルタナティブな質問	-0.121	0.155	-0.020	0.145	0.319*	0.178	1.327***	0.241
フェイスへの脅威	-0.063***	0.024	0.032	0.023	0.053**	0.024	0.311***	0.023
新報道2001	0.323***	0.121	0.512***	0.118	-0.156	0.120	0.165	0.116
激論！クロスファイア	0.139*	0.076	-0.242***	0.066	-0.664***	0.079	0.126*	0.071
与党議員	0.492***	0.076	0.319***	0.069	0.110	0.074	0.116	0.072
野党議員	0.613***	0.083	0.227***	0.078	-0.113	0.085	-0.250***	0.081
地方レベル政治家	0.113	0.114	0.069	0.118	-0.085	0.121	0.041	0.114
/cut1	0.374	0.084	-0.688	0.083	0.126	0.084	0.672	0.080
/cut2	0.873	0.085	-0.161	0.082	0.745	0.084	1.420	0.082
/cut3	1.330	0.086	0.571	0.082	1.485	0.086	2.115	0.085
/cut4	2.491	0.093	2.518	0.092	2.668	0.096	2.858	0.090
n	5084		5084		5084		5084	
Wald chi2 (9)	132.73		411.14		363.25		526.33	
Log likelihood	-6669.29		-7443.58		-6628.86		-7061.32	
Pseudo R2	0.0101		0.0278		0.0304		0.0417	

注：*：p <.1, **：p <.05, ***：p <.01を示す。また，不均一分散に対応するため，robust standard error を用いている。

いる。このことから、質問の第二次元は、回答を答えやすい方向に作用する質問であるといえる。第三に、第二次元とやや重複するが、[2]オルタナティブな質問は、内容および脈絡に対して、正で有意な係数が得られている。このことから、オルタナティブな質問は、内容を分かりにくくさせ、明確に答えにくい質問であるということが分かる。

なお、コントロール変数として含めたフェイスへの脅威は、送り手に対してマイナスの係数、内容および脈絡に対してプラスの係数が得られている。これは、フェイスへの脅威があるほど、自分の意見をゲストが言うように意識して回答していると考えられる。他方で、フェイスへの脅威がある場合、オルタナティブな質問と同様に、内容が分かりにくくなり、明確に答えられないといえる。

仮説1は支持される結果が得られたが、仮説2では、脈絡については影響を与えるものに、送り手、受け手、内容については、影響を与えないといえる。仮説3では、オルタナティブな質問が内容、脈絡に影響を与えるものに、送り手、受け手には影響を与えないといえる結果が得られた。そのため、仮説2および仮説3については支持されないと考えられ、内容、脈絡に対する影響と修正しなければならないといえる。この結果を踏まえると、会話を円滑化させる第二次元の質問は、自分の意見を言うことを促すことや、キャスターに向けること、内容を分かりやすくさせる機能はないといえる。会話を円滑化にする質問は、質問に対して、イエスと答えやすくすることにより、質問者であるキャスターとゲストの距離を縮める効果があると考えられる。

4　戦略性の考察

二〇一二年七月一二日に放送された「プライムニュース」より、当時、防衛政務官であった神風英男に対する一連の質問から、キャスターがいかなる戦略を用いているのかを考察する（表9-4）。ここでは、先ほどの質問の分類、話題、フェイスへの脅威という三つの変数を用い、情報収集、追及、円滑化という三つの会話の機能に当てはめている。

質問一は、オスプレイ配備に関して、沖縄に配備する前に、岩国基地に一度置くことを説明している。これはテレビ番組として、視聴者に分かりやすく時事トピックを伝える役割を果たしているといえる。どういう交渉であったのかを尋ねる質問であり、前書きのある質問、話題の転換、フェイスへの脅威レベルは2とされている。これまでの過程を簡単に説明していることから前書きのある質問であると分かる。また、話題が始まったばかりであるため、話題の転換に位置づけられる。そして、回答により、潜在的にフェイスを脅かす可能性があるため、脅威のレベルは2にコーディングされている。

このように質問を分類していく過程において、九つの一連の質問からなるこの事例においては、三問目、七問目、九問目に追及がきている。また、追及の間には会話の円滑化が六問目、八問目に用いられている。その他は、情報収集が占めており、一連の質問において、情報収集がメインとして、位置づけられているといえる。そして、この一連の質問において、山場となる質問は七問目であると考えられる。「よく分からない。結局岩国からそのオスプレイはその後真っ直ぐ普天間に行くんですか。それとも那覇の港湾施設にもう一回運んでいくんですか」と尋ねており、神風に対して、「よく分からない」という敵対的な表現を用いており、同じトピックに関してさらに「踏み込み」、オルタナティブな質問を用いている。これは、明らかに追及する機能を果たしているといえる。ただし、フェイスへの脅威レベルについて、コーダーは3としており、それほど大きな脅威であると判断はされていない。

続く八問目においては、「じゃあ」という表現を用いて、回答をキャスターが整理することで、会話を円滑化させる機能を果たしているといえる。「そういう判断ですか」という問いは、イエスかノーの

表9－4　質問の分類と流れの一例

質問の意図	質問の分類 話題 フェイスへの脅威の程度	質問内容の具体例
情報収集	前書きのある質問 話題転換 脅威レベル2	Q1　八木：4月に事故があって，心配の声が高まる中，6月11日に今日お越しの神風さんが地元に入られました。で説得されたということなんですけど，そのすぐ2日後にはですね，またフロリダの方で墜落事故があって，また8日にはクリントン国務長官が安全性を強調したんですけども，そのすぐ後に7月9日オスプレイの緊急着陸があったりという状態が続いているわけなんですね。まずはこの，6月11日に神風さん沖縄に置く前に，山口県岩国基地にオスプレイを一時置くということについて，直接地元に説得に行かれたということなんですけれども，どういう交渉だったんでしょうか。
情報収集	前書きのある質問 話題継続 脅威レベル3	Q2　八木：地元の今のお話をされたということでいいんですよね。その時にはどんな反応だったんでしょうか。
追　及	YES，No の質問 話題継続 脅威レベル4	Q3　反町：というと，その後の相次ぐ事故で地元の反応，少なくとも普天間は当然のこととして，岩国の方もちょっと困るよっていう抵抗感が尚更強くなる一方ですよね，現状。
情報収集	5W1H の質問 話題継続 脅威レベル3	Q4　反町：なんで岩国に最初寄るんですか。なんで直接普天間に持っていかないんですか。
情報収集	前書きのある質問 話題継続 脅威レベル2	Q5　反町：安全性が保てるってどういうことですか。
会話の円滑化	YES，No の質問 再確認 脅威レベル2	Q6　反町：岩国の方が妨害活動は低いんですか。
追　及	オルタナティブな質問 踏み込み 脅威レベル3	Q7　反町：どういうことですか。よく分からない。結局岩国からそのオスプレイはその後真っ直ぐ普天間に行くんですか。それとも那覇の港湾施設にもう一回運んでいくんですか。
会話の円滑化	YES，No の質問 再確認 脅威レベル4	Q8　反町：じゃあ那覇港から普天間までの陸路の移動が危ないわけですか。抵抗に遭うかもしれない。そういう判断ですか。
追　及	5W1H の質問 話題継続 脅威レベル3	Q9　八木：こういう質問がきてるんですけども，静岡県の50代の方からなんですが「実は中国が配備を恐れているオスプレイ問題は事故率の出し方が立場によって異なるなど，色々な情報が行き交って，日本中は配備はおろか，飛行すら認めない空気に包まれています。ここまで悪化した感情をどう解きほぐすのでしょうか」というメールなんですが。

注：「プライムニュース」（2012年7月12日放送）より作成。

質問に分類されるが、円滑化としてこの形式で質問していることが分かる。ただし、ソフェイスへの脅威はレベル4とコーディングされている。これは、「陸路の移動が危ない」という明確な表現で、キャスターにより言い換えられたことにより、脅威が増したと判断されたためと考えられる。

最後の九問目においては、視聴者からのメールを紹介し、その質問をそのまま投げかけている。これは、政治インタビューが有権者の疑問に答える役割を担っていることを示すものであり、有権者、ゲスト、政治家という三者の関係では、強く有権者を意識しているといえる。

5　二つの戦略

本章においては、キャスターがいかなる戦略を採るかについて、定量的な分析を踏まえ、帰納的に考察してきた。その結果として、多重応答分析に、情報収集、追及、会話の円滑化の機能が現れたと考えられる。第一次元に現れた情報収集機能は、送り手、受け手、内容、脈絡に影響を与えており、答えない方向に作用することを明らかにした。他方で、会話の円滑化機能が現れた第二次元は、脈絡に負の影響を与えており、答える方向に作用することを明らかにした。また追及を意味するオルタナティブな質問は、内容および脈絡に影響を与えており、回答が分かりにくく、答えられていない方向に作用するといえる。

この定量的な分析に加えて、定性的な事例を検討した結果、情報収集が政治インタビューの中心であり、追及を行う間に、会話を円滑化させる質問がなされていると分かった(3)。つまり、インタビュアーは、インタビューされる側の政治家に配慮し、険悪な雰囲気にしないために、追及の合間に会話の円滑化を含めているといえる。これは、情報収集に特化することや、追及に特化するわけではなく、政治家しか知りえない情報を収集することを中心として、マスメディアが追及を行い、番犬機能を担っているといえる現状を示している。

もし追及を重視する政治インタビューを行うのであれば、追及と円滑化で構成すれば、より良い追及を行うことができると考えられる。ただし、政治インタビューの性質として、視聴者に対して分かりやすく説明することが求められるため、インタビュアーは専門的な事柄ばかりを質問するわけではなく、視聴者が理解できるように情報収集をする質問を行っているといえる。国会審議において、テレビ中継が入る場合、質疑者は有権者に向けたアピールを行う質問があり、その場合もインタビュアーと同様に視聴者を意識して、理解しやすくするために、情報収集を行うものと考えられる。

これらのことを踏まえると、戦略として二つの方向性があるといえる。一つ目は、情報収集機能を重視する戦略である。政治インタビューの場を、視聴者に分かりやすく政治状況を伝える場であると捉えるならば、ほとんど追及を行わないようにすることも可能であるといえる。その場合、インタビュアーとインタビューされる側の間で、信頼関係を築くことが出来やすく、政治家は、インタビューを有権者へのアピールの場として、より活用しやすくなるといえる。これは現状が情報収集を中心とした質問で構成されていることから、現状よりも政治家にとって好ましい方向である。

二つ目は、追及を重視する戦略である。政治インタビューの中心を番犬機能であると捉えるならば、追及を中心に質問を構成することが可能である。これは、有権者に対して、説明責任を果たさせることを優先する考え方である。テレビ番組によっては、ゲストである政治家の考え方とイデオロギー的な差異が大きい場合、追及機能を中心にすることがある。自民党や公明党といった与党議員の多くは、経済政策や安全保障政策について右寄りのイデオロギーを有しており、フジテレビ系列や日本テレビ系列と親和的であるといえるため、情報収集機能を重視した質問が多くなる可能性がある。他方で、テレビ朝日系列やTBSテレビ系列では、社会保障を重視する左寄りのイデオロギーと親和的であるため、右寄りの議員には、追及を中心とした質問構成になっている可能性がある。これは、政治インタビューを行うキャスターの立場、テレビ局の立場が質問の戦略に反映されている可能性があることを意味しており、有権者はインタビュアーとインタビューされる側の政治家のそれぞれの立場を考慮して、視聴することが求められているといえる。ただし、こうしたインタビュアーの立場を考慮した分析は十分に行うことができていないため、今後の課題であるといえる。

最後に、政治インタビューにおいて、いかなる質問を行うべきかという規範的な議論については、多様な考え方があるため、一概に一つの結論に至るとは考えにくいといえる。しかし、質問の形式に着目し、どのような目的をもって質問がなされているのか、またその質問に対して回答が得られているのかについては、検討していく必要があるといえる。今後、政治インタビューを考えるにあたって、キャスター、政治家、有権者の三者がそれぞれの立場に応じて、政治インタビューに向き合っていくことが求められるといえる。

本章までの分析は、テープ起こしを基に行ってきた。しかし、実際には映像を視聴するため、文字との違いを次の第10章で明らかにする。その際、映像特有の非言語表現に着目する。

注

(1) キャスターの中立性については、クレイマン（Clayman 1989）が指摘しており、二五〇ケースのうち、九七％で中立性が示されるとしている。

(2) ここでオルタナティブな質問を分析に含めているのは、情報収集を行う第一次元、円滑化を行う第二次元とは異なる概念である、追及を行う質問がオルタナティブな質問であると捉えているためである。

(3) ただし、この事例は一つの事例にすぎず、「激論!クロスファイア」の田原には当てはまらない可能性がある。

第10章　映像と文字に違いがあるか

1　国会審議

　近年、国会審議は、従来のテレビ中継のみならず、インターネット中継がなされ、改めて着目されるようになってきた。国会審議にアクセスするチャネルは、NHKによる国会中継に加え、衆議院および参議院による国会中継、そして、ユーストリーム等の民間事業者による中継がなされている。それに加え、「国会審議映像検索システム」が構築され、映像とともに文字が視聴できるシステムが構築されている。しかし、肝心の国会審議の中身が興味深いものとなっているかというと、そうとは限らないのが現状である。それではなぜ国会審議は、一般の視聴者・有権者にとって興味深いものとなっていないのだろうか。その理由として、平日の日中に審議が行われること、質疑の事前通告があること、審議が長時間に及ぶため集中力が持続しないことなどが考えられる。こうしたことから国会審議の視聴率は二％程度に留まっており、必ずしも高いとはいえない（NHK世論調査部 二〇一二）。

　本章では国会審議を研究対象とするため、まず、国会審議を研究する意義を確認しておく。第一に、質疑による政府側の行動制約（行政統制）である（Franklin and Norton 1993：岡田他 二〇一二）[1]。これまで国会審議に関する研究は、その資料の膨大さから敬遠されてきた。しかし、国会審議の中には、重要な政府側の答弁が多く含まれており、国会での発言によって、政府側がなんらかのコミットメントせざるを得ない場合が含まれる。質疑によって、政府は説明責任（Accountability）および応答責任（Responsibility）を果たさなければならない。

第二に、国民に対して現在問題となっている争点を提示し、議論を行うという争点明示機能である（Polsby 1975：大山二〇〇三、二〇〇四）。公開されている議場において、討論を行い、議決を経ることで民主的正統性が担保され、次期選挙において政権を奪取することができると捉えられる。福元（二〇〇〇）は国会審議を討議アリーナとして捉え、議会の争点明示機能および審議機能を重視している。

第三に、国会質疑は野党議員が政府から情報を得る有力な手段の一つとなっている。政府からの情報収集としては、質疑のほか、質問趣意書、衆議院の予備的調査制度、参議院の調査会および国政調査権等が挙げられるが、野党議員が単独でできる情報収集は限定されている。その中でも質疑および質問趣意書は議員個人の政策関心が反映され、地元利益への応答として捉えられる（松本・松尾 二〇一〇）。国会議員は、質疑をすることによって情報収集をすると同時に、地元へのアピールを行い、再選へ繋げようとしているといえる。

ただし、これらの意義が認められるのは、国会の審議過程が多数決主義的・効率的に審議がなされており（増山 二〇〇三：川人 二〇〇五）、審議過程で討議を行い、合意修正することは限定的である（福元 二〇〇〇：武蔵 二〇〇六）とする先行研究の蓄積があるためである。だからこそ、議会研究は立法機能に着目した研究から審議機能・立法過程に着目した研究に移行してきたものと考えられる（河 二〇〇〇：福元 二〇〇七：松本・松尾 二〇一〇：松浦 二〇一〇）。こうした流れに加え、国会審議がインターネットを介して共有される状況となってきたことから、新たな側面より国会審議の内容を捉える必要性が出てきたといえる。そこで本章では、国会審議の映像が共有されることとなってきた状況を重要であると捉え、言語的な分析のみではなく、非言語表現が国会審議の内容に影響を与えているかどうかを検証することとする。本章での国会審議の内容は、経済や安全保障といった具体的な個別の争点ではなく、質疑に対して明確に答えているか、建設的な議論がなされているかといった国会審議の質の一側面を指す。

本章では、文字と映像の違いに焦点を当て、非言語表現がどっちつかずに与える影響を検証する。また、「どっちつかず理論」では検討されてこなかった建設的議論の指標を導入することで、熟議に貢献するかどうかを考察する。

2　政治情報の重要性

政治とインターネットの論点

近年の情報通信手段の発展により、インターネット利用率は二〇〇一年には四六・三%であったものが二〇一三年時点で八二・八%にまで上っている（総務省 二〇一三）。またソーシャルメディアの利用率は若年層を中心に広がっており、二〇代では六五・五%となっている[2]。他方で、七〇代のソーシャルメディア利用率は一七・九%と低く、デジタル・デバイトが生じているといえる。こうしたインターネット上でのソーシャルメディアの利用率と反して、政治における関心は若年層より中高年以上の方が高くなっている。二〇一二年に実施された第四六回衆議院議員総選挙の世代別投票率をみると、二〇代が三七・九%であるのに対して、六〇代は七四・九%、七〇代は七三・九%という大きな開きが見受けられる（図10－1）。

こうした現状を踏まえ、インターネットの利活用が政治にどのような影響を与えるかについては、政治家レベルと有権者レベルに分別され、いくつかの論点が示されている。第一にインターネットは、既存の勢力構成に影響を与え、小政党に有利に働くと捉える平準化仮説と既存の勢力構成がそのままイン

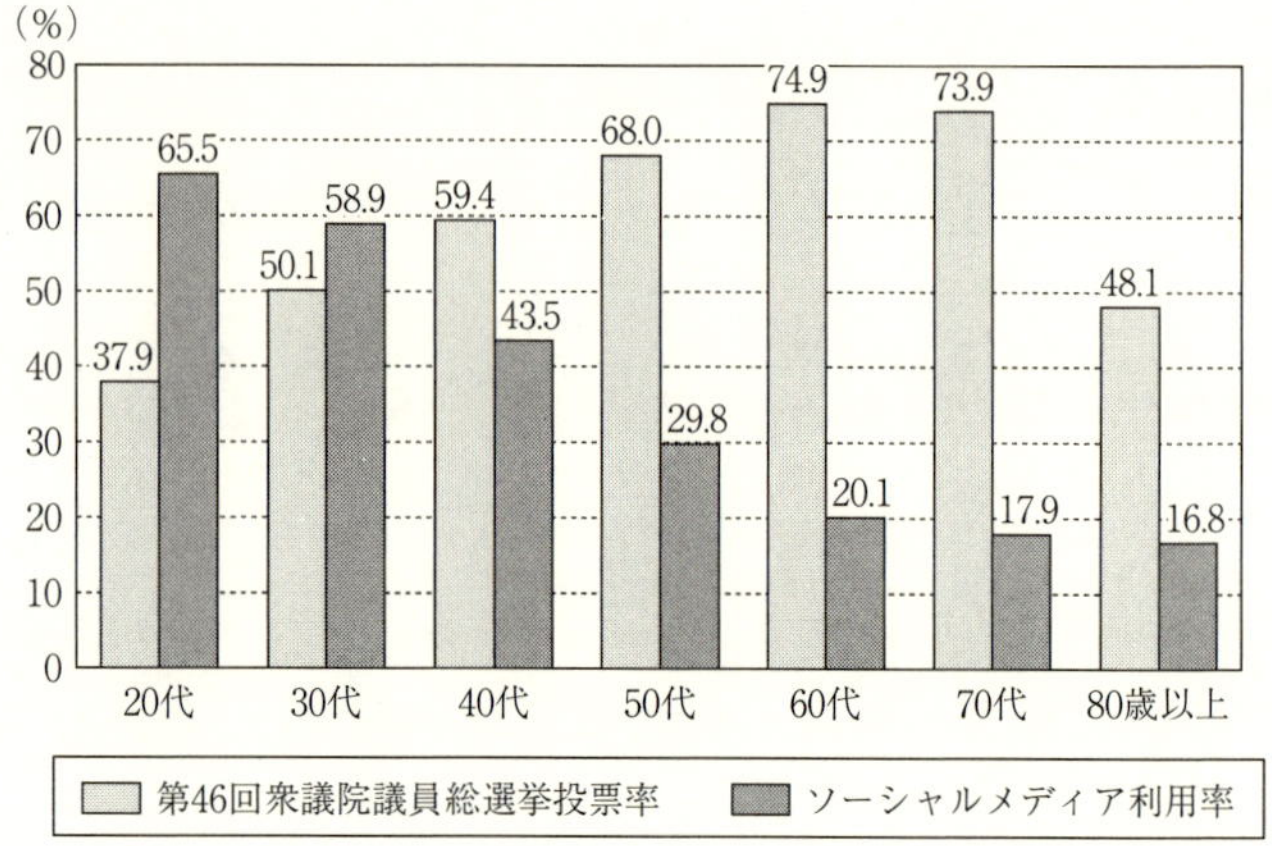

図 10－1 世代別投票率およびソーシャルメディア利用率

注：明るい選挙推進協会 HP「第四六回衆議院議員総選挙における年齢別投票率」および総務省「平成25年通信利用動向調査の結果」より作成。

ターネットにまで及ぶとする通常化仮説が対立している（Margolis et al. 2003：岡本 二〇〇六、二〇一一：境家 二〇〇六：上ノ原 二〇〇八：岡本他 二〇一二）。この議論は有権者レベルにも敷衍することができ、政治的弱者（若年層や障碍者といったマイノリティ）がインターネットにおいては、発言力を増す可能性がある。[3] 第二に、有権者の情報収集行動は日常的か、選挙前かという論点である（D'Alessio 1997：岡本・石橋 二〇〇四：岡本他 二〇〇八、二〇一〇）。これは背反するものではないが、選挙前の能動的な情報収集であれば、日常の政治情報の発信・共有はあまり意味を持たないものとなる。他方で、日常的な情報収集としてインターネットが活用されているならば、第一の論点と関連して、少数派が大きな影響力を持ちうることに繋がる。第三に、インターネットユーザーは、現実社会とは異なる特性を持ちうるかどうかである。インターネットユーザーの特性として、高学歴であるものの、政治行動には積極的ではない、民主党支持が多い等が指摘されており（川上 二〇〇三：石生 二〇〇四：

佐藤他 二〇〇三)、現実社会とは異なる特性が存在すると考えられる。また、注意すべき現象として、インターネット特有のサイバー・カスケード効果が発生しうることである（Sunstein 2001)。カスケード効果とは、議論が特定の方向をもち、意見が偏る現象である。(4)

政治とインターネットをめぐる論点は、(1)インターネットの中の政治、(2)政治のインターネットへの浸透、(3)政治家のインターネット利用（Margolis and Resnick 2000）に分けられ、影響力行使の主体が政治家か有権者（オピニオン・リーダー）か、またそれらの主体の特性はどうなっているかにより論点が区分される。本章で扱う、国会審議に関する映像情報は政治家に加え、有権者および利益団体といった多様なアクターが活用しうるため、用いられ方次第では、インターネットの中でも重要な役割を担い得ることとなる。

政治コミュニケーション論

議会での熟議に関する研究として、シュタイナーら（Steiner et al. 2004）によって熟議の質指標（Discourse Quality Index）が提示されている。熟議の質は、話し手の(1)参加、(2)正当化のレベル、(3)正当化の内容、(4)敬意の表明、(5)建設的政治により測定される。(5) 議会における熟議を明らかにする実証研究はほとんど存在せず、理念として熟議が掲げられるに留まっている。しかし、政治コミュニケーション論の研究からは、議会の質疑機能についての実証研究がフランクリンとノートン（Franklin and Norton 1993）によってなされている。(6)

ブルとフェルドマン（Bull and Feldman 2012）によると、政治コミュニケーション論で用いられる主な理論研究はフェイス理論（Face Theory）と「どっちつかず理論」（Theory of Equivocation）であるとされている。フェイス理論はゴッフマン（Goffman 1971）によって提示され、ブラウンとレヴィンソン

（Brown and Levinson 1987）によって確立された。ゴッフマン（Goffman 1971=2002）によると、社会関係において聞き手と話し手のフェイスが重要な意味を持つとされている。フェイスは社会的価値であると位置づけられており、認知されている様々な社会的属性を尺度として記述できるような自己イメージであるとされている。一般的に人はフェイスという自己イメージを保持し、守ろうとする。ゴッフマン（Goffman 1971）はフェイスを守るプロセスを回避プロセスとし、自己のイメージと矛盾する出来事があった場合は修正しようとする。そのフェイスを守る行為を修正プロセスと捉えている。そしてフェイスを守ることができなかった場合は、面目がつぶされる（フェイスを失う）と捉えている。ある人が面目をつぶされるといえる場合は、その人がとっている方針とどうしても衝突してしまうような情報、その人の社会的価値をめぐる情報が前面に出てくる場合であるとされている。さらに、ブラウンとレヴィンソン（Brown and Levinson 1987）は、フェイスへの威嚇行為を他者に踏み込まれたくないネガティブフェイスと、他者によく思われたいポジティブフェイスに区別している。たとえば、ネガティブフェイスへの脅威として、聞き手の将来的行為を叙述することにより、その行為をするように、あるいはしないように聞き手になんらかの圧力をかけるような場合である。またポジティブフェイスへの脅威として、話し手が聞き手のフェイスに関し、批判や軽蔑など否定的評価をする場合である。

次に「どっちつかず理論」はバヴェラスら（Bavelas et al. 1988, 1990）によって確立された。バヴェラスら（Bavelas et al. 1988）は政治的に曖昧な表現がなされる場合は四つの次元に分けられるとしている。その四次元とは送り手、受け手、内容、脈絡である。(1)話し手が自分の意見を言っているかどうか、(2)どういう相手に対して向けられているか、(3)内容がはっきり理解できるか、(4)脈絡から、質問に対し直接的に答えているかどうかであり、この四次元により、きちんと質問に対して答えているか判断されることとなる。バヴェラスら（Bavelas et al. 1988）によると、いずれか一つでも不明瞭な場合は曖昧であるとされ、曖昧な表現は、聞かれたことに対して、何と答えようともマイナスにしかならない状況によって生み出されるとされており、それを回避—回避の葛藤（Avoidance-avoidance Conflict）であるとしている（Bavelas et al. 1988；Bull 2002）。

これらのフェイス理論および「どっちつかず理論」に関する実証研究は、イギリスを中心として多くの国々によって実証が行われ、精緻化されている（Bull 2008；Harris 1991）。たとえば、質問に答えない非答のカテゴリーについては、ブルとメイヤー（Bull and Mayer 1993）が、質問を認識するが答えない、質問を攻撃する等、一一に分類を行っている。[7] また、日本における研究として、フェルドマン（Feldman 2004）による政治家を対象とした政治討論番組の研究がある。フェルドマン（Feldman 2004）によると、政治討論番組において、日本の政治家は九・九％しか質問に対し正確に答えていないとされ、本音と建前を使い分けていると指摘されている。またフェイス理論と「どっちつかず理論」の架け渡しをした研究として、ブルら（Bull et al. 1993）の研究があり、政治家には⑴政治家個人としてのフェイス、⑵政党としてのフェイス、⑶重要な他者に対するフェイスという大きく三つのフェイスがあることが示されている。野党議員は政府の行動を制約しうる言質を引き出そうとするとともに、名誉や威信といった政府与党のフェイスを攻撃する。フェイスを攻撃することで、国民に政権を担う与党の能力の低さを知らしめ、政権交代を狙おうとするのである。

3　映像からは答えているように認識する不思議

分析枠組み

本節では、熟議民主主義論および「どっちつかず理論」という二つの分析枠組みを設定する。第一の熟議民主主義論の観点からは、国会審議の中でも、予算審査が熟議を行っているか否かを明らかにする。近年、熟議民主主義論においては、国民レベルにおける熟議民主主義の実践について多くの研究の蓄積がなされているが、議会レベルにおける熟議に関する研究はほとんどなされていない。これまでの国会研究は、主に法案審査に関する国会の捉え方をめぐって研究がなされており、国会審議に関して熟議民主主義論の観点からは、福元（二〇〇〇）を除き、十分に議論がなされていない。(8) 国会審議が形だけのもので無意味であるならば、新聞やテレビといった既存のマスメディアを通さず、インターネットを介して有権者が直接、国会審議を視聴した場合、国会自体の信用を失いかねない。国会審議の熟議に関する構造を明らかにすることは、国会の信用を向上させることに繋がる可能性を秘めているといえる。

第二の「どっちつかず理論」の観点からは、なぜ質疑に対して正面から答弁を行わないのかを明らかにする。国会審議をつまらないものとしている要因の一つとして、質疑の事前通告制度が挙げられる（西尾・村松 一九九五：菅 二〇〇九）。国会における質疑は慣例として、事前にいかなる内容の質疑を行うのかが通告がなされ、その質疑に対して事前に答弁が官僚により作成される。答弁資料は各課の担当者が原案を作成し、内容確定まで三時間程度を要し、他の業務に優先して作成される。国会答弁は記録として公的に残されるため、政府側の答弁が慎重にならざるを得ないものとなる。それは大臣が政治的コミットメントした場合、責任が伴い政府がなんらかの行動をしなければならなくなる。そのため、極力現状を変更しない答弁を心がけることになっているためである。

仮説と本章の射程

これまでの先行研究の議論および「どっちつかず理論」を踏まえ、以下の作業仮説を設定する。

仮説1：国会審議の視聴（映像情報）と文字情報によって、受け取り方が異なる。すなわち、文字情報の方が熟考できるため、どっちつかずとしてより強く反映される。

仮説2：非言語表現は、どっちつかずに影響を及ぼしている。腕の動きはきちんと答える方に作用する。

仮説3：国会の質疑および答弁は熟議に貢献している。質疑が厳しく、答弁が回避されている場合は熟議であるとはいえない。他方で、質疑および答弁が公共の利益を配慮している場合および質疑に向き合い正面から回答している場合は、熟議に貢献しているといえる。

仮説1に関して、国会審議を映像として視聴する場合、質疑の論点が理解しづらくなり、印象で判断を下すこととなる。他方で、映像情報より文字情報として処理する場合、論理的な思考となるため、よりどっちつかずな答弁として反映される。予想として、送り手、受け手、内容および脈絡の次元において、いずれでも平均値に差として現れる。

仮説2に関して、非言語表現として、きちんと答弁する方に働くのは、腕の動きがある場合である。腕の動きは自信を示すとされており（佐藤 二〇一四）、答弁に熱が入った場合、無意識に腕が動き、言語情報以外を用いて伝えようとする。他方で、官僚の作成した答弁書を見る場合、曖昧な答弁として現れ、理解しづらくなると予想される。同様に、下を向いて答弁する場合および手を組む場合は、不安が現れており、曖昧な答弁として現れると予想される。

仮説3に関して、熟議をしているかどうかについては、明確な基準を定めることが難しいため[9]、ここでは、建設的な議論を熟議であると読み替えて捉えることとする。質疑が対立的となっており、内閣に対する批判や揚げ足取りのような質疑となっていれば、建設的な議論とはいえなくなると予想される。

他方で、公共の利益を考慮した質疑および答弁となっている場合、建設的な議論が行われていると予想される。

本章においては、政治コミュニケーション論の分析枠組みを用いるため、分析上の限界がある。第一に、コーダー（評価者）は有権者を代表していないということである。大学生および大学院生の判断は偏りを持つものかもしれない上、特定の政党を支持している等の要因が影響していることも考えられる。第二に、本章の分析は、インターネット上での情報共有、公共討議を想定できていない。あくまで、個々の有権者が視聴した場合の判断を示すものにすぎないという点である。

データセットおよび分析手順

仮説を検証するため、安倍首相が答弁を行った二〇一一年度の予算審査、第一八六回国会予算委員会議録第六～七号、第九号、および第一二～一四号を用いる。一般的に予算委員会の総予算の審査の流れは、趣旨説明、補足説明、基本的質疑、一般的質疑、公聴会、分科会（委嘱審査）、締め括り質疑、討論、採決の順でなされている（浅野・河野 二〇一〇）。また基本的質疑や一般質疑の他に、集中審議という日程も設定されることがある[10]。予算委員会では基本的質疑および締め括り質疑に首相以下全閣僚が出席しなければならず、基本的質疑の間は他の委員会が開かれないこととなっているため国民が最も注目する委員会となっている（河 二〇〇〇：大山 二〇〇三）[11]。安倍首相の答弁に焦点を当てるのは、政府側の答弁の中でも、首相の発言が世論に与える影響が大きいためである。首相の権限が強化されたことに加え（武蔵 二〇〇八）、マスメディアが首相に関する報道を増やしたことおよび選挙の場面において党首に注目が集まることから、首相はハイパーアカウンタビリティを負うとされる（Kraus and Nyblade 2005：ナイブレイド 二〇一一）。しかし、未だ十分に首相の発言の影響力の大きさが解明されているとはいえない。

とりわけ国会の日程等によりスケジュールを制約される首相はテレビ等のマスメディアに出演する機会が限定されている状況にある。そうした中においても、国会での首相答弁は、一部だけが編集により切り取られ、報道されることが多く、その意味において、首相は他の政治家よりも世論に与える影響力が大きいといえる。

分析手順に関してはフェルドマン（Feldman 2004）の政治番組に関するテレビインタビューの分析に用いた方法論を踏襲することとした。まず質疑と答弁に分け、質疑の分類を行ったあと、その質疑に対して明確に答えているかどうかの評価を行う。質疑の分類に関しては、ユッカー（Jucker 1986）の分類およびフェイスへの脅威（Bull et al. 1996）の分類を用いている。他方、答弁の評価には、三人のコーダーの協力を得て、それぞれ建設的議論、公共の利益の考慮（質疑および答弁）、答弁は回避的である、のほか、送り手、受け手、内容および脈絡の次元に関する一一点尺度を用いて、映像と国会議事録を分け、それぞれ得点を付けた（付表10－2）。

ユッカー（Jucker 1986）は構文法上の表現の違いから、質疑の特徴を明らかにしている。ユッカー（Jucker 1986）はインタビューにおける質問の意味に着目し、直接質問と間接質問の大きく二つに分類した。直接質問ではイエスかノーの質問、いつどこで誰が何をどのようにしたかを聞く5W1Hの質問、情報を提示し確認する宣言型の質問に分けられる。また間接質問は前置きがあり、それに関する質問で、意見・考えを伺う質問、「言いたいことはこうですよね」と意味合いを求める質問、詳しい説明を求める質問、話し手の脅威を取り除く意図を含めて「一つ伺いたいのですが〜」「〜だろうかと思います」という形式を取る質問、婉曲な表現で「こうではないか」と憶測する質問に分けられる。さらに、同じ争点についての話題を続ける場合、同じ質問および同様の質問を行う場合を追及として捉えている。

またブルら（Bull et al. 1996）のフェイスへの脅威は、政治家個人、政党、重要な他者（有権者）に対するフェイスに分けられる。政治家個人の資質に関して否定的な印象を引き出す質問がなされれば、政治家個人のフェイスへの脅威となる。また、政党に関して、政党の掲げる政策や主張に関して否定的な印象を引き出す質問は政党へのフェイスを脅かすこととなる。そして重要な他者として利益集団や有権者の支持を失うような質問であれば、重要な他者へのフェイスの脅威となる。ここでは、この分類に加え、政府を政党から区別し、政府の政策、方針に否定的印象を与える可能性のある質問を政府のフェイスへの脅威として捉えている。

4　国会審議は原稿が有用か

映像と文字の差異――仮説1の検証

映像情報から受け取る認知と文字情報から受け取る認知においては、差があると考えられる。国会審議を映像情報から視聴して捉えた場合、質疑が長く捉えにくい場合があることや、答弁が回避されている場合があるなど、質疑および答弁を完全に把握することが難しくなる。他方で、国会議事録として文字情報から捉える場合、全体を読み渡すことができ、理解しやすい上、答弁が誤魔化されていることが把握できると考えられる。そこで、映像と文字で評価に差があるか、t検定を用いて検定を行う。

t検定の結果、いくつかの点において映像と文字に差が見受けられたが、コーダーによって受け取り方が異なっていることが明らかとなった（表10－1）。映像の方が優れている点として、質疑者の方を向いて話していると評価されたことである。第一および第三コーダーは、映像を見ることで質疑者に向かって話していると認識した一方、文字からは多方面に向いて話されていることが確認された。他方で、すべてのコーダーの結果から、文字情報の方が厳しく評価されているといえる。たとえば第三コーダー

表10－1　映像と文字の平均値の差異

		n	第一コーダー		第二コーダー		第三コーダー	
			平均値	標準偏差	平均値	標準偏差	平均値	標準偏差
建設的な議論をしている	映像	239	5.582	1.381	4.314	1.637	7.523***	2.727
	文字	239	5.510	1.627	4.029	2.007	6.577	3.023
質疑は公共の利益を配慮している	映像	239	5.736	1.780	7.025	1.347	8.356	2.459
	文字	239	5.699	1.890	7.695***	1.516	8.331	2.572
答弁は回避的	映像	239	1.741	2.086	6.151	1.774	2.732	3.524
	文字	239	1.669	2.254	6.628***	2.198	2.950	3.478
自分の意見を述べている	映像	239	7.331***	2.159	3.126**	1.540	3.824	3.079
	文字	239	6.603	2.313	2.490	1.998	3.707	2.942
質疑者に向かって話している	映像	239	7.176***	2.199	4.226	1.675	8.820***	2.271
	文字	239	6.636	2.347	4.109	1.965	8.167	2.383
質疑に対して明確に答えている	映像	239	8.506**	2.043	3.293*	1.786	7.661***	3.530
	文字	239	8.121	2.226	2.983	2.279	5.686	3.944

注：*：10％有意，**：５％有意，***１％有意を示す。内容および答弁に関する公共の利益の考慮についてはいずれも有意になっていない。

は、建設的議論を映像の方が行っていると考えており、文字で評価した場合の方が建設的ではない方向へシフトしている。またすべてのコーダーが文字情報の方が、質疑に対する答弁は明確に答えていないとしている。

非言語表現が答弁に及ぼす影響——仮説2の検証

非言語表現には言語表現には現れない快・不快といった感情が無意識に現れる（Mehrabian 1981）。とくに話者の手振りは、自信となって現れ（佐藤 二〇一四）、聞き手の理解を促す効果を持つとされる（藤井 二〇〇二）。ここでは視線の動きと手の動きに着目し、下を向く、原稿を見る、右手、左手、両手の動き、手を組むという動作をカウントすることとした[12]（付表10－1）。下を向く場合は原稿を見ずに、自分の考えを整理している動作であると考えられる。他

表 10－2　非言語表現と答弁の相関分析

	下を向く	原稿を見る	右　手	左　手	両　手	手を組む
自分の意見を述べている	.124	−.171**	.026	.237**	−.086	.020
質疑者に向かって答弁している	.094	−.108	.034	.127	−.169**	−.183**
答弁の内容は理解できる	.173**	.058	−.161*	.003	−.247**	−.182**
質疑に対して明確に答えている	−.033	.185**	−.018	−.216**	−.222**	−.121

注：*：5％有意，**：1％有意を示す。なお，非言語表現はその動作の回数をカウントした上で，100文字当たりの答弁文字数で除している。非言語表現との関係を見るため，映像の答弁との相関関係を明らかにしている。また答弁は3人のコーダーの平均値をとっている。

方で、官僚の作成した答弁原稿を見る場合は、専門的な内容について質問されており、答えにくいものと予想される。また右手、左手、および両手の動きは自信を示すものとして捉えられ、答えやすいものと予想される。

相関分析の結果、非言語表現は答弁と関係していることが明らかになった（表10－2）。「下を向く場合」と「内容が理解できる」は正の緩やかな相関関係があり、下を向いて考えている場合は、内容が分かりやすくなっているといえる。また原稿を見る場合は、自分の意見ではなくなる一方、質疑に明確に答えている。左手の動きは自分の意見を示す一方で、質疑に答えない傾向が見受けられる。これは原稿を見る場合と対照的な傾向となっている。また安倍首相に特有の手の動きとして、自分の体の前で手を組むという動きが見られる。これは不安を示すものと考えられる。手を組んだ場合、質疑者以外に答弁が向けられ、内容が理解しにくくなるといえる。

予想と反したのは、官僚の答弁原稿を見る場合、質疑に対して明確に答えている傾向があることである。また自信を示す左手の動きは自分の意見を述べる一方で、質疑には答えないといえることに特徴が現れているといえる。同様に両手の動きも、質疑に答えない方向に作用しているといえる。

非言語表現が答弁に影響を与えているかは次項で引き続き検証を加える。

建設的議論への貢献――仮説3の検証

熟議を表すものとして、ここでは建設的議論を取り上げている。この建設的議論はシュタイナー（Steiner et al. 2004）の熟議の質とは異なるものの、正当化の内容が言及している集団利益の主張や共通善の主張が考慮されていると考えられる。予想としては、建設的議論ではなくなる場合として、原稿を見ること、回避的な答弁をすること、および厳しい追及（Jucker 1986）が挙げられる。他方で、質疑および答弁ともに公共の利益を考慮している場合、また明確に答弁する場合は、建設的な議論に繋がると考えられる。ここでの厳しい追及は、同一の争点について、同じ質疑を繰り返す場合をダミー変数として含めている。ここでは、従属変数である建設的議論が0から10の範囲を取るため、打ち切りデータであると捉え、トービットモデルによる推定を行うこととする（表10－3）。

分析の結果、おおむね仮説3を支持する結果が得られている。質疑および答弁ともに公共の利益を考慮している場合は、建設的な議論であると捉えられている。また、質疑に対して明確に答えている場合は、建設的な議論に繋がるといえる一方で、答弁が回避的である場合は、建設的な議論ではなくなるといえる。一つ、予想と反した結果となったのが、原稿を見る場合である。原稿を見る場合、答弁は単なる事務的な仕事として捉えられるため、建設的な議論ではなくなると予想したが、実際は答弁原稿を読むことが専門的な質疑に対応する建設的議論に寄与していることが明らかとなった。つまり質疑の事前通告および官僚の作成する答弁原稿は意味を持つものとして肯定的に捉えることができるといえる。

この分析結果が妥当性を持つものかを明らかにするため、個別のコーダーにおいても同じモデルで分析を行っている。すべてのコーダーにおいて、おおむね仮説を支持する結果が得られている。ただし、

表 10-3　建設的議論を従属変数としたトービットモデルによる推定

	3人の平均得点		第一コーダー		第二コーダー		第三コーダー	
	β	S.E.	β	S.E.	β	S.E.	β	S.E.
定数項	0.778 (1.424)	0.547	1.893*** (3.374)	0.561	4.332*** (5.350)	0.810	0.075 (0.081)	0.922
原稿を見る	0.147*** (2.612)	0.056	0.153* (1.840)	0.083	0.135 (1.441)	0.094	0.548*** (3.112)	0.176
質疑：公共の利益の考慮	0.305*** (5.884)	0.052	0.375*** (6.506)	0.058	−0.148** (−2.093)	0.071	0.490*** (5.186)	0.095
答弁：公共の利益の考慮	0.310*** (5.145)	0.060	0.103* (1.677)	0.061	0.232*** (3.094)	0.075	0.401*** (3.674)	0.109
追　及	−0.694*** (−3.001)	0.231	−0.853** (−2.557)	0.334	−0.970*** (−2.659)	0.365	−0.859 (−1.240)	0.692
明確に答えている	0.189*** (4.596)	0.041	0.080 (1.529)	0.053	0.370*** (6.106)	0.061	0.090 (1.585)	0.057
答弁は回避的	−0.158*** (−3.280)	0.048	0.109** (2.203)	0.049	−0.197*** (−3.204)	0.062	−0.377*** (−5.306)	0.071
σ	0.903*** (21.863)	0.041	1.335*** (21.789)	0.061	1.520*** (21.391)	0.071	2.556*** (16.053)	0.159
AIC	2.700		3.480		3.702		3.574	
対数尤度	−314.613		−407.843		−434.396		−419.078	
n	239		239		239		239	

注：*：10％有意，**：5％有意，***1％有意を示す。（　）内はz値を示す。建設的議論の要因を明らかにするため，映像ではなく，文字情報から得たデータを用いて推計を行っている。質疑者の年齢，議員暦，質問の分類（Jucker 1986）を含めて推計も行ったが，有意とならなかったため，モデルからは除外している。

第一コーダーの「答弁は回避的」および第二コーダーの「質疑：公共の利益の考慮」に関しては、一部、仮説と逆の結果が得られているが、その他の符号条件は整合的であり、妥当性が確認されている。答弁が回避的であることを建設的議論であると捉えたのは、回避されていたとしても質疑による追及を建設的議論であると判断したためであると考えられる。また質疑による公共の利益の考慮は、特定の有権者の利益を考慮していると捉えたため、建設的議論ではないと判断されたと考えられる。実際、国会議員が質疑する要因の一つとして、地元利益への応答が指摘されており（松本・松尾 二〇一〇）、その一面が否定的に捉えられたものと考えられる。なおここでは、

表10－4　トービットモデルによる明確に答えない要因

	第一コーダー		第二コーダー		第三コーダー	
	映像情報	文字情報	映像情報	文字情報	映像情報	文字情報
定数項	12.339***	11.223***	4.258***	4.278***	15.360***	10.989***
	(17.96)	(19.54)	(18.719)	(14.237)	(8.613)	(9.238)
	[0.687]	[0.574]	[0.227]	[0.300]	[1.783]	[1.190]
原稿を見る	0.542*	0.732***	-0.107	-0.118	2.910***	0.469
	(1.844)	(2.807)	(-0.968)	(-0.808)	(3.492)	(0.860)
	[0.294]	[0.261]	[0.110]	[0.146]	[0.834]	[0.545]
両手の動き	-1.930***	-1.619***	-1.179***	-0.825**	-1.722	-2.180
	(-2.811)	(-2.680)	(-4.302)	(-2.255)	(-0.965)	(-1.630)
	[0.687]	[0.604]	[0.274]	[0.366]	[1.784]	[1.337]
政治家個人のフェイスへの脅威	-3.700**	-4.028***	0.017	0.159	-17.675***	-11.954***
	(-2.272)	(-2.784)	(0.024)	(0.178)	(-3.779)	(-3.250)
	[1.628]	[1.447]	[0.679]	[0.894]	[4.677]	[3.679]
有権者を守るためのフェイスへの脅威	-6.269***	-6.368***	0.374	-1.278	-3.034	-9.426**
	(-3.572)	(-3.969)	(0.474)	(-1.233)	(-0.594)	(-2.273)
	[1.755]	[1.604]	[0.788]	[1.036]	[5.109]	[4.147]
政府のフェイスへの脅威	-2.298***	-2.499***	-0.597**	-1.497***	-5.094***	-5.466***
	(-3.769)	(-4.630)	(-2.545)	(-4.830)	(-3.126)	(-4.670)
	[0.610]	[0.540]	[0.234]	[0.310]	[1.630]	[1.171]
第13号ダミー	-1.308	-1.346*	-0.964***	-1.692***	-6.334***	-5.653***
	(-1.523)	(-1.750)	(-2.797)	(-3.712)	(-2.701)	(-3.321)
	[0.857]	[0.769]	[0.345]	[0.456]	[2.345]	[1.702]
σ	3.759***	3.457***	1.720***	2.261***	9.465***	7.605***
	(12.12)	(13.524)	(21.138)	(20.287)	(9.246)	(11.968)
	[0.310]	[0.256]	[0.081]	[0.111]	[1.024]	[0.635]
AIC	3.000	3.331	3.969	4.362	2.868	3.934
対数尤度	-350.451	-389.995	-466.256	-513.262	-334.728	-462.084
n	239	239	239	239	239	239

注：***：1％有意，**：5％有意，*：10％有意を示す。また，（　）はz値，［　］はS.E.を示す。

選挙区と比例選出の質疑者を区別し、選挙区ダミーを含めて推計も試みているが、有意な結果が得られなかったためモデルには含めていない。

「どっちつかず理論」への貢献

回答がどっちつかずになるのは、回答者のおかれる状況によること（Bavelas et al. 1990）、フェイスへの脅威があること（Bull et al. 1996）が指摘されており、実証研究はその途上にあるといえる。また非言語表現が、その他の変数をコントロールした上においても、質疑に対して明確に答えない答弁に影響を与えているかどうか（仮説2）を確かめるため、検証を行う。質疑に対して明確に答えるかどうかは、答えない「0」から答える「10」まで一一点尺度で配置されている。ここでは質疑に対して明確に答えない要因として、政府、政党、政治家個人および有権者を守るためのフェイスへの脅威、両手の動き、原稿を見るという非言語表現を独立変数とする（表10－4）。

5　霞ケ関の流儀

本章においては、国会審議の視聴に焦点を当て、いかなる場合に熟議がなされ、明確に答えないかを明らかにしてきた。明らかとなったことは、第一に、映像情報と文字情報では捉え方が異なるということである。映像情報より、文字情報の方が論理的に判断されるため、厳しい評価がなされる。他方で、映像情報の方が質疑者の方に向かって話していると評価されるため、映像を活用する意義が見出される。第二に、非言語表現が「どっちつかず理論」に影響を与えていることが明らかとなった。ただし、非言語表現は話し手によって特有の動きがあるため、普遍的な効果であるとは限らない。今後の研究において普遍的な非言語表現と個人特有の非言語表現を峻別していくことが求められるといえる。第三に原稿を見ることが、建設的議論に正の影響を与えており、官僚の作成する答弁原稿の有用性が示される形となった。さらに原稿を見ることは明確に答えることにも繋がっており、肯定的に捉えられる。しかしながら、官僚の作成する答弁書は一見すると質疑に対して明確に答えているように捉えられるが、実際に答えているかは定かではない。つまり、答弁原稿が上手く作成されており、実際は質疑で問い質されている肝心なところが回避されている可能性を否定できない。これは霞ヶ関の言葉遣いは、お役所の言葉であり、独特の慣習が形成されており、通常の有権者には理解できない暗黙のルールがあるためである。(13)

最後に、国会審議の視聴に関して、課題と提言を挙げた上で締め括ることとする。課題として、第一に、コーダー（評定者）の代表性が確保できていないことに問題がある。三人のコーダーの分析結果から分かるように、国会審議視聴の効果は一様ではなく、コーダーによって多少結果が変わっている。しかしながら、代表性が確保されていないとしても、同様の傾向が確認されており、大きな違いはないといえる。第二に、国会審議視聴がインターネット上でどのように共有されるかはまったく別の問題であることである。国会審議が政策論議の一つとして位置づけられるか、それともヤジ等の不規則発言に注目され、共有されるかでまったく異なる効果が得られると考えられる。第三に、「どっちつかず理論」を実証し、答えない理由を明らかにしたが、答えない箇所・争点にこそ、政府を追及する質疑の意義がある。行政府の責任を追及することを目的とするならば、質疑を回避されたとしても、答えていないことに政府批判の源泉があり、質疑の意義がある。そのため、議論を積み重ね、明確な答弁を求めていく（質疑に対して明確に答えている）ことを建設的議論として捉えてよいかどうかは、一義的に定まるものではないといえる。

提言として、第一に、国会審議を充実させていくため、野党間でいかなる質疑を行うか、連携を取り合い、共同して政府を追及することも検討してはどうか。国会審議の質疑の問題点の一つに、政党間の質疑に対する事前の準備・連携がなされていないことが挙げられる。政党間の連携がなされていないため、同様の質疑に対して、ほぼ同じ答弁を行う場面が見受けられている。たとえば、今回分析に用いた第一八六回国会衆議院予算委員会議録第九号において、自民党の菅原一秀委員、民主党の山井和則委員、および日本維新の会の上野宏史委員の豪雪対策に関する質疑に対する安倍首相の答弁である。こうした同じ答弁が見られるのは、野党が一体となり政府を追及するという姿勢を持ち合わせておらず、それぞれの野党が競争して、質疑を行っていることが反映された結果であるといえる。政党間の競争が必要であるとしても、同じ答弁を繰り返すことで、貴重な委員会審査の時間を消費していることは問題であると考えられる。限られた質疑時間の中で無駄な答弁をさせないためにも、政党間においていかなる質疑がなされるのかを政党間、また衆参議院間において共有し、多様で幅広い質疑を行っていくことが求められるといえるだろう。

第二に、本章では検証できなかったが、質疑の目的に照らし、政府の行動統制、争点明示、説明責任の追及に資するような質疑を行うべきである。そして、個人の再選動機のみに基づいて質疑を行うのではなく、公共の利益を考慮した質疑をしていく必要があるといえるだろう。そのためには、委員会審査の過程において、いかなる事柄が明らかとなり、与野党の意見に相異があったどうかを委員会の報告書として残すべきであるといえる（大山 二〇〇八）。その結果が、国会における熟議であり、建設的議論であると考えられる。インターネットと政治を考えるにあたって、インターネットの中の政治、政治のインターネットへの浸透、政治家のインターネット利用（Margolis and Resnick 2000）に分けられるように、国会審議に関する映像情報は政治家や有権者に活用されるため、インターネットの中でも重要な役割を担い得ることとなる。そうした場合に、国会審議が見るに耐えないものであれば、議会の信頼を失うとともに、有権者の政治離れが強まることになりかねない。そうならないためにも、意味のある質疑・答弁によって熟議の国会を体現していかなければならないといえるだろう。

注

(1) フランクリンとノートン（Franklin and Norton 1993）は、議会の質疑機能を八つ提示している。(1)政府の政策および行動に影響を与える。(2)大臣の説明を把握する。(3)入手困難な情報を入手する。(4)行政府の働きを攻撃あるいは防御する。(5)政策あるいは政府の働き等の情報を入手する。(6)有権者の関心を高める。(7)議会の成果を評価する。(8)議院および議員の関心を公にする。

(2) なお、討論番組・国会中継を見ながらツイッターで書き込みをする人が一二％（複数回答、n=一〇三二）いることが報告されている（三浦・小林 二〇一〇）。

(3) インターネットの利用が政治参加に与える影響は限定的であるという見方が提示されていたが（Scheufele and Nibet 2002）、近年ソーシャルメディアの利用が政治参加を促すという見方も提示されている（Dimitrova et al. 2014）。

(4) サンスティン（Sunstein 2001）はサイバー・カスケードと社会的カスケードを区別しており、インターネット上では自身の考えに合うウェブサイトや会議室を選ぶため、頻繁に起こっていることを指摘している。社会的カスケードはノイマン（Noelle-Neumann 1984）の沈黙の螺旋理論に代表される。

(5) ①の参加については、話が遮られるかどうかを測定する。②の正当化のレベルについては、何らかの主張を述べる際に、根拠づけられているかどうかを、四段階（理由なし、不完全、限定的、洗練）で判断している。③の正当化の内容については、集団の利益への主張、中立的主張、共通善への主張に分けられている。④の敬意の表明は、三つに分けられ、そのうちの二つは集団に対する敬意と異なる主張を持つ人々への敬意に分けられ、それぞれ三段階で判断される。また三つ目は反論に対する敬意の表明であり、反論に対しては、無視する、否定をする、中立的に振る舞う、価値あるものとして扱うという四段階に分けられている。⑤の建設的政治は1、妥協や合意に注意を払わない党派的な政治、2、代替案の提示、3、最新の議事を加味し調整案を提示するという三つに分けられている。

(6) 質疑には大きく三つの機能があるとしている。第一に、政府の行動と説明責任に影響を与えること、第二に情報を得ること、第三に政府の行動自体を減らすことである。なお、イギリスにおいては政府の行動を制約する質疑が弱いことが指摘されている。

(7) この分類は、質問を無視する、質問を認識するが答えない、質問に対し質問で返す、質問を攻撃する、インタビュアーを攻撃する、回答を拒否する、政治的な処理をする、不十分な回答で済ませる、前の質問の回答を繰り返す、出された質問に対して既に回答済みであることを述べる、謝るというものである。

(8) 法案審査に関しては、政府与党に議事運営権が存在するため、多数主義的な審査がなされていると捉えられている一方で、法案によっては野党が抵抗するヴィスコシティ論から国会をアリーナとして捉える考え方が対立している(増山 二〇〇三；福元 二〇〇〇)。

(9) 国会の熟議を測定するため、委員の出席、考えの多様さ、議論の枠組み、情報の提示、批判の機会、参加者間の相互作用、国会外への審議の波及、特定の争点について国会議員が私的に議会での討議を延長して尋ねるといったことが指摘されている(Lascher 1996)。

(10) 二〇一四年度の衆議院予算委員会においては、第九号において「社会保障と税・教育等」、第一二号において「外交安保・歴史認識・公共放送等」、第一三号において「復興・災害・行革等」について、第一四号において「TPP・エネルギー等」についての集中審議がなされている。

(11) 河(二〇〇〇)によると、予算委員会に首相および閣僚の多数出席の下、国政全般に対する集中的な質疑を行う方式は第一六回国会(一九五三年)を嚆矢とし、一九五五年前後に成立したとされている。

(12) 非言語表現は多岐に及ぶため、特定化が必要となる。非言語表現として、声の特徴に関するイントネーシ

付表10－1　記述統計

	n	最小値	最大値	平均値	標準偏差
答弁文字数	239	15	1664	520.18	314.871
下を向いている	239	0	9	1.39	1.687
原稿を見ている	239	0	26	4.16	5.476
右　手	239	0	6	0.54	1.040
左　手	239	0	12	0.97	1.632
両　手	239	0	19	2.42	2.992
手を組む	239	0	16	2.18	2.662
質問の分類	239	1	7	3.29	2.491

ョン、ストレス、話の速さ、アクセントや声の大きさがあり、その他、顔の動き、凝視、瞳孔の大きさ、体の動き、人間関係の距離が挙げられる（Bull 2002）。

(13)　南スーダンにPKOとして派遣された陸上自衛隊員が日報に「戦闘」という表現を用いていたことについて、政府は憲法上の問題と抵触することから「戦闘行為」ではないとして、戦闘の表現を用いないことにしている（『毎日新聞』二〇一七年二月九日）。このように政府、官僚は法律上の文言を意識して、大臣答弁の原稿を作成しており、独特の霞ヶ関の流儀が存在していると考えられる。

付表 10－2　コーダーに関する記述統計

	映像情報					文字情報				
	n	最小値	最大値	平均値	標準偏差	n	最小値	最大値	平均値	標準偏差
1 建設的な議論	239	0.0	8.0	5.582	1.381	239	0.0	9.0	5.510	1.627
1 質疑に関して対立的	239	0.0	10.0	4.661	3.187	239	0.0	10.0	4.636	3.448
1 質疑に関して公共の利益の考慮	239	0.0	10.0	5.736	1.780	239	0.0	10.0	5.699	1.890
1 答弁は回避的	239	0.0	10.0	1.741	2.086	239	0.0	10.0	1.669	2.254
1 答弁に関して公共の利益の考慮	239	0.0	10.0	5.603	1.621	239	0.0	10.0	5.690	1.830
1 自分の意見	239	1.0	10.0	7.331	2.159	239	0.0	10.0	6.603	2.313
1 質疑者に向かって話している	239	0.0	10.0	7.176	2.199	239	0.0	10.0	6.636	2.347
1 内容は理解できる	238	3.0	10.0	8.769	1.758	239	3.0	10.0	8.699	1.686
1 明確に答えている	239	0.0	10.0	8.506	2.043	239	0.0	10.0	8.121	2.226
2 答弁に関して建設的な議論	239	0.0	10.0	4.314	1.637	239	0.0	10.0	4.029	2.007
2 質疑に関して対立的	239	0.0	10.0	6.310	1.692	239	0.0	10.0	6.615	1.930
2 質疑に関して公共の利益の考慮	239	1.0	10.0	7.025	1.347	239	0.0	10.0	7.695	1.516
2 答弁は回避的	239	0.0	10.0	6.151	1.773	239	0.0	10.0	6.628	2.198
2 答弁に関して公共の利益の考慮	239	0.0	9.0	4.402	1.225	239	0.0	9.0	4.360	1.433
2 自分の意見	239	0.0	10.0	3.126	1.540	239	0.0	10.0	2.490	1.998
2 質疑者に向かって話している	239	0.0	10.0	4.226	1.675	239	1.0	10.0	4.109	1.965
2 内容は理解できる	239	1.0	10.0	4.197	1.768	239	0.0	10.0	4.636	2.247
2 明確に答えている	239	0.0	10.0	3.293	1.786	239	0.0	10.0	2.983	2.279
3 建設的な議論	239	0.0	10.0	7.52	2.727	239	0.0	10.0	6.577	3.023
3 質疑に関して対立的	239	0.0	10.0	4.87	3.500	239	0.0	10.0	5.180	3.333
3 質疑に関して公共の利益の考慮	239	0.0	10.0	8.36	2.459	239	0.0	10.0	8.331	2.572
3 答弁は回避的	239	0.0	10.0	2.73	3.524	239	0.0	10.0	2.950	3.478
3 答弁に関して公共の利益の考慮	239	0.0	10.0	7.81	2.584	239	0.0	10.0	7.933	2.333
3 自分の意見	239	0.0	10.0	3.824	3.079	239	0.0	10.0	3.707	2.942
3 質疑者に向かって話している	239	0.0	10.0	8.82	2.271	239	0.0	10.0	8.167	2.383
3 内容は理解できる	239	2.0	10.0	9.31	1.832	239	1.0	10.0	9.310	1.769
3 明確に答えている	239	0.0	10.0	7.661	3.530	239	0.0	10.0	5.686	3.944

注：左側の１，２，３の数字は第一コーダー，第二コーダー，第三コーダーを示す。

終章　政治コミュニケーション研究の展望

1　回避―回避の葛藤

得られた知見

本書では、政治家がなぜ質問に答えていないのかについて、「どっちつかず理論」をもとに、日本でテレビ放送された三番組の一九四人へのインタビューと五〇八四のサンプルを対象として実証分析を行ってきた。質問に答えない理由として、バヴェラスら（Bavelas et al. 1990）ではインタビューの状況がどっちつかずな回答を生み出すことを提示しており（コミュニケーションの葛藤の状況理論）、そこからブル（Bull 1994）やユッカー（Jucker 1986）により、質問の形式がどっちつかずな状況を作り出していること、ブルら（Bull et al. 1996）やブルとエリオット（Bull and Elliott 1998）により質問の強さ、フェイスに対する脅威がどっちつかずを生み出していることが提示された。これらの研究はいずれも少ないサンプルであり、大規模な定量的な分析ではなかったが、これらを踏まえて、日本における政治インタビューにおいて実証分析を行った。

第1章では、政治インタビューにおける分析枠組みを提示している。質問および回答のコーディングシートは、本研究独自のものであり、幅広い観点から構成されている。質問は、ユッカー（Jucker 1986）を参考に、質問の内容、争点については大幅に加えている。また回答については、バヴェラスら

(Bavelas et al. 1990) やブルとメイヤー (Bull and Mayer 1993) をもとに、六点尺度にして測定を行うといった修正を加えている。こうした分析枠組みを提示することにより、これまで定性的に分析されていたコミュニケーション研究が進展することが期待される。

第2章では、文化的対立かコミュニケーション対立かという問題意識のもとで、日本の政治家が非政治家よりも質問に答えないこと、与党議員が野党議員よりも質問に答えないことを実証している。ブル (Bull 1994)、ハリス (Harris 1991) やファン (Huang 2009) の行ったイギリスや台湾での研究を踏まえて、政治家が質問に答えないことは、日本独自の文化的な文脈を考慮したとしても、文化を超えた現象であることを示した。政治家は、コミュニケーションの回避―回避の葛藤の状況に対処するために、どっちつかずな回答を戦略的に用いていると考えられる。意図的に質問に答えないことにより、支持者を失わないようにし、なおかつ質問と関連する話をすることにより、答えているかのように見せかけるという技術を身に付けていると考えられる。

第3章では、政治家および地方レベルの政治家が、非政治家と比べて、いかにコミュニケーション上の葛藤に回答しているかを明らかにした。とくに、「どっちつかず理論」に関する修正を行い、答えない要因として、争点が存在していることを明らかにした。二〇一二年から二〇一三年に集めたデータにおいて、とくに国会議員は、一九の争点のうち一二の争点について答えておらず、経済およびエネルギー政策に関する争点については四つの次元のすべてについて答えられていないことが示された。

第4章では、政治争点がどっちつかずな回答をしていることを踏まえて、政治エリートである大臣・副大臣および内閣総理大臣が質問に答えていないことを明らかにしている。とくに副大臣以上の役職に就く政治家は、主に経済とエネルギー政策の二つの争点について、答えていないことが明らかになった。また、安全保障、外交政策、TPP、復興、閣僚、国会運営の争点についても、答えていない傾向がある。本研究では民主党政権および自民党政権の時期を対象としているため、政権交代にかかわらず、副大臣以上の要職に就く政治家が質問に答えない傾向にあるといえる。それは、とくに政府にいる政治家は、責任を伴うため、キャスターから厳しい質問を受けやすい傾向があると考えられる。他方で、責任の少ない野党議員は、オープンエンドクエスチョンがなされやすく、質問に答えやすいものと考えられる。

第5章では、政治インタビューにおける質問の形態について分析を行った。課される質問の形態が国会議員、地方レベルの政治家および非政治家によって異なっていることを示した。また本章では、質問の分類を行い、インタビュアーの行う質問を分析し、質問の形態がどっちつかずな回答に影響を及ぼすことを明らかにした。

第6章では、社会的な立場や地位や名誉を意味するフェイスの概念に焦点を当てて分析を行った。「まったく脅威がない」から「高いレベルの脅威がある」という範囲でフェイスへの脅威を測定し、インタビューされるゲストに対するフェイスへの脅威の程度を明らかにした。二〇一二年から二〇一三年のテレビ番組のデータを用いて、質問の分類やインタビューされるゲストの性質との関係を考慮し、フェイスへの脅威に与える要因を分析し、日本における社会文化的な価値・規範の証拠を示した。

第7章では、オルタナティブな質問に着目し、その役割と効果を検証した。オルタナティブな質問は、二者択一の質問、あるいは三つ以上の選択肢を提示して、選択を迫るものである。オルタナティブな質問は、話題の踏み込みとして戦略的に用いていること、およびオルタナティブな質問に対する回答の回避パターンを明らかにした。回避パターンでは、どちらの案にも触れずに答えない場合が最も高くなっていた。また、オルタナティブな質問が果たす役割としては、第一に追及としての役割、第二に視聴者に対する教育効果の役割があると考えられる。

第8章では、安倍首相出演時のケース・スタディを扱っており、政治討論番組において、議題はテレビ局および司会者が設定するため、唐突に質問の議題が大きく転換する点が存在することを明らかにした。また、これまでの分析を踏まえて、質問にはフェイスへの脅威が存在する場合があり、脅威には程度の違いが存在していること、および議題・フェイスへの脅威・クローズドエンドクエスチョンかどうかという質問の形式によって回答が明確に答えられるかが変わりうることを事例より明らかにしている。

第9章では、キャスターの質問の戦略に着目し、相手を追及し、情報を収集するという目的を達するために、いかなる質問をどのように配置すればよいかを検討した。これまでの質問の分類に関して、多重応答分析を行うことで統合し、情報収集、追及、会話の円滑化の機能が存在することを明らかにした。また、事例より、多くが情報収集を目的に質問がなされており、追及の合間に会話の円滑化がなされている実態があることを明らかにした。分析を踏まえて、情報収集あるいは追及のどちらかを重視する二つの戦略があると結論づけた。

第10章では、テレビの政治インタビューから、国会の質疑答弁に分析を移し、文字情報と映像情報によって、認知的な差異が生じることを明らかにした。映像情報よりも文字情報の方が、質疑に対する答弁は明確に答えていないことを明らかにしている。また、非言語表現がどっちつかずな回答に影響を与えていることを検討し、非言語表現として、原稿を見ることは答える方に作用している一方で、両手の動きは質疑に対して答えない方に作用していることを明らかにしている。これらを踏まえて、「どっちつかず理論」には、非言語表現が影響を与えているといえる。

本書の課題

本書における分析上の課題を三点提示する。第一に、集めたデータを確率変数として、独立しており、確率分布が同じであるというＩＩＤ（Independent and Identically Distributed Random Variables）の条件を前提として分析を行っているが、厳密には一九四人のインタビューで五〇八四のサンプルは、ネストされた（入れ子構造の）データであり、マルチレベル順序ロジットモデルにより、一九四人に対してランダム切片を考慮すべき点である。実際、本書の分析過程で、マルチレベル分析を行ったが、順序ロジットモデルとあまり変わりない結果であったため、独立したサンプルとして扱っている。マルチレベル分析では、モデルの決定係数を示す指標が明確となっていないため、順序ロジットモデルによる分析が好ましいものと考えられる。その他、重回帰分析や、打ち切りデータとして扱うトービットモデルによる推定を行っているが、いずれの推定方法がよいかは慎重に考慮する必要がある。

第二に、多くの変数無視（Omitted Variable Bias）の可能性が考えられる。たとえば、第9章の分析結果において、モデルの当てはまりは〇・〇一から〇・〇四となっており、当てはまりが低いといえるが、これはコミュニケーション研究の難しさを示している。第10章では、非言語表現を含めているが、言葉の意味内容だけでは、十分に理解できない要因がコミュニケーションでは存在している。その例として、話し手と聞き手の間の距離感が挙げられる。本書では、文法上完全な質問であるかどうかにより、キャスターとゲストの距離感が変わると考えたが、実際は長年の付き合いがある場合や、テレビ番組とゲストの左右軸による政策位置の違い、年齢が近いかどうかなど、様々な要因が考えられ、いかに測定すべきかという問題がある。

第三に、フェイスへの脅威と質問の形式の関係を十分に整理できていないといえる。話題の継続や踏み込みはフェイスへの脅威を引き上げる結果が得られており（第6章）、質問を多重応答分析で統合した結果（第9章）と、一部矛盾すると考えられる。フェイスへの脅威は概念レベルの変数である一方で、フェイ質問の形式は分析レベルの変数であり、いかなる概念を操作化したものであるか明確ではない。フェイスへの脅威、相手との距離感、社会的役割（立場）といった概念レベルを操作化したモデルの構築が必要である。

本書の成果

これらの分析結果および分析の課題を踏まえて、本書の成果を三点に要約すれば、以下のようになる。第一に、「どっちつかず理論」に対する貢献であり、コミュニケーションの葛藤の状況理論として、これまで明らかにされていなかった争点、役職、質問形式、フェイスへの脅威の程度、非言語表現が影響を与えていることを実証したことである。定性的な研究が中心である政治コミュニケーション研究において、争点や質問形式が普遍的な影響を及ぼすかどうかについては検証することができないが、本書による量的な研究によってこそ一般化が可能になったものであるといえる。また、フェイスへの脅威について、政治家個人に対するフェイスへの脅威、政党に対するフェイスへの脅威、有権者を守るためのフェイスへの脅威といった分類ではなく、フェイスへの脅威に程度の問題があることを示したことである。これらの結果は、コミュニケーションの葛藤の状況理論を精緻化するものである。

第二に、政治家特有の話し方の特徴を明らかにしたことである。政治家は、厳しい質問がなされた場合（回避―回避の葛藤の状況に対して）、意図的に、どちらでも解釈できるようなどっちつかずな回答をすることにより、支持者を失わないようにしているといえることである。それがとくに、政治エリートである副大臣以上の要職に就く政治家に厳しい質問が向けられるため、その政治家は、微妙に論点をずらし、あたかも答えているようにみえる回答を行っている。テレビに出演する政治家、人前で話す政治家は、慎重に言葉を選びながら話すことによって、悪い印象が作られないようにするイメージ管理を行っているといえる。

第三に、本書を通して質問─回答の一連の受け答えを分析したことから、いかに情報を入手し、追及すべきかという観点を獲得することが可能であるといえる。これは、質問の形式および回答が答えているかどうかということを理解することによって、政治コミュニケーションのみならず、日常会話や会議など、質問を行う際の見方が理解できたものといえる。この能力を有権者が獲得することを通じて、無意識に行われていた質問が意識的に行われることになり、質問の文化が醸成される可能性があることである。そして、政治家の受け答えに対して、どの政治家が答えており、答えていないかを判断することが出来るようになり、監視機能が強化されるといえる。

キャスターおよび政治家は、議論のある議題に関して、お互いの動向を探り合う駆け引きを行っている。キャスターは、視聴率のことを念頭におき、情報を探り、追及する。他方で、政治家は、テレビの向こうにいる有権者を念頭におき、キャスターの聞かれることを抑止し、自分の主張したいことに議論の中心を持ってこようとする。こうしたキャスターと政治家の相互作用の中で、政治インタビューは進められている。

2　言葉は政治を変えるか

本書の政策的含意は、政治家の会話を明らかにすることによる、より良い民主主義に対する貢献である。何がより良い民主主義であるかについては多くの議論があるが、本書においては、選挙を通じて、マスメディアが監視を行う伝統的な政治の経路を想定している。本書の政治インタビューに関する研究は、この経路を補強することに貢献している。テレビにおける政治家の発言は、有権者に直接訴えかけるものであり、支持を集めることや、支持を失うことに直結する。そのため、マスメディアを上手く利用した政治リーダーは、ポピュリズムと批判されることになる。ポピュリズムは、同質的あるいは対立する社会を想定し、純粋な国民と腐敗したエリートの対立がある場合に起こる（Mudde 2004）。政治リーダーや政治コミュニケーションは、ポピュリズムを促進するものとして機能することが指摘されており（Mudde 2004）、有権者が政治家の弁論術についての知識を深める必要があるといえる。これが第一の政策的含意であり、政治コミュニケーションについての研究は、ポピュリズムに対して、有効な視座を提供すると考えられる。

第二に、政治家が答えない箇所にこそ、政治的な問題が含まれているため、政治家がなぜ質問に答えないかを明らかにすることで、問題点が表面化するといえる。これは、問題のある政治争点が明確になることで、特定の争点について、有権者が政府や野党の動向に着目し、政府や政党の行動が制約され、それをもとに次の選挙で評価することになる。こうした政治インタビューによる監視、評価の良い循環の強化が求められているといえる。

第三に、日本の政治インタビューは、合意を形成することに貢献する熟議民主主義か、意見を闘わせ、対立点を明示する闘技民主主義のどちらに軸足を置いているのかを考えることに貢献する。この二つの民主主義観を考えた場合、キャスターが対立を煽り、言論で闘うというよりも国民を巻き込んだ幅広い合意形成を行うために政治インタビューが行われているように思われる。必ずしもどちらかの民主主義観を選択するものではなく、どちらに優先度を置くかという問題であると考えられるが、この立ち位置を理解しておくことも主権者である国民には求められるといえる。

3　課題と展望

加齢効果の存在

政治コミュニケーションの研究については、多くの残された課題が存在している。対人コミュニケーションは、音声と非音声に大きく分けられ、音声については、(1)発言の内容・意味、(2)音声学的属性がある一方で、非音声には(3)非言語表現（視線、身振り、姿勢、接触、顔面表情）、(4)空間行動・距離、(5)衣装や化粧・アクセサリーなどの人工物の使用、(6)物理的環境に分類されている（大坊 一九八七）。本書で扱った内容は(1)発言の内容・意味に着目するものが中心であり、(3)非言語表現については第10章で少し扱ったものの、十分に取り上げることができていない。それ以外の領域については、まったく分析に反映することができていないといえる。コミュニケーションに関する研究は多様な側面から分析されるため、政治分野についてのこうした観点からの分析が今後求められており、それらが統合されることが好ましいと考えられる。

政治家の音声が高音であるか低音であるかについての実験研究が、岡田（二〇一六）によって行われている。岡田の研究では、音声合成ソフトを用いて、政治家、電車の車掌、フライトアテンダント、看護師を比較し、政治家の低い声が好感度および信頼度の評価を高め、高い声は評価を低下させることを示している。非言語表現に関する研究としては、イニーゴモーラとアルバレスベニート（Iñigo-Mora and Àlvarez-Benito 2009）によって、二〇〇七年のスペイン大統領のテレビインタビュー時の視線と回答に関する研究が行われている。そこでは、視線を合わせる場合（Eye-contact）、視線を合わせない場合、目をそらす場合（Averts Gaze）に分けられ、目をそらす場合に答えていない傾向があることが示されてい

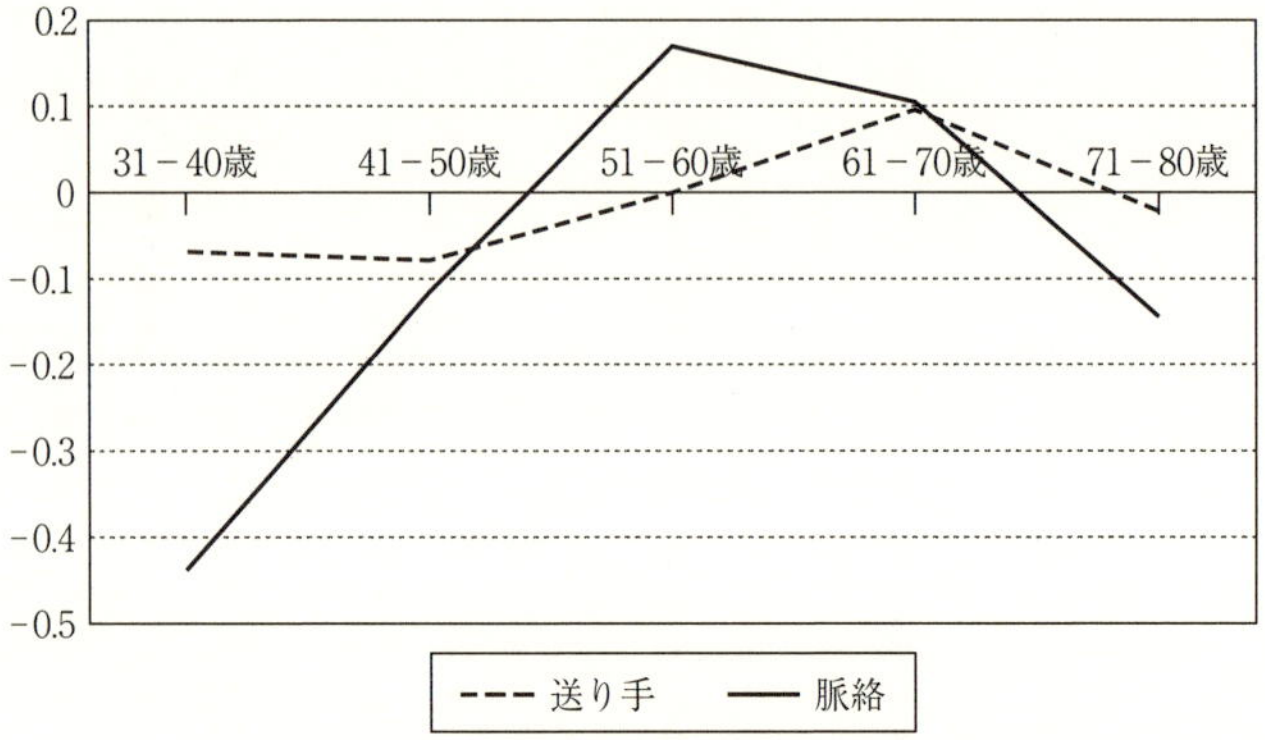

図終－1　送り手および脈絡の次元に関する年齢の効果

注：送り手については，51～60歳，61～70歳は５％有意の結果となっており，脈絡については，いずれの年齢区分においても５％有意の結果が得られている。

る。政治コミュニケーションにおけるこれら研究は未だ不十分であり、今後、それぞれを発展させ、統合していくことが求められる。

　本研究においては、年齢および人称代名詞に関する研究を行うことを検討していたが、十分に扱うことができなかった。年齢に関しては、一九四人のインタビューであり、確証が持てないためである。ただし、試論として、以下の検討を行っている。

　年齢を五つの区分に分け、その効果を確認したところ、送り手および脈絡の次元に関しては、興味深い結果が得られている（図終-1）。番組、与党議員、野党議員、地方レベルの政治家、質問の第一次元、質問の第二次元、フェイスへの脅威、オルタナティブな質問に加えて、年齢区分を独立変数として、送り手および脈絡を従属変数とし、重回帰分析を行い、年齢の係数のみを取り出し、それをグラフ化したものである。年齢をそのまま含めた場合、送り手および脈絡において、有意な結果は得られないものの、年齢区分を分けて分析すれば、多くの年齢区分で有意な結果が得られる。これは、与党議員、野党議員、番組、質問の次元、フェイスへの脅威、オルタナティブな質問をコントロールしているため、年齢の違いによる効果があるものと考えられる。

送り手の次元に関しては、五一歳から七〇歳の間で、自分の意見を言わなくなる傾向があるといえる。脈絡の次元に関しては、三一～四〇歳は質問に対して答える一方で、年齢を重ねるとともに答えなくなり、七一～八〇歳では質問に対して答えるようになる傾向を示している。

この結果が正しいかどうかは二つの問題があるため、さらなる検証が必要であると考えられる。第一に、一九四人のゲストを対象としており、それぞれの質問を独立していると扱っているが、本来はマルチレベル順序ロジットモデルにより、ゲストごとに切片を考えるモデルの方が妥当すると考えられるためである。第二に、五一～七〇歳までの年齢は、重要な役職に就いている可能性がある。与野党の議員をコントロールしているが、副大臣以上の要職についてはコントロールしていないという問題がある。そのため、一般的な傾向として、年齢の効果があると断言するには慎重であるべきだと考えている。

人称代名詞の変化

また人称代名詞については、以下の試論を試みているが、政治家は人称代名詞をほとんど用いないため、日本の文脈においては、あまり意味をなさないと考えられる。人称代名詞とは、「私、私たち、あなた、あなたたち、彼、彼ら」である。日本人は、一般的に人称代名詞をほとんど使わない。それは、曖昧で微妙なコミュニケーションを好み、明確に話すことを避けるためである。しかし、政治家は時折、人称代名詞を用いる。政治家が「私」という場合と「私たち」「我々」という場合では、決定的に使われる場面が異なる。「私」という場合は、個人的な意見、見解、態度を示す場合であり、それは自分の意見であることを強調する。他方で、「私たち」や「我々」という語を用いる時は、自分が所属する集団の一員であり、その集団の立場を表明しているという自覚をもっている。とくに政治討論番組では、政党を代表して招く場合が多く、所属する集団や役職に対して質問がなされることが多い。その場合、政治家は、自分の意見を隠し、所属する集団の意見として答える。

日本語において、一人称や二人称「私、あなた」は対話にとって必ずしも必要ではない。ただし、対話や議論の中で、あなたの主張はこれ、私の主張はこれというように一人称、二人称を用いて相違点をはっきりさせることがある（三輪 二〇〇五）。日本語における一人称は「私」「僕」「自分」「俺」「うち」など多様であり、「僕」や「私」は自己卑下から用いられ、「俺」は自尊から用いられるとされる（三輪 二〇〇五）。この日本語特有の一人称、二人称が複数用いられ、多様な意味を持つことから対話を行うにあたって、英語での一人称が一つであることと比べ、日本語の一人称、二人称は対話には向かないと指摘されている（三輪 二〇〇五）。

一人称を「僕」にするか「私」にするかで対話の調子が変わり、話し手と聞き手の関係まで決まることになる。一方が「俺」を用いて、他方で「私」を用いると、まともな対話が望めなくなる（三輪 二〇〇五）。そうしたことから日本語での対話では、人称代名詞をほとんど用いないという状況が生まれる。

日本の政治討論番組では、人称代名詞が滅多に使われないことを確認している。それは、インタビュアーも使用せず、ゲストも用いていないということである。五〇八四問のやり取りのうち、インタビュアーが人称代名詞を用いなかった割合は九三・九二％であり、ほとんど用いていない（表終－1）。他方で、ゲストが人称代名詞を用いなかった割合は六二・〇八％であり、半数以上で用いていないことが分かる。ただし、ゲストは、「私」あるいは「私たち」という人称代名詞をそれぞれ二九・八〇％、一五・九九％用いている。

表終－2は「私たち」を使用したか否かによる回答の平均値の比較を示している。「私たち」を用い

表終-1　インタビューとゲストの人称代名詞の使用頻度・割合

	インタビュアー		ゲスト	
	度　数	%	度　数	%
私	255	5.02	1515	29.80
私たち	79	1.55	813	15.99
あなた	8	0.16	65	1.28
あなたたち	2	0.04	4	0.08
彼ら	5	0.10	59	1.16
言及なし	4775	93.92	3156	62.08

注：サンプルは5084であり，質問・回答のうちに人称代名詞を使用したか，どうかで分類している。

表終-2　「私たち」を使用したか否かによる回答の平均値の比較

		度　数	平均値	標準偏差	平均値の標準誤差	t値	自由度
送り手	私たち不使用	4271	1.929	1.3916	.0213	-31.635	1184.825
	私たち使用	813	3.536***	1.3150	.0461		
受け手	私たち不使用	4271	2.683	1.4030	.0215	-21.543	1310.516
	私たち使用	813	3.672***	1.1572	.0406		
内　容	私たち不使用	4271	1.980	1.3209	.0202	-14.655	1045.492
	私たち使用	813	2.834***	1.5586	.0547		
脈　絡	私たち不使用	4271	2.351	1.6011	.0245	-5.025	1124.353
	私たち使用	813	2.665***	1.6449	.0577		

注：***：$p < .01$を示す。

て回答した場合、送り手、受け手、内容、脈絡の次元のいずれの面においても、有意に差があることが示された。とくに送り手の平均値の差は約一・六一であり、顕著な差が見受けられる。次いで、受け手については約〇・九九の差があり、こちらも大きな差があるといえる。また、影響を予測できなかった内容、脈絡の次元についてもそれぞれ、差が〇・八五、〇・三一であり、内容については顕著な差があるといえる。脈絡については、それほど大きな差であると言えないため、慎重に検討する必要があるといえる(1)。

次に、「プライムニュース」におけるみんなの党幹事長である江田憲司と八木亜希子キャスターの例を取り上げる。

八木：（みんなの党アジェンダのボードを説明）最も訴えていきたいことというのは結党の時からのこの一番目、身を切るということになりますか。

江田：一貫して増税の前にやるべきことがある。景気が悪いですから、まず景気回復を最優先にして、雇用、仕事を守る、給料を上げていく。デフレで一番下がったのは、皆さんの給料ですからね。これが一つ。それから国会議員や役人がやっぱり徹底的に身を切らなきゃダメでしょうということ。二つ目にはやはり二〇二〇年代に我々は原発ゼロを明確に約束していますので、その道筋スケジュール、工程表も示していますので、そこですね。最後に攻めの開国と言っていますけれども、TPPであれ、FTAであれ、EPAであれ、ASEAN+3であれ、6であれ、やっぱり自由貿易、自由投資を促進していくというのが、この日本の生きる道だ。このあたりです、重点は。

（二〇一二年一二月六日「プライムニュース」より）

みんなの党の幹事長である江田憲司への質問に、最も訴えていきたいことは身を切る改革かどうかが尋ねられている。これに対して江田は、「我々は」という語を用いて答えている。政党を代表して、党の考えを示すために「我々」を用いており、この場合、どっちつかずな回答に繋がると考えられる。人称代名詞に関する研究として、フェッツァーとブル（Fetzer and Bull 2008）のものがあり、「あなたはどう思いますか」と聞かれた場合に、「我々はこう思います」という人称代名詞の変化（Pronominal Shifts）が起こることが指摘されている。しかし、日本における政治インタビューでは、あなたはどう思うかと聞く場合であっても、あなたを用いないのが一般的であり、この人称代名詞の変化は起きないと考えられる。

メタファーや冗談

その他、発言の内容・意味において、本書において取り上げることができなかった重要な概念として、⑴比喩（メタファー）、⑵冗談・皮肉、⑶ほのめかしが挙げられる。ほのめかしに関しては、明示的に伝達するよりも、相手と自分のフェイス侵害を避けることを優先して、直接的な言及を回避すると指摘されている（滝浦 二〇〇八）。他方で、ほのめかしは、伝達効率の大きな犠牲の上に行われるという特徴があり、相手に意思伝達が上手くなされない場合がある。ほのめかしを用いる理由は、フェイスリスクの回避、自尊心、責任回避、レトリック的な発話効果への期待が考えられるため、「どっちつかず理論」において機能することが考えられる。

また、「どっちつかず理論」は、質問に答えていないことに着目する理論であるが、意味のある情報が入手されたか、建設的な議論が行われたか、公共の利益にかなう事柄が考慮されたか、といった複数の観点から考察を行うことが求められるといえる。何を政治コミュニケーションの目的であるかを考え、

「どっちつかず理論」を超える理論研究が求められると考えられる。これらの研究を積み重ねていくことにより、質問を行う文化が醸成され、より良い民主主義が達成されるようになるといえるだろう。また、政治インタビューという研究領域だけでなく、政治家の発言、言動や国会や地方議会、あらゆるコミュニケーションを対象に応用されることで、社会および研究が進展していくものと考えられる。

最後に、政治家のコミュニケーションスタイルに焦点を当てた研究は、代議制民主主義が続く限り、重要な意義を持つ。とくに、政治に対する問題がニュースで取り上げられている昨今において、政治家の発言を吟味する能力が有権者には求められている。本書では、政治家の話し方について、戦略的にどっちつかずな回答をしていることを示した。この政治家特有の話し方を有権者が理解することで、批判的な視点を持つことが可能となる。それを選挙に活かすことで、中長期的に安定した政治の基盤を作ることができると考えられる。政治は、議論し、話し合うことが基本であるため、最もミクロな会話のやり取りを分析し吟味することが、政治を支えることに繋がると考えられる。有権者、政治家、キャスターの三者がそれぞれの立場に基づき、政治に向き合っていくことが求められているといえよう。

注

(1) なお、順序ロジットモデルを用いて、「私たち」の使用により、どっちつかずになることを確かめているが、「私たち」の使用がいかなる因果プロセスを経て、どっちつかずになるかが明確ではないため、慎重に扱うべき事柄である。

あとがき

政治コミュニケーションに関する研究は、政治学、コミュニケーション研究、社会学、心理学、文化研究といった複数の分野にまたがる学際的な研究である。政治コミュニケーションに政治家や官僚などの政治アクター、マスメディア、有権者、政治制度といった人や組織が関与することとなる。政治家、官僚、政党、利益団体、メディアによって形成されるあらゆる政治コミュニケーションは、有権者に情報を与え、説得し、影響を与えようとする原動力となっている。様々な政治アクターの間でなされる政治コミュニケーションによる相互作用の結果、多くのコミュニケーションの流れが形成される。たとえば、政府を統治する権力者から市民への流れ、メディアを含む政治アクター間における水平的な流れ、市民や利益団体から政治制度へ組み込まれる流れなどである。このように、政治コミュニケーションは市区町村、都道府県、国家、国際的な問題に関わり、情報や説得、戦略的メッセージがいかに伝達するか、国や地方といった多層的な領域の統治や社会的行動にいかに影響を与えるかを理解するためのツールとなる。

実際に政治コミュニケーションの研究分野は鮮やかで変化に富む領域である。ここ二〇年の間で、劇的な変化を遂げ、民主的な政治に多くの影響を及ぼすと考えられるようになった。これまでの政治家は、現在のように有権者と洗練された対話を行う努力をしてこなかった。しかし、こうした政治家の努力とは裏腹に、権力を持つ政治リーダーたち（大臣や政党の党首など）の信頼を損ねてしまっているように思われる。報道や新聞といった伝統的なマスメディアは、趣味や嗜好の異なる多様な聴衆が増加していることによって、縮小しつつある。人々は移り変わりの激しい流行を望むため、マスメディアは生き残りが厳しい状況となっている。とくに若者は、新聞や報道といったプロのジャーナリズムをもはや生活に関連する情報を提供する媒体と認識しておらず、エンターテインメントや情報を求めるためにインターネットを用いるようになっている。

このような状況において、本書においては欧米社会で発展、発達した理論を採用し、前記の調査を実施した形で日本の事例に焦点を当てた。このやり方で多くの比較研究がなされることを期待している。こうした中で急速に変化する現在の民主主義社会における政治コミュニケーションの役割、機能及び影響に関する理解を深めることができると期待する。

本書の執筆にあたり、学会や研究会でコメントを頂いたすべての人に感謝を申し上げるとともに、とくに本研究の遂行に協力して下さった方々に感謝を申し上げたい。

本研究を行うにあたり、テレビインタビューのテープ起こしに関しては、今井雅恵氏、武田柚希氏、澤田佳苗氏、足立原由衣氏、太田萌菜美氏、宮治音羽氏と畑仁偉理氏、データ分析に関しては石丸敦氏、三澄直輝氏、石野智也氏、田中日香里氏と細見果歩氏より協力を得た。また、本書の校正に関しては、田中秀卓氏、水上典氏、福原理佳氏、寺尾晃平氏より協力を得た。さらに、ピーター・ブル氏（Peter Bull）（ヨーク大学、イギリス）、ソンヤ・ズメーリ氏（Sonja Zmerli）（グルノーブル政治学院、フランス）、エフド・ハラリ氏（Ehud Harari）（エルサレム＝ヘブライ大学、イスラエル）、マイケル・クラスナー氏（Michael Krasner）（ニューヨーク市立大学、アメリカ）とサム・リーマン＝ウィルツィグ氏（Sam Lehman-Wilzig）（バル＝イラン大学、イスラエル）より、データ分析および提示に関する助言を賜った。猪口孝氏（新潟県立大学・桜美林大学）からは、この研究のあり方また本書の枠組みについても有力なコメントと助言をいただいた。記して感謝申し上げる。
　また、本研究はJSPS科研費24530156、16K03498および15K16992の助成を受けたものであり、早稲田大学特定課題研究助成費（課題番号二〇一六S―〇〇九）の研究成果の一部である。なお第10章の掲載については、木鐸社の坂口節子氏より許諾を得ている。併せてお礼申し上げる。最後に、本書の校正および出版にあたり、ご尽力くださったミネルヴァ書房編集部の田引勝二氏に厚くお礼申し上げる。

二〇一八年二月一日

木下　健
オフェル・フェルドマン

政治家はなぜ質問に答えないか
——インタビューの心理分析——

2018年4月30日　初版第1刷発行　〈検印省略〉

定価はカバーに
表示しています

著　者　木　下　　健
　　　　オフェル・フェルドマン
発行者　杉　田　啓　三
印刷者　中　村　勝　弘

発行所　株式会社　ミネルヴァ書房
607-8494 京都市山科区日ノ岡堤谷町1
電　話 (075) 581-5191 (代表)
振替口座 01020-0-8076番

中村印刷・新生製本

ISBN 978-4-623-08234-6
Printed in Japan

《著者紹介》

木下　健（きのした・けん）

1987年　大阪府生まれ。

2014年　同志社大学大学院総合政策科学研究科博士課程（後期課程）修了。博士（政策科学）。

現　在　福岡工業大学社会環境学部助教。

著　作　『二院制論』信山社，2015年。

「安保法制をめぐる政治過程」岩井奉信・岩崎正洋編『日本政治とカウンター・デモクラシー』勁草書房，2017年。

「議会改革の検証――議会改革は定数及び報酬を引き下げる効果を持つか」『自治体学』共著，Vol.31-1，2017年。

オフェル・フェルドマン（Ofer FELDMAN）

1954年　イスラエル・テルアビブ市生まれ。

1982年　エルサレム＝ヘブライ大学大学院政治学科修士課程修了（修士号取得）。

同　年　文部省奨学金により来日，大阪外国語大学，東京大学新聞研究所・留学生研究生。

1984年　東京大学社会学研究科社会心理学研究室博士課程。

1987年　東京大学社会学研究科社会心理学研究室博士課程修了（博士号取得）。

現　在　同志社大学政策学部教授。

著　作　*Politics and the News Media in Japan*, Ann Arbor: University of Michigan Press, 1993.

The Japanese Political Personality, London, UK: Macmillan, 1999.

Talking Politics in Japan Today, Brighton, UK: Sussex Academic Press, 2004.

『政治心理学（MINERVA 政治学叢書）』ミネルヴァ書房，2006年。

Politische Psychologie: Handbuch Fur Studium Und Wissenschaft, Baden-Baden, Germany: Nomos, 2015（共著）.

他、スペイン語・ルーマニア語・日・英・独・露語などにより，多数。

人名索引

は　行

ま　行

や　行

ら　行

わ　行

事項索引

あ 行

か 行

さ 行

た 行

な　行

は　行

ま　行

ら・わ行

欧　文

参考文献

日本語文献

アイエンガー，シーナ（櫻井祐子訳）（2010）『選択の科学』文藝春秋.

明るい選挙推進協会 HP「第46回衆議院議員総選挙における年齢別投票率」 http://www.akaruisenkyo.or.jp/070various/071syugi/696/ （2014年8月31日閲覧）

飽戸弘・服部弘（2008）「テレビ政治時代のメディア接触と政治観・マスメディア観――日本の現状と調査研究の可能性」『放送研究と調査』2008年11月号，54-66頁.

浅野一郎・河野久編（2010）『新・国会事典』第二版，有斐閣.

『朝日新聞』1998年7月6日.

アリストテレス（戸塚七郎訳）（1992）『弁論術』岩波書店.

石生義人（2004）「インターネット選挙情報接触者の政治的特殊性――多変量解析による検証」『社会科学ジャーナル』第52号，31-52頁.

板場良久（2009）「政治の言語と言語の政治性」岡部朗一編『言語とメディア・政治』朝倉書店，139-163頁.

稲増一憲・池田謙一（2009）「多様化するテレビ報道と、有権者の選挙への関心および政治への関与との関連――選挙報道の内容分析と大規模社会調査の融合を通して」『社会心理学研究』第25巻，第1号，42-52頁.

上ノ原秀晃（2008）「日本におけるインターネット政治――国会議員ウェブサイトを事例として」サミュエル・ホプキン，蒲島郁夫，谷口将紀編『メディアが変える政治』東京大学出版会，207-228頁.

XBRAND（2011）「今，テレビが変わっている！」2011年7月12日記事. http://xbrand.yahoo.co.jp/category/entertainment/7027/5. html （2015年1月20日確認）

NHK 世論調査部編（2012）『2012年11月テレビ・ラジオ番組個人視聴率調査

全国結果表』NHK 放送文化研究所.
逢坂巌（2014）『日本政治とメディア――テレビの登場からネット時代まで』中公新書.
大山礼子（2003）『比較議会政治論――ウェストミンスターモデルと欧州大陸型モデル』岩波書店，252頁.
大山礼子（2004）「国会における議事進行の問題点――何のために審議するのか？」『法学セミナー』第599号，22-25頁.
大山礼子（2008）「議事手続再考――「ねじれ国会」における審議の実質化をめざして」『駒沢法学』第27号，23-54頁.
岡井崇之・金京煥・宮所可奈・黄美貞・石川旺（2002）「2001年参院選テレビ政治討論番組の内容分析」『コミュニケーション研究』第32号，83-103頁.
岡田順太・岩切大地・大林啓吾・横大道聡・手塚崇聡（2013）「国会質疑の技法――模範議会2012の手引き」『白鷗大学論集』第27巻，第２号，255-258頁.
岡田陽介（2016）「政治家の印象形成における声の高低の影響――音声合成ソフトを用いた女声による実験研究」『応用社会学研究』第58号，53-66頁.
岡本哲和（2006）「市民社会におけるインターネットと選挙――2004年参院選候補者ウェブサイトの分析」『年報政治学2005-Ⅱ――市民社会における政策過程と政策情報』87-104頁.
岡本哲和（2011）「インターネット利用の解禁は日本の選挙を変えるのか――実証分析に基づく予想」『関西大学法学論集』第61巻，第４号，120-153頁.
岡本哲和・石橋章市朗（2004）「候補者ウェブサイトに対する有権者のアクセス行動――2001年参院選データを基にして」『関西大学法学論集』第53巻，第４・５号合併号，115-144頁.
岡本哲和・石橋章市朗・脇坂徹（2008）「有権者の候補者ウェブサイトに対する接触行動――2005年衆院選における候補者ウェブサイトへのアクセスデータおよび有権者へのネット調査を用いた分析」『政策創造研究』第１号，47-92頁.
岡本哲和・石橋章市朗・脇坂徹（2010）「投票意思決定とインターネット利用――2007年参院選における候補者ウェブサイト接触者を対象とした分析」

『関西大学法学論集』第60巻，第1号，58-101頁.
岡本哲和・石橋章市朗・脇坂徹（2011）「国会議員とインターネット――議員サーベイ調査を用いた分析」「関西大学法学論集」第61巻，第2号，46-88頁.
蒲島郁夫・竹下俊郎・芹川洋一（2007）『メディアと政治』有斐閣アルマ.
川上和久（2003）「二〇〇〇年総選挙におけるインターネットユーザーの投票行動」『明治学院論叢　法学研究』第75号，27-52頁.
川人貞史（2005）『日本の国会制度と政党政治』東京大学出版会.
菅直人（2009）『大臣　増補版』岩波新書，172-178頁.
木下健（2015a）「政治討論番組における会話分析――安倍首相出演時のケース・スタディ」『同志社政策科学研究』第17巻，第1号，17-30頁.
木下健（2015b）「国会審議の映像情報と文字情報の認知的差異――政治コミュニケーション論による実証分析」『レヴァイアサン』第56号，117-138頁.
木下健，オフェル・フェルドマン（2016）「政治討論番組におけるコミュニケーション戦略――オルタナティブな質問の役割と追及の効果」『情報コミュニケーション学会誌』Vol. 12, No. 1・2，4-13頁.
グライス，ポール（清塚邦彦訳）（1998）『論理と会話』勁草書房.
河野武司（1998）「第40回及び第41回総選挙に関するテレビ報道の比較内容分析」『選挙研究』第13号，78-88頁.
境家史郎（2006）『政治的情報と選挙過程』木鐸社，88-90頁.
坂本俊生（1991）「トークと社会関係」安川一編『ゴフマン世界の再構成――共在の技法と秩序』世界思想社，101-128頁.
佐藤綾子（2014）『安倍晋三　プレゼンテーション　進化・成功の極意』学研教育出版.
佐藤哲也・杉岡賢治・内藤孝一（2003）「インターネット利用者の政治意識」『日本社会情報学会学会誌』第15巻，第2号，27-38頁.
時事通信社（2014）「週刊誌報道『事実と違う』＝菅長官」2014年7月11日.
http://www.jiji.com/jc/zc?k=201407/2014071100374　（2014年12月21日閲覧）

総務省（2013）「（報道資料）平成25年通信利用動向調査の結果」.
http://www.soumu.go.jp/johotsusintokei/statistics/data/140627_1.pdf（2014年8月31日閲覧）
滝浦真人（2008）『ポライトネス入門』研究社.
大坊郁夫（1987）「対人コミュニケーション」大橋雅夫・長田雅喜編『対人関係の心理学』有斐閣，178-212頁.
田原総一朗（2006）『テレビと権力』講談社，279-281頁.
谷藤悦史（2003）「「テレビと政治」の50年――創造としての政治から消費としての政治へ」『マス・コミュニケーション研究』第63号，22-39頁.
谷藤悦史（2005）『現代メディアと政治――劇場社会のジャーナリズムと政治』一藝社，86-119頁.
谷口将紀（2002）「マスメディア」福田有広・谷口将紀編『デモクラシーの政治学』東京大学出版会，269-286頁.
谷口将紀（2012）「テレビと選挙――政治家のソフトニュース出演の効果」川崎修編『政治の発見六　伝える――コミュニケーションと伝統の政治学』風行社，119-1146頁.
常木暎生（2006）「視聴者にとっての政治討論番組――サンデープロジェクトと日曜討論の分析」『関西大学社会学部紀要』第37巻，第3号，271-291頁.
ナイブレイド，ベンジャミン（松田なつ訳）（2011）「首相の権力強化と短命政権」樋渡展洋・斉藤淳編『政党政治の混迷と政権交代』東京大学出版会，245-261頁.
西尾勝・村松岐夫（1995）『講座　行政学4　政策と管理』有斐閣，133-135頁.
河世憲（2000）「国会審議過程の変容とその原因」『レヴァイアサン』第27巻.
ハイダー，フリッツ（大橋正夫訳）（1978）『対人関係の心理学』誠信書房.
深田博己（1998）『インターパーソナル・コミュニケーション――対人コミュニケーションの心理学』北大路書房.
福元健太郎（2000）『日本の国会政治――全政府立法の分析』東京大学出版会.
福元健太郎（2007）『立法の制度と過程』木鐸社.
藤井美保子（2002）「ジェスチャー表現に関わる聞き手の存在」齋藤洋典・喜多

壮太郎編著『ジャスチャー・行為・意味』共立出版，80-100頁.
『フライデー』(2014)「安倍官邸がNHKを土下座させた」講談社，2014年7月11日.
星浩・逢坂巌（2006）『テレビ政治――国会報道からTVタックルまで』朝日新聞社.
本田厚子（1999）「日本のテレビ討論に見る対立緩和のルール」『言語』第28巻，第1号，58-64頁.
本田厚子（2004）「テレビ討論における司会者の役割」三宅和子・岡本能里子・佐藤彰編『メディアとことば1 「マス」メディアのディスコース』ひつじ書房，66-90頁.
『毎日新聞』1998年7月6日.
『毎日新聞』2017年2月9日.
増山幹高（2003）『議会制度と日本政治――議事運営の計量政治学』木鐸社.
松浦淳介（2010）「立法過程における参議院再論――二〇〇七年「衆参ねじれ」発生前後における内閣の立法行動比較」『法政論叢』第47巻，第1号，142-155頁.
松本俊太・松尾晃孝（2010）「国会議員はなぜ委員会で発言するのか？――政党・議員・選挙制度」『選挙研究』第26巻，第2号，84-103頁.
三浦基・小林憲一（2010）「テレビの見方が変わる――ツイッターの利用動向に関する調査」『放送と調査』2010年8月号.
水野博介（1988）「コミュニケーションの効果と機能」林進編『コミュニケーション論』有斐閣，81-121頁.
三輪正（2005）『一人称二人称と対話』人文書院.
向坂寛（1985）『対話のレトリック』講談社現代新書.
武蔵勝宏（2006）「最近の日本における立法の動向と問題点」『北大法学論集』第57巻，第1号，371-399頁.
武蔵勝宏（2008）「政治の大統領制化と立法過程への影響」『国際公共政策研究』第13巻，第1号，273-290頁.
『読売新聞』1998年7月8日.

英語文献

Bavelas, J. B., A. Black, L. Bryson and J. Mullet (1988) "Political Equivocation : a Situational Explanation," *Language and Social Psychology*, Vol. 7, No. 2, pp. 137-145.

Bavelas, J. B., A. Black, N. Chovil, and J. Mullett (1990) *Equivocal Communication*, Sage.

Baum, M. (2003) *Soft News Goes to War : Public Opinion and American Foreign Policy in the New Media Age*, Princeton University Press, pp. 97-155, 269-291.

Baum, M. and A. Jamison (2006) "The Oprah Effect : How Soft News Helps Inattentive Citizens Vote Consistently," *The Journal of Politics*, Vol. 68, No. 4, pp. 946-959.

Baym, G. (2007) "Representation and the Politics of Play : Stephen Colbert's Better Know a District," *Political Communication*, Vol. 24, No. 4, pp. 359-376.

Brown, P. and S. Levinson (1978) "Universals in Language Usage : Politeness Phenomena," In N. G Ester. ed., *Questions and Politeness*, Cambridge University Press.

Brown, P. and S. Levinson (1987) *Politeness : Some Universals in Language*, Cambridge University Press.

Bull, P. (1994) "On Identifying Questions, Replies, and Non-replies in Political Interviews," *Journal of Language and Social Psychology*, Vol. 13, No. 2, pp. 115-131.

Bull, P. (1998) "Equivocation Theory and News Interviews," *Journal of Language and Social Psychology*, Vol. 17, No. 1, pp. 36-51.

Bull, P. (2002) *Communication under the Microscope : The Theory and Practice of Microanalysis*, Routledge, pp. 24-53, 106-128.

Bull, P. (2003) *The Microanalysis of Political Communication*, Routledge.

Bull, P. (2008) "'Slipperiness, Evasion and Ambiguity' : Equivocation and

Facework in non-committal Political Discourse," *Journal of Language and Social Psychology*, Vol. 27, No. 4, pp. 333-344.

Bull, P. (2009) "Techniques of Political Interview Analysis," In Álvarez-Benito, G., Fernández-Díaz, G. and I. Íñigo-Mora, eds., *Discourse and Politics*, Cambridge Scholars Publishing. pp. 215-228.

Bull, P. and J. Elliott (1998) "Level of Threat : A Means of Assessing Interviewer Toughness and Neutrality," *Journal of Language and Social Psychology*, Vol. 17, No. 2, pp. 220-244.

Bull, P. and O. Feldman (2011) "Invitations to Affiliative Audience Responses in Japanese Political Speeches," *Journal of Language and Social Psychology*, Vol. 30, No. 2, pp. 158-176.

Bull, P. and O. Feldman (2012) "Theory and Practice in Political Discourse Research," in R. Sun, ed., *Grounding Social Sciences in Cognitive Sciences*, MIT Press, pp. 331-357.

Bull, P. and K. Mayer (1993) "How not to Answer Questions in Political Interview," *Political Psychology*, Vol. 4, pp. 651-666.

Bull, P. and P. Wells (2012) "Adversarial Discourse in Prime Mnister's Questions," *Journal of Language and Social Psychology*, Vol. 31, No. 1, pp. 30-48.

Bull, P. J., Elliott, D. Palmer and L. Walker (1996) "Why Politicians Are Three-faced : The Face Model of Political Interviews," *British Journal of Social Psychology*, Vol. 35, No. 2, pp. 267-284.

Cohen, J. (1960). "A Coefficient of Agreement for Nominal Scales," *Educational and Psychological Measurement*, Vol. 20, No. 1, pp. 37-46.

Clayman, S. E. (1989) "The Production of Punctuality : Social Interaction, Temporal Organization and Social Structure," *American Journal of Sociology*, Vol. 95, No. 3, pp. 659-691.

Clayman, S. E. (1992) "Footing in the Achievement of Neutrality : the Case of News-interview Discourse," in P. Drew and J. Heritage eds., *Talk at*

Work, Cambridge University Press.

Clayman, S. E. (1998) "Displaying Neutrality in Television News Interviews," *Language, Interaction, and Social Problems*, Vol. 35, No. 4, pp. 474–492.

Clayman, S.E. and J. Heritage (2002) *The News Interview : Journalists and Public Figures on the Air*, Cambridge University Press.

Davison, P. (1983) "The Third-Person Effect in Communication," *Public Opinion Quarterly*, Vol. 47, No. 1, pp. 1–15.

D'Alessio, D. (1997) "Use of the World Wide Web in the 1996 US election," *Electoral Studies*, Vol. 16, No. 4, pp. 489–500.

Day, R. (1990) *Grand Inquisitor*, Pan Books.

DeLuca, K. M. and J. Peeples (2002) "From Public Sphere to Public Screen : Democracy, Activism, and the "Violence" of Seattle," *Critical Studies in Media Communication*, Vol. 19, No. 2, pp. 125–151.

Dimitrova, D., A. Shehata, J. Strömbäck and L. Nord (2014) "The Effects of Digital Media on Political Knowledge and Participation in Election Campaigns : Evidence from Panel Data," *Communication Research*, Vol. 41, No. 1, pp. 95–118.

Downs, A. (1973) *An Economic Theory of Democracy*, Harper and Row.

Feldman, O. (1998) "The Political Language of Japan : Decoding What Politicians Mean from What They Say," In O. Feldman and C. De Landtsheer eds., *Politically Speaking : A Worldwide Examination of Language Used in the Public Sphere*, Praeger, pp. 43–55.

Feldman, O. (2011) "Reporting with Wolves : Pack Journalism and the Dissemination of Political Infromation," in T. Inoguchi and P. Jain eds., *Japanese Politics Today : From Karaoke to Kabuki Democracy*, Palgrave Macmillan, pp. 183–200.

Feldman, O. (2004) *Talking Politics in Japan Today*, Sussex Academic Press.

Feldman, O. (2015a) "Politische Rhetorik," In S. Zmerli, and O. Feldamn, eds.,

Politische Psychologie : Handbuch für Studium und Wissenschaft, Nomos Verlagsgesellschaft, pp. 201-217.

Feldman, O. (2015b) "Televised Democracy? How Politicians Handle Questions during Broadcast Talk Shows," In S. Ben-Rafael Galanti, N. Otmazgin, and A. Levkowitz eds., *Japan's Multilayered Democracy*, Lexington Books, pp. 175-196.

Feldman, O. (2016a) "Well, There is not much Time, so I'd like..." Identifying and Classifying Questions from Political Interview Programs Broadcast in Japan," In 同志社大学大学院総合政策科学研究科編『総合政策科学の現在』晃洋書房, pp. 11-45.

Feldman, O. (2016b) "Televised Political interviews : A Paradigm for Analysis," *Asian Journal for Public Opinion Research*, Vol. 3, No. 2, pp. 63-82.

Feldman, O. and P. Bull (2012) "Understanding Audience Affiliation in Response to Political Speeches in Japan," *Language & Dialogue*, Vol. 3, pp. 375-397.

Feldman, O. and K. Kinoshita (2017a) "Do Important Questions Demand Respectful Replies? Analyzing Televised Political Interviews in Japan," *The Journal of Asian Pacific Communication*, Vol. 27, No. 1, pp. 121-157.

Feldman, O. and K. Kinoshita (2017b) "Expanding Factors in Threat to Face: Assessing the Toughness/Equivocation Connection in Japanese TV Political Interviews," *Language and Dialogue*, Vol.7, No.3, pp. 337-360.

Feldman, O., K. Kinoshita and P. Bull (2015) "Culture or Communicative Conflict? : The Analysis of Equivocation in Broadcast Japanese Political Interviews," *Journal of Language and Social Psychology*, Vol. 34, No. 1, pp. 65-89.

Feldman, O., K. Kinoshita and P. Bull (2016) "'Ducking and Diving : ' How Political Issues Affect Equivocation in Japanese Political Interviews," *Japanese Journal of Political Science*, Vol. 17, No. 2, pp 141-167.

Feldman, O., K. Kinoshita and P. Bull (2017) "Failures in Leadership: How and Why Wishy-Washy Politicians Equivocate on Japanese Political Interviews," *Journal of Language and Politics*, Vol.16, No.3, pp. 285–312.

Fetzer, A. and P. Bull (2008) "'Well, I Answer it by Simply Inviting You to Look at the Evidence': The Strategic Use of Pronouns in Political Interviews," *Journal of Language and Politics*, Vol. 7, No. 2, pp. 271–289.

Franklin, M. and P. Norton (1993) "Questions and Members," in M. Franklin and P. Norton eds., *Parliamentary Questions*, Clarendon Press, pp. 104–122.

Furo, H. (2001) *Turn-taking in English and Japanese: Projectability in Grammar, Intonation, and Semantics*, Routledge.

Goffman, E. (1955/1967) *On Face-Work: An Analysis of Ritual Elements in Social Interaction. Psychiatry*, 18 : pp. 213–231. Reprinted in E. Goffman, 1967. Interaction ritual: Essays on Face to Face Behaviour (pp. 5–45), Anchor.

Goffman, E. (1959/1990) *The Presentation of Self in Everyday Life*, Harmondsworth (Reprinted, Penguin Books, 1990).

Goffman, E. (1967) "Where the Action Is," In E. Goffman ed., Interaction Ritual: Essays on Face to Face Behaviour (pp. 149–270), Anchor.

Goffman, E. (1971) *Interaction Ritual: Essays on Face-to-face Behavior*, Penguin Books.

Goffman, A. (1981) *Form of Talk*, University of Pennsylvania Press, pp. 124–159.

Goss, B. and L. Williams (1973). "The Effects of Equivocation on Perceived Source Credibility," *Central States Speech Journal*, Vol. 24, No. 3, pp. 162–167.

Greatbatch, D. (1992) "On the Management of Disagreement between News Interviewees," In P. Drew and J. Heritage eds., *Talk at Work*, Cambridge University Press.

Habermas, J. (1985) *The Theory of Communicative Action*, Heinemann Educational Publishers,.

Hansson, S. (2015) "Discursive Strategies of Blame Avoidance in Government: A Framework for Analysis," *Discourse and Society*, Vol. 26, No. 3, pp. 297-322.

Harris, S. (1991) "Evasive Action: How Politicians Respond to Questions in Political Interviews," In P. Scannell ed., *Broadcast Talk*, Sage, pp. 76-99.

Haugh, M. (2007) "Emic Conceptualizations of (Im)politeness and Face in Japanese: Implications for the Discursive Negotiation of Second Language Learner Identities," *Journal of Pragmatics*, Vol. 39, No. 4, pp. 657-680.

Heritage, J. (1985) "Analyzing News Interviews: Aspects of Talk for an Overhearing Audience," In T.A. van Dijk ed., *Handbook of Discourse Analysis*, Vol. 3. Academic Press, pp. 95-119.

Heritage, J. and D. Greatbatch (1991) "On the Institutional Character of Institutional Talk: The Case of News Interviews," In D. Boden and D. Zimmerman eds., *Talk and Social Structure*, Polity Press, pp. 93-137.

Hirokawa, R. Y. (1987) "Communication within the Japanese Business Organization," In D. Lawrence ed., *Communication Theory from Eastern and Western Perspectives*, Academic Press.

Holt, E. and R. Clift, eds. (2007) *Reporting talk: Reported Speech in Interaction*, Cambridge University Press.

Holtgraves, T. M. (2001) *Language as Social Action: Social Psychology and Language Use*, Routledge.

Honda A. (2002) "Conflict Management in Japanese Public Affairs Talk Shows," *Journal of Pragmatics*, Vol. 34, No. 5, pp. 573-608.

Honda A. (2007) "Conflict and Facework in Japanese Public Affairs Talk Shows: A Politeness Analysis," In 高木佐知子編『言語と文化の展望』英宝社, pp. 317-326.

Hu, Y. (1999) *A Study of Question Evasion in Mandarin Political Discourse*, National Taiwan Normal University.

Huang, Y. (2009) "A Study of Hedge Strategies in Taiwan Political Discourse," In E. Weigand ed., *Dialogue Analysis XI: Proceedings of the 11th IADA conference on "Dialogue Analysis and Rhetoric,"* University of Münster, Germany, March 26–30, 2007, pp. 155–180.

Hutchby, I. and R. Wooffitt (1998) *Conversation Analysis: Principles, Practices and Applications*, Polity Press.

Íñigo-Mora, I. M. G. and G. Álvarez-Benito (2009) "Politician's Gestures and Words: An Analysis of Televised Interview with J. L. Rodríguez Zapatero," In G. Álvarez-Benito, G. Fernandez-Diaz, I.M. Íñigo-Mora eds., *Discourse and Politics*, Cambridge Scholars Publishing, pp. 154–166.

Jucker, A. (1986) *News Interviews: A Pragmalinguistic Analysis*, John Benjamins.

Katz, E. and P. Lazarsfeld (1955) *Personal Influence: The Part Played by People in the Flow of Mass Communications*, Transaction Publishers.

Klapper, J. T. (1960) *Effects of Mass Communication*, Free Press.

Kraus, E. S. and B. Nyblade (2005) "'Presidentialization' in Japan? The Prime Minister, Media and Election in Japan," *British Journal of Political Science*, Vol. 35, pp. 357–368.

Lascher, E. (1996) "Legislative Deliberation: A Preface to Empirical Analysis," *Legislative Studies Quarterly*, Vol. 21, No. 4, pp. 501–519.

Lazarsfeld, P.F., B. Berelson and H. Gaudet (1944) *The People's Choice: How the Voter Makes up his Mind in a Presidential Campaign*, Columbia University Press.

Lewis, G. (2006) *Virtual Thailand: The Media and Cultural Politics in Thailand, Malaysia and Singapore*, Routledge.

Mackie, G. (2006) "Does Democratic Deliberation Change Minds?," *Politics, Philosophy & Economics*, Vol. 5, No. 3, pp. 279–303.

Margolis, M., and D. Resnick and J. Revy (2003) "Major Parties Dominate, Minor Parties Struggle: US Elections and the Internet," in R. Gibson, P. Nixon and S. Ward eds., *Political Parties and the Internet: Net Gain?*, Routledge.

Margolis, M., and D. Resnick (2000) *Politics as Usual: The Cyberspace Revolution*, Sage.

McCombs, M. and D. Shaw (1972) "The Agenda-Setting Function of Mass Media," *Public Opinion Quarterly*, Vol. 34, No. 2, pp. 176–187.

Mehrabian, A. (1981) *Silent Messages: Implicit Communication of Emotions and Attitudes*, Wadsworth Publishing Company.

Merrill, S. and Grofman, B. (1999) *A Unified Theory of Voting: Directional and Proximity Spatial Models*, Cambridge University Press.

Mill, J. S. (1991) *Considerations on Representative government*, Prometheus Books.

Motley, M. T. (1992) "Mindfulness in Solving Communicators' Dilemmas," *Communication Monographs*, Vol. 59, No. 3, pp. 306–314.

Mouffe, C. (1999) "Deliberative Democracy or Agonistic Pluralism?," *Social Recearch*, Vol. 66, No. 3, pp. 745–758.

Mudde, C. (2004) "The Populist Zeitgeist," *Government and Opposition*, Vol. 39, No. 4, pp. 541–563.

Nakatsugawa, S. and J. Takai (2013) "Keeping Conflicts Latent: 'Salient' versus "Non-salient" Interpersonal Conflict Management Strategies of Japanese," *Intercultural Communication* Studies, Vol. 22, No. 3, pp. 43–60.

Noelle-Neumann, E. (1984) *The Spiral of Silence: Public Opinion: Our Social Skin*, University of Chicago Press.

Polsby, N. (1975) "Legislature," In F. Greenstein and N. Polsby eds., *Handbook of Political Science*, Vol. 5, Addison-Wesley, pp. 277–298.

Quirk, R., S. Greenbaum, G. Leech and J. Svartvik (1985) *A Comprehensive Grammar of the English Language*, Pearson Japan.

Scheufele, D. and M. Nibet (2002) "Being a Citizen Online : New Opportunities and Dead Ends," *Press/Politics*, Vol. 7, No. 3, pp. 55–75.

Sern, T.J. and H. Zanuddin (2014) "Malaysia's 13th General Election : Political Communication and Public Agenda in Social Media," *Asian Journal for Public Opinion Research*, Vol. 1, pp. 73–89.

Steiner, J., A. Bächtiger, M. Spörndli and M. Steenbergen (2004) Deliberative *Politics in Action*, Cambridge University Press, pp. 43–73.

Sunstein, C. (2001) *Republic. com*, Princeton University Press, pp. 51–88.

Tanaka, L. (2004) *Gender, Language, and Culture : A Study of Japanese Interview Discourse*, John Benjamins, pp. 64–76.

Weizman, E. (2008) *Positioning in Media Dialogue : Negotiating Roles in News Interview*, John Benjamins.

Woo-Young, C. (2005) "Online Civic Participation, and Political Empowerment : Online Media and Public Opinion Formation in Korea," *Media, Culture & Society*, Vol. 27, No. 5, pp. 925–935.

Yokota, M. (1994) "The Role of Questioning in Japanese Political Discourse," *Issues in Applied Linguistics*, Vol. 5, No. 2, pp. 353–383.